KB200687

교양으로 읽는
구약성서
2

교양으로 읽는
구약성서

2

역사서와 왕들의 시대

이범선 지음

교양인
GYOYANGIN

《교양으로 읽는 구약성서》 두 번째 책은 '역사서'이다. 이집트에서 탈출한 이스라엘 민족이 가나안 땅에 진입한 기원전 1250년경부터 바빌로니아 제국에 멸망하여 포로 생활을 하다가 페르시아 제국 시대에 다시 예루살렘으로 돌아오기까지 대략 800년의 역사를 기록한 구약성서의 책들을 역사서라 통칭한다.

40년 동안 광야를 떠돌던 이스라엘은 요르단 강을 사이에 두고 마침내 '젖과 꿀이 흐르는' 가나안 땅을 마주했다. '여호수아'가 모세의 뒤를 이어 지도자가 되어 이스라엘을 이끌었다. 하느님이 이스라엘에 주겠다고 약속한 가나안 땅에 이스라엘이 자리 잡게 하는 것이 여호수아의 사명이었다. 역사서 가운데 첫 번째 책인 〈여호수아〉는 여호수아와 이스라엘 12지파가 가나안 땅에 자리 잡는 과정을 담고 있다.

여호수아는 자신의 과제를 완성하지 못하고 세상을 떠났다. 주어진 시대적 사명을 다하기 위해 평생토록 전쟁을 했지만 생전에 땅을 확보한 지파는 다섯 지파에 불과했다(여호수아 18:2). 그마저도 완벽하게 가나안 사람들을 몰아내지 못해 한데 어울려 살았고, 니머지 일곱 지파는 오랜 세월 동안 다른 지파나 가나안 부족들의 땅에 더부살이했다. 그런데 여호수아는 죽으면서 지도자도 왕도 임명하지 않았다. 왜 그랬을까? 이스라엘이 '오직 야훼(Mono Yahwism)'만을 기치로 내걸고, 왕과 군대로 유지되는 이집트 같은 체제가 아닌, 각 지파 자치주의와 12지파의 동맹을 통하여 평등한 공동체를 건설하는 것을 목표로 삼았기 때문이다.

다시 말해 야훼 하느님만이 이스라엘의 왕이다. 이스라엘은 모두가 자유롭고 평등한 형제자매로 이루어진 공동체 국가와 민족을 건설하겠다는 것이다. 이러한 가치를 받쳐주고 이끄는 영구한 장치가 광야에서 모세를 통해서 이룩한 하느님을 향한 신앙과 법과 종교이다. 한마디로, 야훼 신앙이다.

야훼 신앙은 여호수아 이후 전개되는 사사 시대와 왕정 시대, 그리고 왕정 시대부터 본격적으로 등장하기 시작한 예언자들의 사상, 나라의 분단과 멸망, 뒤이은 식민지 시대에 이르기까지 전 이스라엘 역사를 이해하는 데 매우 중요한 점이다. 그래서 이스라엘 역사는 한편으로는 외적들과의 투쟁사이자 내부의 악한 왕들과의 정치적 투쟁사이기도 하고, 다른 한편으로는 야훼 하느님이냐 가나안 땅의 여느 민족들이 섬기는 바알 신이냐 하는 기로에서 일어난 종교 투쟁사이기도 하다.

이스라엘은 여호수아 이후 지도자가 없는, 조금은 이상한 시대로 들어섰다. 대략 200년간 지속된 이 시기를 사사(師士, 판관) 시대라 일컫는다. 특정 지파가 위기 상황(주로 외적이 쳐들어온다거나 하는)을 맞으면 하느님의 영(카리스마Charisma)을 받은 사사(판관)들이 나타나 이스라엘을 위기에서 구했다. 지도자라기보다는 의병장에 가까웠다. 이들의 사적을 기록한 책을 〈사사기〉라 부른다.

여전히 석기 시대와 청동기 시대 수준에 머물러 있었던 이스라엘 백성은 철기를 사용하는 주변 민족들의 사회적 발전과 잦은 침략을 이유로 들어 왕을 세우기를 원했다. 이때 사사였던 '사무엘'이 '사울'을 왕으로 세워 이스라엘을 다스리게 했다. 왕을 세우고 은퇴한 마지막 사사요, 예언자요, 제사장인 사무엘의 출생에서부터 최초의 왕인 사울, 다윗의 이야기를 다룬 책이 〈사무엘〉이며, 이후 솔로몬을 거쳐 북이스라엘 왕국과 남유다 왕국으로 분단되어 살아가다가, 각기 강대국에게 멸망되어 포로로 끌려가는 역사를 담고 있는 책이 〈열왕기〉이다.

역사서의 구성은 유대교와 로마 가톨릭과 개신교가 각기 다른데, 《교양으로 읽는 구약성서》 시리즈는 개신교 분류를 따랐다.('들어가는 글' 말미에 있는 '구약성서의 구성' 표 참조) 역사서는 저자의 사관에 따라 '신명기계 역사서'와 '역대기계 역사서'로 나눌 수 있는데, 신명기계 역사서에는 〈여호수아〉, 〈사사기〉, 〈룻기〉, 〈열왕기상·하〉가 있고 역대기계 역사서에는 〈역대기상·하〉, 〈에스라〉, 〈느헤미야〉, 〈에스더〉가 있다. 이 두 역사서의 성격은 사뭇 다른데, 이는 역사서 집필 시기와 목적이 다르기 때문이다.

신명기계 역사서는 대략 기원전 7세기 후반 이후에 편집된 것으로 알려져 있다. 이때는 이미 북이스라엘이 멸망한 후였고, 남유다는 바빌로니아라는 거대 제국의 손아귀에 넘어가기 직전이었다. 이러한 때에 남유다의 요시야 왕은 지도층과 백성에게 민족 고유의 정신, 곧 하느님을 향한 신앙(의義와 복종)과 법률의 실천, 사회 정의, 민족 전통과 사상과 문화를 고취해 나라를 구하고자 대대적인 종교 개혁을 추진했는데, 그 첫 번째 사업이 부서진 성전 수리였다. 성전을 수리하면서 발견한 율법서(오늘날 〈신명기〉의 일부가 된)를 토대로 하여 학자들이 〈신명기〉를 비롯한 신명기계 역사서들을 편찬한 것이다. 신명기계 역사가들은 이스라엘의 지난 역사를 하느님과 관계를 중심으로 해석하여 믿으면 구원받는다는 점을 강조했다.

반면, 대략 기원전 4세기경 유대교 사제들이 쓴 역대기계 역사서는 그 목적에서부터 확연히 차이가 난다. 이전에 쓰인 역사서가 있는데도 다시 역사서를 쓴 이유가 무엇일까? 당시 시대적 상황은, 바빌로니아에서 포로 생활을 하던 유대인들이 예루살렘으로 돌아와 초토화된 국가를 재건해야 하는 난제를 안고 있었다. 유배로 인해 뿔뿔이 흩어진 유대인들을 하나로 규합해야 했고, 이스라엘 땅에 살던 사마리아인(북이스라엘)과 이방인들에게 자기들이야말로 예루살렘의 참 이스라엘임을 내세울 필요가 있었다. 그래서 역대기계 사가들은 아담에서 시작되는 이스라엘의 족보를 〈역대기〉 1~9장에 걸쳐 기록함으로써 혈통의 순수성과 다윗 왕조의 정통성을 강조하려 했다. 같은 이유로 북이스라엘 왕조에 관한 언급이 거의 없는데, 남북 분단 이후 북이스라엘을 더는 이스라엘 민족이라고 생각하지 않던 것 같다.

역대기계 역사서는 다윗의 정치를 신정(神政)의 이상으로 보기 때문에 다윗의 정치 지도자나 군사 지도자로서 모습보다 신앙적인 측면을 강조하고 있다. 특히 신명기계 역사서가 보도하는 바쎄바와의 간통 사건, 아들 압살롬의 반란 등 다윗을 이상화하는 데 방해되는 이야기는 완전히 배제했다. 그래서 〈열왕기〉와 〈역대기〉는 같은 시기를 다루지만 관점과 내용에서는 큰 차이가 난다. 《교양으로 읽는 구약성서2》에서는 〈열왕기〉를 중심으로 하여 남북 왕조 시대를 살펴볼 것이다. 특히 두드러지게 관점의 차이를 보일 때만 둘을 비교하여 실었다.

   역사서를 읽으면서 유심히 보아야 할 것은 크게 두 가지이다. 하나는 이스라엘 민족사를 관통하는 주제, 곧 구약성서의 주제를 읽는 것이다. 이 주제는 이스라엘 민족의 신앙을 통하여 장차 온 세상을 구원하려는 하느님의 계획에 관한 것이다(창세기 12장 1~3장에서 말하는 아브라함의 명제). 다른 말로 하면, 구약성서는 온 세상을 구원하려고 이스라엘이라는 민족을 그 도구로 택한 하느님을 증언하는 책이다.

   다른 하나는 비종교적인 관점에서 읽는 것이다. 이스라엘이라는 작은 민족이, 주변 강대국들에 둘러싸인 열악한 지정학적 환경 속에서 내내 시달리고 멸망하고 오래도록 포로 생활을 했으면서도, 어떻게 주변 강대국에 동화되거나 흡수되지 않고 자기들만의 고유한 문화를 지키며 살아남을 수 있었을까? 그것은 이스라엘 민족이 자기들 고유의 얼(신앙과 사상)을 지키고자 한 데 있다. 이스라엘이 죽도록 싸운 이유는 바로 이 고유한 정체성을 지키기 위해서였다. 오래도록 고난을 겪으면서도 무너지지 않고 주변 민족들과는 다르게 사는 민족이 되어야 한다는 소명 의식과 책임 의식, 이 점은 오늘날 한국이라는 나라와 한국인에게도 매우 중요한 메시지를 던진다.

구약성서의 구성

유대교 성서 (히브리 성서, 타나크Tanak)	가톨릭 성서	개신교 성서
율법서(토라Torah)	오경	오경
창세기	창세기	창세기
출애굽기	탈출기	출애굽기
레위기	레위기	레위기
민수기	민수기	민수기
신명기	신명기	신명기
예언서(네비임Neviim)	역사서	역사서
여호수아기	여호수아기	여호수아
판관기	판관기	사사기
사무엘기 상권	룻기	룻기
사무엘기 하권	사무엘기 상권	사무엘상
열왕기 상권	사무엘기 하권	사무엘하
열왕기 하권	열왕기 상권	열왕기상
이사야서	열왕기 하권	열왕기하
예레미야서	역대기 상권	역대기상
에제키엘서(에스겔)	역대기 하권	역대기하
호세아서	에즈라기	에즈라
요엘서	느헤미야기	느헤미야
아모스서	토빗기	에스더
오바드야서	유딧기	시가서
요나서	에스테르기	욥기
미카서(미가)	마카베오기 상권	시편
나훔서	마카베오기 하권	잠언
하바쿡서(하박국)	성문서(시가서)	전도서
스바니야서(스바냐)	욥기	아가

하까이서(학개)	시편	**예언서**
즈가르야서(스가랴)	잠언	이사야
말라키서(말라기)	코헬렛(전도서)	예레미야
성문서(케투빔Kethuvim)	아가(雅歌)	예레미야 애가
시편	지혜서	에스겔
잠언	집회서	다니엘
욥기	**예언서**	호세아
아가(雅歌)	이사야서	요엘
룻기	예레미야서	아모스
애가(예레미야 애가)	애가	오바댜
코헬렛(전도서)	바룩서	요나
에스테르기(에스델)	에제키엘서(에스겔)	미가
다니엘서	다니엘서	나훔
에즈라기(에스라)	호세아서	하박국
느헤미야기	요엘서	스바냐
역대기 상권	아모스서	학개
역대기 하권	오바드야서	스가랴
	요나서	말라기
	미카서	
	나훔서	
	하바쿡서	
	스바니야서	
	하까이서	
	즈카르야서	
	말라키서	

5장 열왕기 ··· 왕들의 시대

6장 에스더, 에스라, 느헤미야

1장

여호수아

정복의 책

†

구약성서의 열두 역사서 가운데 첫 번째 책. 〈여호수아〉는 모세가 죽은 후 그 후계자
인 여호수아의 지휘 아래 이스라엘 백성이 요르단 강(요단 강)을 건너 가나안을 정
복하고 정착하는 과정을 다룬 이야기이다. 〈여호수아〉는 여호수아가 쓴 것으로 전
해져 왔으나 오늘날에는 서로 다른 곳에서 나온 글들을 모은 것이라는 주장이 널리
받아들여지고 있다. 이스라엘 백성이 율법을 잘 지키면 하느님이 그들을 승리로 이
끌지만, 하느님을 부정하고 믿음을 저버리면 하느님은 이스라엘에 등을 돌린다는
것이 〈여호수아〉의 중심 주제이다.

모세의 후계자 여호수아
가나안 정착의 사명

　가나안 땅에 들어선 이스라엘은 새로운 상황을 맞게 되었다. 이스라엘을 환영하지 않는 사람들, 아니 적대하는 사람들과 오랜 싸움을 벌여야 할 참이었다. 모세는 모든 백성이 지켜보는 가운데, 죽음을 앞두고 한 마지막 연설에서, 하느님의 지시에 따라 두 아들과 친척을 제쳐 두고 40년 동안 모세의 보좌관으로서 지도자 수업을 한 장군 '여호수아'(또는 호세아, 예수아, 예수. '야훼는 구원이시다'라는 뜻이다)를 후계자로 지명했다. 그러고는 "힘을 내어라. 용기를 가져라. 무서워하지 마라. 그들 앞에서 떨지 마라. 너희 하느님 야훼께서 몸소 함께 진군하신다. 너희를 포기하지도 아니하시고 버리지도 아니하신다."(신명기 31:6) 하고 이스라엘 백성을 격려했다.

　가나안의 좋은 땅은 이미 여러 부족들이 오래전부터 정착해 살고 있었고, 토질이 좋지 않은 고원 지대 말고는 빈 곳이 없었다. 그러니 이스라엘이 가나안 땅에 정착하려면 전쟁을 해야 했다. 물론 운이 좋다면, 자발적으로 타협을 청하는 부족들과 조약을 맺고 그들을 흡수할 수도 있을 것이다. 가나안 땅을 바라보며 걱정하는 여호수아에게 하느님이 힘을 주었다.

　너는 이스라엘 자손 곧 모든 백성과 함께 일어나, 요르단 강을 건너서, 내가 그들에게 주는 땅으로 가거라. 내가 모세에게 말한 대로, 너희 발바닥이 닿는 곳은 어디든지 내가 너희에게 주겠다. 광야에서부터 레바논까지, 큰 강인 유프라테스 강에서부터 헷 사람의 땅을 지나 서쪽의 지중해까지, 모두 너희의 영토가 될 것이다.(여호수아 1:2~4, 새번역)

　제1차 세계대전 후 영국이 요르단 강(요단 강) 동쪽을 위임 통치하던 시절에 가나안 지역은 '트란스요르단(Transjordan)'이라고 불렸다. 동쪽으로는 시리아 사막과 바산 고원 지대가 펼쳐지고 서쪽으로는 지중해에 닿아 있으며, 남쪽으로는 네게브와 유대 광야, 북쪽으로는 레바논과 시리아를 경계로 둔 가나안 땅은 마치 직사각형을 세워놓은 형태이다.[1]

　트란스요르단에서 가장 큰 강인 요르단 강은 시리아와 이스라엘과 요르단 국경을 통과해 북쪽에서 남쪽으로 흐른다. 레바논 산과 헤르몬 산에서 발원하여 갈릴리(긴네렛) 호수에 모였다가 다시 남쪽 유대 광야에 있는 사해로 흘러 들어간다. 직선 거리는 217킬로미터이지만 굴곡이 심해 실제 길이는 400킬로미터나 되고, 급류가 심하다. 그래서 '급한 여울', '내려가는 곳'이란 뜻의 '요르단'이라는 이름이 붙었다. 강이라고는 하지만 우리나라의 개천 정도로 폭이 좁다.

　'사해'는 해수면보다 395미터 아래에 있는 호수다. 요르단 강이 흘러들지만 물이 빠져 나가는 곳이 없는 데다가 건조한 기후 때문에 유입량과 같은 양의 증발이 일어난다. 사해의 염분 농도는 해수의 5배가 넘는 30퍼센트이다. 높은 염도 때문에 부력이 강해 물에 가라앉지 않고 둥둥 뜬다. 일체의 생물과 식물을 모두 거부하는 호수라서, 죽은 바다(死海)라는 이름이 붙었다. 그러나 사해 주변에는 유황과 진흙과 암염이 풍부해 현대 이스라엘의 화학 산업에 많은 도움이 되고 있다. 역설적으로 '사해'가 '삶의 바다'가 된 셈이다. 오늘날 서구 여성들이 사용하는 화장용 진흙(머드) 팩의 80퍼센트가 이스라엘 제품이며 최고의 품질로 정평이 나 있다. 유황이나 암염은 각종 농약과 의약품의 원료가 된다.

소아시아† 지역의 고대 제국 헷(히타이트)†은 철기 문명을 탄생시켜 인류를 철기 시대로 이끈 나라이다. 여기에서 이스라엘이 가나안에 진입할 당시의 역사적 상황에 대해 알아보자. 당시 중동의 두 강대국은 이집트와 히타이트 제국이었다. 히타이트는 기원전 14세기 중반 가나안 북부까지 내려와 그곳을 점령하고 이집트와 대치하고 있었다. 기원전 1285년경 이집트 파라오 '람세스 2세'가 히타이트 제국을 물리치기 위해 가나안으로 원정을 떠났지만 전투는 승자나 패자 없이 흐지부지 끝났고, 기원전 1269년에 두 나라는 평화 조약을 체결했다. 이전까지 이집트 제국의 속주(屬州)였던 가나안 땅은 두 나라가 평화 조약을 체결한 후 제국의 힘이 직접적으로 미치지 않는 '중간 완충 지대'가 되었다.[2]

그리하여 지정학적으로 불리한 위치에서 살아가던 가나안 지역

소아시아 아시아의 서쪽 끝에 있는 흑해, 에게해, 지중해에 둘러싸인 반도. 지금의 터키 영토 97퍼센트를 차지하며, 예로부터 아시아와 유럽을 잇는 중요한 통로였다.
헷(히타이트) 기원전 2000년 무렵 소아시아(터키)에서 일어난 인도·유럽 어족에 속하는 민족. 기원전 14세기에 전차·철제 무기 따위를 이용하여 소아시아 지방에서 이집트, 바빌로니아에 이르기까지 크게 세력을 떨쳤다. 이들의 철기 문화는 메소포타미아에 전파되었고, 인류를 철기 시대로 들어서게 했다.

주민들은 모처럼 '권력 공백기'라는 행운을 누리게 되었다. 부족들은 저마다 인구가 늘고 산업이 발전했다. 특히 히타이트 제국으로부터 들어온 철기 문명은 농업과 군대를 비롯한 여러 분야에 혁명적 변화를 불러왔다.

이스라엘이 가나안 땅 진입에 성공할 수 있었던 이유도 이러한 힘의 공백 때문이었다. 두 제국이 가나안 땅에 직접 영향을 끼치던 시기였다면 이스라엘이 가나안에 진입하는 일은 이루어질 수 없었을 것이다. 이스라엘 민족은 가나안 땅을 차지하는 게 하느님의 약속이라고 믿었다. 즉, 이스라엘은 하느님이 자기들에게 '가나안 땅을 대여해준 것'으로 믿었다.[3] 게다가 가나안 말고는 딱히 갈 데도 없었다. 그런 불안하고 두려운 시점에서, 여호수아나 이스라엘에게 필요한 것은 모세의 정신, 곧 자기들을 이집트에서 해방한 하느님을 향한 믿음뿐이었다.

요르단 강을 건너

'젖과 꿀이 흐르는' 약속의 땅

여호수아는 모세처럼 종교적 카리스마를 갖춘 사람이 아니라 엄격한 군인으로서 냉철하고 합리적인 지도자였다. 시대 상황이 변하면서 그 시대에 필요한 지도자 유형도 달라졌다. 하느님의 격려를 받은 여호수아는 12지파 지도자들을 불러, 백성들에게 "양식을 준비하여라. 사흘만 있으면 너희는 이 요르단 강을 건너게 된다. 너희 하느님 야훼께서 너희의 것으로 주시는 땅을 차지하러 들어간다."(여호수아 1:11)라고 전하라 명령했다. 이어 르우벤 지파와 가드(갓) 지파와 므나쎄(므낫세) 지파에게 일렀다.

너희는 야훼의 종 모세가 한 말, 곧 너희 하느님 야훼께서 여기 이 땅(요르단 강 동쪽)을 너희에게 정착지로 주신다던 말을 기억하여라. 너희의 아내들과 어린것들과 가축은 모세가 너희에게 준 요르단 강 건너편에 있는 땅에 머물러 있게 하여라. 그러나 너희 군인들은 부대를 편성, 앞서 건너가 동족들과 함께 싸워라. 너희 동족이 너희처럼 정착지를 얻게 될 때까지 함께 싸워주어라. 그들도 너희와 마찬가지로 너희 하느님 야훼께서 주시는 땅을 차지하여야 한다. 그제야 너희는 너희의 차지가 된 땅, 곧 야훼의 종 모세에게서 너희가 받은 요르단 강 건너편 해 돋는 쪽에 있는 땅으로 돌아올 수 있을 것이다.(여호수아 1:12~15)

요르단 강 동쪽에 이미 땅을 분배받은 세 지파가 다른 지파들이 가나안 땅을 두루 차지할 때까지 가서 도와주어야 한다는 말이었다. 이는 광야에서 모세가 세운 원칙이었는데(민수기 32장), 이런 원칙을 정한 까닭은 이스라엘이 야곱의 후손인 열두 부족으로 이루어진 '연합 민족'이었기 때문이다. 가나안 진입은 개개 부족의 일이 아니라 이스라엘 전체의 일이었기에 세 지파는 물론이고 세 지파의 도움으로 땅을 차지한 부족들도 남겨진 다른 부족을 도와 함께 싸울 의무가 있었다.

이스라엘에는 이집트에서 탈출할 때 따라 나온 "많은 잡식구"(출애굽기 12:38), 즉 히브리†들과 광야에서 생활하는 동안 이스라엘로 전향해 들어온 부족들도 섞여 있었다. 그들은 이미 여러 지파들 사이사이에 들어가 살고 있었다. 그렇게 이스라엘은 어느 땅에서나 살던 최하 계층인 히브리들까지 포함하는 연합 민족, 연합 국가(지파 동맹체)가 되어 갔다. 이 사실은 이후 이스라엘 역사를 이해하는 데 매우 중요한 사항이다.

물론 이 연합 국가의 중심이 된 것은 야곱의 후손이었다. 이스라엘의 가나안 진입은 탈출 노예들이 자기들의 국가를 건설하고자 땅

히브리 원래 고대 중동과 이집트 사회에서 이리저리 떠돌며 생활하던 떠돌이나 사회적으로 신분이 낮은 계층의 사람들을 가리킨 말이었다. 이스라엘이 자신들을 가리켜 '히브리 사람'이라고 부른 후부터는 이스라엘, 유대인, 구약성서 등과 같은 뜻으로 쓰이고 있다. 여기에서는 원래의 뜻으로 쓰었다.

을 차지하려고 나선, 세계사에서 유례가 드문 일이었다. 이스라엘은 한 덩어리가 되어 죽기 살기로 싸워야 했다. 한 덩어리가 되는 데 접착 매개물은 야훼 하느님을 향한 신앙과 하느님이 준 율법, 그리고 형제자매라는 공동체 의식이었다. 부족 이기주의나 개인 이기주의는 절대 용납할 수 없다. 그 원칙은 대대로 이스라엘의 정신과 역사를 구성하는 데서 중심이 되어야 할 것이었다.

그런데 문제는 무조건 전쟁을 벌이느냐, 아니면 다른 방법을 찾느냐 하는 것이었다. 가나안에도 오래전부터 최하층 천민인 히브리들이 많이 살고 있었다. 전쟁을 벌이면 아무런 죄 없는 그들까지 피해를 입게 될 것이었다. 따라서 이스라엘은 크게 세 가지 원칙을 세웠다. 1) 거부하는 부족과는 전쟁을 한다. 2) 협력하는 부족과는 연합한다. 3) 연합한 부족은 이스라엘의 종교, 율법, 문화에 통합한다. 이스라엘은 가나안 땅의 부족들과 그들의 노예인 최하층 천민 히브리들까지 흡수하여 연합 국가를 건설할 계획이었다.[4]

여호수아가 이 원칙을 설명하자, 지파 대표들은 여호수아의 권위를 인정하면서 원칙에 모두 동의했다. 그때부터 200여 년 동안 지속된 사사 시대는 다민족, 다종교, 다문화를 어떻게 하나의 신앙으로 통합해내느냐에 달려 있게 될 것이었다. 이런 점을 이해하면, 가나안 전쟁이 왜 그처럼 강경한 방법을 사용했는지 알 수 있다.

그러나 무턱대고 요르단 강을 건너갈 수는 없었다. 요르단 강 옆에는 '**예리코**'('향기'라는 뜻. 성서에서는 예리고 또는 여리고라고 부른다)가 있었는데, 이는 지명이기도 하고 가나안 전체에서 가장 큰 성채 도시 국가의 이름이기도 했다. 중부의 세겜이나 예루살렘, 남부의 헤브론, 북부의 케데스(게데스) 정도가 그나마 도시 축에 들었으나 예리코보다 규모가 한참 작았다. 당시 가나안 땅에는 **도시**라고 할 만한 곳이 거의 없었고 대부분이 부락 공동체였다.

'종려나무의 도시'라고 불렸던 예리코는 오아시스 지역이어서 물이 풍부했고, 각종 과실수(특히 종려나무)와 꽃, 밀과 포도와 올리브와 석류가 많이 재배되었다. 중앙 고원 지대로 들어가는 길목에 자리 잡은 데다 요르단 강 나루터도 있어서 상인들의 왕래가 많았고 자연스레 숙박업이 성행했다. 가나안 북쪽이나 중앙 지대의 평원에서 생산한 곡식과 남부 지역의 여러 물품, 그리고 상인들이 들여오는 값비싼 철기 제품도 수입되었다. 예리코는 가나안 지역의 교통과 물류의 중심지였다. 예리코에는 관세와 통행세와 인두세 등의 세금을 징수하는 세관이 있었고, 그뿐만 아니라 여러 민족의 종교와 문화가 교류하였다. 예리코는 당시 문명의 두 축인 바빌로니아 문명과 이집트 문명의 모든 것을 소개하고 이어주는 국제적인 중간 기지였다.[5]

그렇다면 이스라엘은 왜 하필 가장 공략하기 어려운 곳을 택했을까? 아마도 전시 효과를 노렸을 것이다. 가장 강력한 성채 도시 국가를 점령하면, 작은 부족들은 지레 겁을 먹고 항복하거나 저항한다 해도 손쉽게 공략할 수 있기 때문이다.

여호수아는 '정탐꾼 두 사람'을 선발하여 예리코로 보냈다. "가서, 몰래 그 땅을 정탐하여라."(여호수아 2:1, 새번역) 예리코 왕은 이집트에서 탈출한 히브리들이 요르단 강 동쪽의 세 왕국을 무너뜨리고 자기들 쪽으로 올라오고 있다는 정보를 입수하고는 경계 태세로 이스라엘의 공격에 대비하고 있었기 때문에(여호수아 2:8~11) 이스라엘은 예리코 상황을 정찰할 필요가 있었다.

예리코에는 외국인들이 많았기 때문에 정탐꾼들이 신분을 감추기가 쉬웠다. 그런데 이집트에서 살던 이스라엘의 언어와 가나안 땅의 언어가 같을 리 없었을 텐데 정탐꾼들은 언어 문제를 어떻게 처리했을까 하는 궁금증이 생긴다. 아마 외국어에 재능이 있는 사람을 뽑아 훈련했거나 그동안 받아들인 히브리들 중에서 가나안 말을 아는 사람을 정탐꾼으로 뽑았을 것이다. 후자에 대해서는 어느 정도 추리가 가능하다. 모세의 장인이 속했던 미디안 부족이 이스라엘에 들어와 살고 있었기 때문이다. 미디안 부족은 시나이 반도와 가나안, 아라비아 반도에까지 널리 퍼져 살고 있었기에 그들 중 가나안 말을 아는 사람이 있었을 것이다. 통역을 데리고 다니며 정탐할 수는 없지 않은가.

두 정탐꾼은 상인으로 변장하고 예리코로 들어가, "어느 창녀의 집에 들어가 거기에서 묵었다. 그 집에는 이름이 라합이라고 하는 창녀가 살고 있었다."(여호수아 2:1, 새번역) '창녀의 집'은 숙박업소 겸 주점을 가리킨다. 왜 그곳으로 갔을까? 여러 나라 사람들이 모여드는 곳이니 신분을 숨기고 정보를 얻기에 가장 좋은 장소였기 때문이다.

예리코 왕은 이스라엘 사람 몇이 예리코 땅을 정탐하러 왔다는 사실을 보고받았다. 왕은 라합에게 "너를 찾아 네 집에 온 자들을 내놓아라. 그들은 이 온 지역을 정탐하러 온 자들이다."(여호수아 2:3)라는 내용의 전갈을 보냈다. 이 대목에서 라합의 사회적 위치를 가늠해볼 수 있다. 라합이 운영하는 숙박 시설은 예리코에서 매우 큰 곳이었으며 유곽(遊廓)을 함께 운영했을 것이다. 따라서 예리코 성의 주요 정치인과 경제인과 부유층, 그밖에 외국 상인들이 즐겨 드나든 곳이었을 것으로 추측된다. 라합의 신분은 보잘것없었지만, 도시 안에서는 꽤 유력한 인사여서 사회 지도층에서 넓은 인맥을 형성하고 있었을 것이다. 왕의 말을 고려해볼 때, 그는 군사를 보내지 않아두 일을 해결할 수 있을 것이라 생각할 만큼 라합을 대단히 신임하고 있었다.

그러나 라합은 두 정탐꾼을 지붕 위에 숨기고는, 그들이 막 떠났으니 빨리 사람을 풀어 뒤쫓게 하면 따라잡을 수도 있을 거라고 둘러댔다. 그 말을 듣고 뒤쫓는 사람들이 요르단 강 나루터까지 쫓아갔다.

라합은 왜 이스라엘 정탐꾼을 숨겨주었을까? 그것은 분명히 예리코 주민인 그녀의 배반이었다. 라합은 이미 이스라엘이 요르단 강 건너편에 와 있다는 것을 알고 있었고, 곧 이스라엘이 예리코를 무너뜨릴 거라고 판단했다. 도대체 그녀는 무엇을 믿고 이스라엘이 이길 것이라 판단했을까?

두 가지 추측이 가능하다. 라합이 정탐꾼에게 한 말 중에, "당신들이 요르단 강 건너편에 있는 두 아모리 왕 시혼과 옥을 어떻게 해치웠고 어떻게 전멸시켰는지 그 이야기도 들었습니다."(여호수아 2:10)라는 말을 생각해보자. 아마 아모리 왕 시혼과 옥의 나라는 예리코의 전력과 비슷했을 것이다. 그러니 라합은 이스라엘이 예리코보다 강하다고 생각했을지도 모른다. 다른 하나는 라합을 '창녀'라고 한 구절에서 찾아볼 수 있다. 창녀는 고대 사회 어디에서나 최하천민인 히브리들에 속했다. 따라서 라합은 이집트에서 나온, 같은 처지의 이스라엘 히브리들을 편드는 쪽을 택했다고 볼 수 있다.

뒤쫓는 자들이 나가자마자 날이 어두워지고 성문이 닫혔다. 라합은 지붕으로 올라가 정탐꾼들에게 말했다. "내가 당신들에게 은혜를 베풀었으니, 이제 당신들도 내 아버지의 집안에 은혜를 베푸시겠다고 주님 앞에서 맹세를 하시고, 그것을 지키겠다는 확실한 징표를 나에게 주십시오. 그리고 나의 부모와 형제자매들과 그들에게 속한 모든 식구를 살려주시고, 죽지 않도록 우리의 생명을 구하여주십시오."(여호수아 2:12~13, 새번역) 이스라엘 정탐꾼들은 그 약속을 지키겠다고 맹세했다. 라합의 집은 성벽 위에 있었다. 라합은 창문으로 밧줄을 늘어뜨려 정탐꾼들을 성 밖으로 내려주었다. 그들은 "여기 홍색 줄이 있으니, 우리가 이 땅으로 들어올 때에, 창문에 이 홍색 줄을 매어 두시오. 그리고 당신의 아버지와 어머니와 오라버니들과 아버지 집안의 모든 식구를 다 당신의 집에 모여 있게 하시오. …… 우리가 당신과 함께 집 안에 있는 사람에게 손을 대서 죽으면, 그 죽음에 대한 책임은 우리가 질 것이오. 그러나 당신이, 우리가 한 일을 누설하면, 당신이 우리와 맺은 맹세에 대하여 우리는 아무런 책임이 없소."(여호수아 2:18~20, 새번역) 이렇게 하여 라합과 정탐꾼들 사이에 계약이 맺어졌다.

그들이 떠나간 후 라합은 창문에 홍색 줄을 매달았다. 정탐꾼들은 산으로 올라가 자기들을 쫓는 사람들이 되돌아갈 때까지 사흘을 머무르고, 여호수아에게 돌아가 자기들이 겪은 일은 보고했다. "주님께서 그 땅을 모두 우리 손에 넘겨주셨으므로 그 땅의 모든 주민이 우리를 무서워하고 있습니다."(여호수아 2:24, 새번역) 그들은 예리코의 규모, 주민과 군대의 숫자, 도시 외곽에 살고 있는 주민들의 동태, 예리코 사람들의 정신적 공황 상태까지 보고했을 것이다. 이로써 예리코 정탐 작전은 완수되었다. 이제 이스라엘은 요르단 강을 건너 예리코를 치기만 하면 되었다.

예리코 왕은 모든 주민을 성 안으로 들어오게 하고는 성문을 굳게 닫아 걸었다. 될 수 있는 한 오래 버티면서, 이스라엘 군대의 기운을 빼놓아 지치게 한 다음에 기습하거나 아니면 주변 나라의 지원군을 기다려 협공하는 수밖에 없었다. 예리코가 쓸 수 있는 몇 안 되는 병법이었다.

이제 이스라엘에게 남은 것은 전쟁밖에 없었다. 그런데 이유는 알 수 없지만, 여호수아는 예리코 왕과 협상을 하자는 말을 꺼내지도 않았다. 어쩌면 항복하지 않으려는 예리코 왕의 마음을 읽었거나, 그게 아니라면 가나안 땅에서 첫째가는 성을 정복함으로써 모든 부족에게 두려움을 퍼뜨려 항복을 받아내려는 의도였다고 볼 수 있다.

모든 준비를 마친 이스라엘은 그동안 진을 쳤던 시띰(싯딤)을 떠나 요르단 강에 다다랐다. 이스라엘이 요르단 강을 건너려던 시기는 보리와 밀을 거두는 시기였는데, 우기가 끝날 무렵이므로 요르단 강 수위가 가장 높을 때였다. 게다가 북쪽의 헤르몬 산에 쌓여 있던 눈이 녹아 내리는 때이므로 요르단 강에 물이 어느 때보다 많이 유입될 때였다.† 배를 타고 건너가야만 했다. 그러나 예리코 왕은 이미 나루터의 배들을 죄다 예리코 쪽에 매어 두고는 통행을 금지했을 것이다. 돌아갈 길은 없었다. 갈릴리 호수에서 흘러나온 요르단 강은 사해까지 줄곧 이어지고 있었기 때문이다. 이스라엘은 헤엄쳐서 강을 건너거나 배를 만들거나 아니면 물이 줄어들기를 바라며 몇 달을 기다려야만 했다.

이스라엘은 강을 건너기 전에 진을 치고 사흘을 머물렀다. 사흘 후에 장군들이 천막 사이를 돌아다니며 백성들에게 지시했다. "레위인 사제들이 너희 하느님 야훼의 계약궤를 메고 나서는 것이 보이거든 너희도 각기 있던 자리를 떠나 그 궤를 따라 나서라."(여호수

---

† 지금도 헤르몬 산은 팔레스타인 땅의 젖줄이다. 높이 2,814미터인 헤르몬 산 정상의 눈은 요르단 강으로 흘러드는 물의 시원이다. 1967년에 시리아가 갈릴리 호수로 들어가는 요르단 강 상류에 댐을 건설하여 이스라엘에 공급되는 물을 끊으려 한 일이 있었는데, 이 일이 불씨가 되어 제3차 중동 전쟁이 발발했다. 이스라엘은 댐 건설 현장을 폭격함으로써 이 전쟁에서 승리하고 요르단 강 상류 지역을 차지했다. 이곳이 바로 '골란 고원'이다.

아 3:3) 이어 여호수아가 백성들에게 말하였다. "당신들은 자신을 성결하게 하시오. 주님께서 내일 당신들 가운데서 놀라운 일을 이루실 것입니다."(여호수아 3:5, 새번역)

'성결'이라는 말에서 이스라엘이 이 전쟁을 성전(聖戰)으로 생각했다는 것을 짐작할 수 있다. 이슬람 근본주의에서 흔히 '지하드'라고 부르는 '성전' 개념은 이토록 역사가 오랜 것이다. 이슬람 근본주의자들과 이스라엘은 전쟁을 자기들이 믿는 신들의 거룩한 싸움이라고 주장하면서 3,250년이 지난 지금까지도 싸우고 있다. 성전은 이스라엘에서 시작된 것이다.

다음 날 아침, 하느님이 여호수아에게 말했다. "나는 오늘부터 온 이스라엘이 너를 큰 인물로 우러르게 하겠다. 내가 모세의 곁에 있어주었듯이 네 곁에도 있어준다는 사실을 그들이 알게 되리라. 너는 계약궤를 멘 사제들에게 요르단 강 물가에 이르거든 요르단 강에 들어가서 있으라고 명령하여라."(여호수아 3:7~8)

그 말을 들은 여호수아가 백성들에게 하느님의 말을 전했다.

살아 계시는 하느님께서 너희 가운데 계신다. 가나안족, 헷족, 히위족, 브리즈족, 기르갓족, 아모리족, 여부스족은 반드시 쫓겨나리라. 이제 온 세계의 주이신 야훼의 궤가 너희 선두에 서서 요르단 강을 건널 것이다. …… 온 세계의 주이신 야훼의 궤를 멘 사제들의 발바닥이 요르단 강 물에 닿으면 곧 요르단 강 물은 끊어져 위에서 흘러내리던 물이 둑을 이루어 우뚝 서리라.(여호수아 3:10~13)

언약궤를 멘 제사장들의 발이 물가에 닿았을 때 위에서부터 흐르던 물이 멈추었다. 온 이스라엘 백성이 강을 건널 때까지 제사장들

벤저민 웨스트, 〈언약궤와 함께 요르단 강을 건너는 여호수아〉, 1800.

은 강 가운데 마른 땅 위에 서 있었다. 이스라엘에서 제사장의 위치가 어떠한지를 보여주는 상징적인 장면이라 하겠다. 성전이기에 종교인들이 앞장섰던 것이다. 이스라엘 역사에서 정신적 지주인 제사장들은 언제나 백성의 안위를 위한 제물이 되어야 했다. 제사장들이 자기부터 살고자 할 때에는 언제나 이스라엘이 부패했고 약해졌다.

요르단 강이 멈추고 이스라엘이 마른 땅을 밟고 강을 건넌 장면을 합리적으로 생각하려고 애쓰지 않는 편이 좋다. 혹시 위쪽에 제방을 쌓아 물길을 돌린 건 아닐까 하고 생각한다면, 그것은 불가능했을 거라고 말하고 싶다. 왜냐하면 요르단 강은 강의 서쪽과 동쪽이 모두 고원 지대여서 깊은 유(U) 자 형태의 골짜기였기 때문이다. 그러니 그저 제2의 홍해 사건 정도로 생각하는 게 좋다. 이 이야기에서 구약성서가 강조하는 것은 연속되는 하느님의 구원 행위와 먼저 강물에 들어선 제사장들의 자기 희생이다.

여호수아는 각 지파에서 한 사람씩 뽑아 그 열두 사람에게 돌 한 개씩을 가져오라 일렀다. 그들이 가져온 열두 개의 돌을 요르단 강 한복판에 쌓아 기념비를 세웠다. 여호수아가 이스라엘 백성에게 말했다. "이것이 너희 가운데 기념으로 남으리라. 훗날 너희의 자녀들이 이 돌들이 무엇이냐고 물으면, 야훼의 계약궤 앞에서 요르단 강물이 끊어진 사실을 일러주어라. 그리고 이 돌들은 그 궤가 요르단 강을 건널 때 강물이 끊어졌던 일을 이스라엘 백성에게 영원히 전하는 기념비라고 일러주어라."(여호수아 4:6~7) 이스라엘 민족이 역사 교육을 얼마나 중요하게 여겼는지를 엿볼 수 있는 장면이다.

이스라엘 백성이 모두 강을 건너자 르우벤과 가드와 므나쎄 지파 사람들은 여호수아가 명령한 대로 전투 대열을 편성하고 이스라엘 백성 앞에 나섰다. 이스라엘이 부족 사이의 약속과 동맹과 실천을 중요하게 여겼다는 점을 강조하는 대목이다. 4만 명에 이르는 이들이 무장을 하고 예리코를 향해 나아갔다. "그날 야훼께서는 온 이스라엘로 하여금 여호수아를 큰 인물로 우러르게 하셨다. 그리하여 그들은 모세가 살아 있는 동안 그를 늘 두려워했듯이 여호수아도 두려워하게 되었다."(여호수아 4:14) 이 일로 이스라엘은 여호수아를 위대한 지도자로 인식하게 되었고, 그를 모세처럼 존경하고 따랐다.

이스라엘은 이윽고 예리코 동쪽 변두리 '길갈'에 진을 쳤다. 이들이 요르단 강을 건너왔다는 소식은 화살처럼 날아가, 요르단 강 서편 지역에 있는 아모리의 모든 왕과 해안 지역에 있는 가나안의 모든 왕에게 전해졌다. 그들은 "주님께서 이스라엘 자손 앞에서 그들이 요단 강을 다 건널 때까지 그 강물을 말리셨다는 소식을 듣고 간담이 서늘했고, 이스라엘 자손 앞에서 아주 용기를 잃고 말았다."(여호수아 5:1, 새번역) 그때 야훼가 여호수아에게 "돌칼을 만들어 이스라엘 백성에게 다시 할례를 베풀어라."(여호수아 5:2) 하고 일렀다. 이집트에서 나온 백성은 모두 할례를 받았지만(그들은 광야에서 모두 죽었다) 이집트를 떠나 오는 도중 광야에서 태어난 백성은 할례를 받지 않았기 때문이었다. 할례를 행한 부위가 나으려면 열흘은 족히 필요한데도 전쟁을 앞둔 여호수아는 할례를 감행했다. 왜 그랬을까?

이스라엘 백성이 할례를 마치자 야훼가 여호수아에게 "너희가 이집트에서 받은 수치를, 오늘 내가 없애버렸다."(여호수아 5:9, 새번역) 하고 말했다. 그리하여 그곳 이름을 오늘까지 '길갈'이라고 한다. '길갈'은 히브리어로 '구르다'라는 뜻인데, '없애다'라는 뜻의 '갈랄'에서 유래한 것이다. 이 할례 사건은 이집트의 모든 것을 잘라버리듯 없애고, 지극히 깨끗하고 겸허한 마음가짐으로 돌멩이 구르듯 새로운 땅에 굴러 들어간다는 뜻임과 동시에 앞으로 치러야 할 일들이

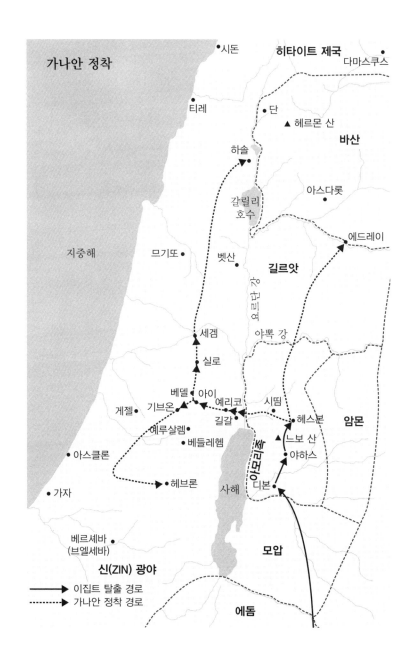

가나안 정착

히타이트 제국

시돈

다마스쿠스

티레

단

▲ 헤르몬 산

바산

하솔

갈릴리
호수

아스다롯

에드레이

지중해

므기또

벳산

길르앗

요르단 강

야뽁 강

세겜

실로

베델

아이

시띰

게젤

기브온

예리코

헤스본

암몬

예루살렘

길갈

느보 산

▲

아스클론

베들레헴

야하스

가자

헤브론

사해

디본

베르세바
(브엘세바)

모압

신(ZIN) 광야

에돔

━━▶ 이집트 탈출 경로

┅┅▶ 가나안 정착 경로

고통스러우리라는 경고였다.

광야에서 태어난 모든 남자들이 할례의 고통을 겪으며 겸손한 마음으로 다져졌다. 그리고 이스라엘은 예리코 근방 평야, 즉 가나안 땅에서 최초로 '유월절'을 지켰다. 유월절 다음 날, 이스라엘은 그 땅의 소출을 맛보았다. 그들은 이집트에서 탈출하던 날과 똑같은 방식으로 만든 누룩을 넣지 않은 빵과 그 땅에서 난 곡식을 볶아 먹었다. 40년이나 걸려 드디어 목적지에 도착한 이스라엘은 다시 한 번 이집트의 고난을 기억했다.

그런데 여호수아에게는 고민이 많았다. 강은 건너왔지만 견고하고 웅장한 예리코 성을 어떻게 정복하느냐 하는 문제 때문이었다. 아무리 하느님이 함께한다고 해도 싸움은 사람이 해야 했으니, 당연한 고민이었다. 홀로 광야를 거닐며 고민하던 여호수아가 예리코 지방에 가까이 이르렀을 때의 일이다.

여호수아가 여리고에 가까이 갔을 때 눈을 들어서 보니, 어떤 사람이 손에 칼을 빼 들고 자기 앞에 서 있었다. 여호수아가 그에게 다가가서 물었다. "너는 우리 편이냐? 우리의 원수 편이냐?" 그가 대답하였다. "아니다. 나는 주님의 군사령관으로 여기에 왔다." 그러자 여호수아는 얼굴을 땅에 대고 절을 한 다음에 그에게 물었다. "사령관님께서 이 부하에게 무슨 말씀을 하시렵니까?" 주님의 군대 사령관이 여호수아에게 말하였다. "네가 서 있는 곳은 거룩한 곳이니, 너의 발에서 신을 벗어라." 여호수아가 그대로 하였다.(여호수아 5:13~15, 새번역)

어디선가 본 듯한 대목이다. 모세가 시나이 산에서 하느님을 만난 장면과 겹친다. 이전에 치른 전쟁과는 비교할 수 없는 큰 전쟁일 터이니 아무리 전쟁 경험이 많다 해도 긴장하지 않을 수 없었다. 강력한 마음의 확신과 용기가 필요한 시점이었다. 여호수아는 신발을 벗고 들판에 홀로 섰다. 살고자 하는 마음까지도 다 비우면 어떻게든 될 것이었다.

예리코 전투
이스라엘은 왜 예리코 백성을 몰살했나?

드디어 결전의 날이 밝아 왔다. 예리코 성 전투는 이스라엘이 가나안 땅에서 벌인 첫 번째 전쟁이었다. 이 전쟁의 결과에 따라 이후로 치러야 할 숱한 전쟁의 승패가 결정될 것이었다. 이곳에서 패배한다면 다른 곳을 점령한다는 것은 생각지도 못할 일이고, 만일 큰 승리를 거둔다면 다른 곳을 점령하는 일은 한층 쉬워질 것이다. 가나안 사람들도 이스라엘과 마찬가지로 그 땅을 자기들이 믿는 신이 준 '젖과 꿀이 흐르는 땅'이라 여기고 조상 대대로 살아왔다. 그들이 가나안의 주인이었다. 그런데 난데없이 이집트에서 뛰쳐나온 히브리들이 가나안 땅을 자기들의 신이 준 땅이라고 주장하며 빼앗으려 하니 빼앗기지 않으려면 전쟁을 하는 길 말고는 다른 수가 없었다. 각기 다른 두 신념이 충돌하기 직전이었다.

예리코 성은 굳게 닫혀 있었고 지나는 사람의 그림자 하나 없었다. 하느님은 여호수아에게 이렇게 말했다.

내가 여리고와 그 왕과 용사들을 너의 손에 붙인다. 너희 가운데서 전투를 할 수 있는 모든 사람은, 엿새 동안 그 성 주위를 날마다 한 번씩 돌아라. 제사장 일곱 명을, 숫양 뿔 나팔 일곱 개를 들고 궤 앞에서 걷게 하여라. 이레째 되는 날에, 너희는 제사장들이 나팔을 부는 동안 성을 일곱 번 돌아라. 제사장들이 숫양 뿔 나팔을 한 번 길게 불면, 백성은 그 나팔 소리를 듣고 모두 큰 함성을 질러라. 그러면 성벽이 무너져 내릴 것이다. 그때에 백성은 일제히 진격하여라.(여호수아 6:2~5, 새번역)

인류 역사상 한 번도 시도한 적이 없는 전법이었다. 이 기이한 전법은 다름 아닌 심리전(心理戰)이었는데, 적들의 마음부터 무너뜨려 싸우고자 하는 의지를 꺾어버린 후에 적진을 치는 방법이었다. 여호수아는 제사장들을 불러 "언약궤를 메고 서시오. 그리고 일곱 제사장은 제각기 숫양 뿔 나팔을 들고 궤 앞에 서시오." 하고 말했다. 이 말에 몇몇은 웅성거리며 '무슨 전쟁이 이래?' 했을지도 모른다. 이스라엘이 성 주위를 도는 동안 예리코 성이 항복한다면 살육은 없을 거라는 의사를 보여주는 전법이었다. 무조건 쳐들어가 살상하는 것은 전법이 아니다. 이스라엘로서는 정복하든 항복을 받아내든 진입에 성공하기만 하면 충분했다. 예리코 성이 함락되었다는 사실만으로도 다른 부족들은 압박을 느껴 순순히 항복할 것이기 때문이었다.

이어 여호수아는 백성들에게 명령을 내렸다. "앞으로 나아가거라! 성을 돌아라! 무장한 선발대는 궤 앞에 서서 행군하여라!"(여호수아 6:7, 새번역) 제각기 숫양 뿔 나팔을 든 일곱 제사장은 언약궤 앞에 서서 행군하며 나팔을 불었고, 그 뒤를 언약궤가 따랐다. 또한 무장한 선발대는 나팔을 부는 제사장들보다 앞서서 나갔고, 후발대는 궤의 뒤를 따라갔다. 이스라엘은 하느님의 셰키나(Shekhinah, 임게

장 푸케, 〈예리코의 나팔〉, 1420(?).

臨在)를 상징하는 언약궤를 가장 소중한 보물로 여겼기에 군대의 가운데 두었던 것이다. 여호수아는 다시 한 번 백성들에게 일렀다. "한마디도 입밖에 내지 않고 있다가 내가 고함을 지르라고 하거든 그때 고함을 질러라."(여호수아 6:10)

아마 성 안에서 이 모습을 지켜보던 예리코 사람들은 나팔을 불며 성을 도는 이스라엘의 행동을 의아하게 생각했을 것이다. 사흘이 되도록 쳐들어올 기미는 보이지 않고 성 주위를 도는 이스라엘을 바라보며 예리코 사람들은 겁이 나서 저런다고 조롱했을 것이다. 이스라엘은 엿새 동안 같은 행동을 되풀이했다. 일곱째 날에는 새벽 동이 트자마자 일어나 성을 돌았다. 이날만은 앞의 여섯 날과 달리 일곱 바퀴를 돌았다. 일곱 번째 바퀴를 돌 때 여호수아가 소리쳤다.

큰소리로 외쳐라! 주님께서 너희에게 이 성을 주셨다. 이 성과 이 안에 있는 모든 것을 전멸시켜서, 그것을 주님께 제물로 바쳐라. 그러나 창녀 라합과 그 여인의 집에 있는 사람은 모두 살려주어라. 그 여인은 우리가 보낸 정탐꾼들을 숨겨주었다. 너희는, 전멸시켜서 바치는 희생 제물에 손을 댔다가 스스로 파멸당하는 일이 없도록 주의하여라. 너희가 전멸시켜서 바치는 그 제물을 가지면, 이스라엘 진은 너희 때문에 전멸할 것이다. 모든 은이나 금, 놋이나 철로 만든 그릇은, 다 주님께 바칠 것이므로 거룩하게 구별하여, 주님의 금고에 넣도록 하여라.(여호수아 6:16~19, 새번역)

여호수아가 희생 제물을 사취하는 일을 금지한 것은 사사로운 욕심이 이스라엘 전체를 위험에 빠뜨린다고 보았기 때문이다. 여호수가 이 일을 얼마나 중대하게 생각했는지는 '전멸', '제물', '파멸'이라는 단어를 반복하여 사용한 데서 알 수 있다.

　이윽고 제사장들의 나팔 소리가 울려 퍼지자 백성들이 일제히 '와!' 하고 고함을 질렀다. 그 순간 성벽이 무너져 내렸다. 이스라엘 백성은 예리코 성 안으로 밀물처럼 밀고 들어가 "남자나 여자나 어른이나 아이를 가리지 않고 모두 전멸시켜서 희생 제물로 바치고, 소나 양이나 나귀까지도 모조리 칼로 전멸시켜서 희생 제물로 바쳤다."(여호수아 6:21, 새번역) 대 살육이었다. 여호수아는 예리코를 정탐하러 갔던 정탐꾼 두 명을 불러 라합과 그녀의 가족을 안전한 곳으로 피신시키라고 일렀다. 이스라엘은 라합과 한 약속을 지켰고, 라합의 가족은 그녀 덕분에 살육의 현장에서 모두 살아남았다.

　예리코 성 전투를 승리로 이끈 여호수아의 명성이 온 땅에 두루 퍼졌다. 어느 곳에서도 예리코를 도와주러 오지 않았다. 주변 민족들은 두려움 속에서 이스라엘을 예의 주시할 뿐이었다. 여호수아는 예리코를 '베냐민 지파'에게 주었다(여호수아 18:21). 이스라엘 백성이 함께 싸워 땅을 마련해주었기에, 베냐민 지파는 이스라엘에 큰 빚을 지게 된 셈이었다. 자기들을 도와준 이들처럼 베냐민 지파 사람들도 앞으로 다른 지파들이 땅을 차지할 때 도와주어야 할 과제를 안게 되었다.

도둑 '아간'의 죽음

탐욕, 모세 율법과 공동체의 금기

그런데 민족의 사활이 걸린 전쟁 중에 사욕을 품고 물건을 빼돌린 자가 있었다. "이스라엘 자손이, 전멸시켜서 주님께 바쳐야 할 물건을 잘못 다루었다. 유다 지파 …… 아간이, 전멸시켜서 주님께 바쳐야 할 물건을 가져갔기 때문에, 주님께서 이스라엘 자손들에게 진노하셨다."(여호수아 7:1, 새번역)

여호수아가 신신당부했건만, '아간'('골치 아픈', '곤란한'이라는 뜻)은 귀담아듣지 않았다. 게다가 그는 이스라엘의 중심인 유다 지파 사람이었다. 그래서 더욱 준엄하게 다스려야만 했다. 그러지 않으면 다른 지파들의 불만을 사서 민족이 분열되고 말 것이다. 그런데 이 일은 곧바로 발각된 게 아니었다.

'아이'('돌무더기', '폐허'라는 뜻) 성 전투를 앞둔 여호수아가 정탐꾼을 베델 동쪽의 아이 성으로 보냈다. 아이 성을 정탐하고 돌아온 정탐꾼들이 여호수아에게 보고했다. "전군이 다 올라갈 것까지는 없습니다. 이삼천 명만 올라가도 아이는 넉넉히 칠 수 있습니다."(여호수아 7:3) 어떤 불길한 조짐을 느낄 수 있는 대목인데, 분명히 예리코

대승이 불러온 지나친 과신 때문이었을 것이다. 여호수아만이라도 자세히 묻거나 다른 사람들을 보내 더 알아봤어야 했다. 그런데 여호수아도 정탐꾼들의 보고만 믿고 적을 가볍게 생각했다. 이스라엘의 군대 3천 명이 아이 성으로 올라갔다가 도리어 그곳 주민들에게 쫓겨 도망쳐 왔다. 적을 얕보다가 큰 패배와 수치를 당한 것이었다. 이제는 도리어 이스라엘의 간담이 서늘해져서, 삽시간에 공포와 두려움이 이스라엘 백성을 덮쳤다. 이대로 두었다가는 예리코 성 전투의 승리도 빛을 잃을 판국이었다.

낙담한 여호수아와 이스라엘 장로들은 옷을 찢고, 해가 저물 때까지 야훼의 궤 앞에서 얼굴을 땅에 대고 엎드려 있었다. 여호수아가 울부짖었다. "주 하느님, 우리 백성을 요단 강 서쪽으로 잘 건너게 하시고는, 왜 우리를 아모리 사람의 손에 넘기어 멸망시키려 하십니까? 차라리 우리가 요단 강 동쪽에서 그대로 살았더라면 좋을 뻔하였습니다."(여호수아 7:7, 새번역) "차라리 ~했더라면 좋을 뻔했다." 이 말은 광야를 지나는 동안 이스라엘이 모세에게 대들 때마다 숱하게 하던 말이었다. 여호수아의 말은 전혀 지도자다운 말이 아니었다. 하느님이 여호수아의 울부짖음을 듣고서 그에게 말했다.

일어나거라. 어찌하여 이렇게 엎드려 있느냐? 이스라엘이 죄를 지었다. 나와 맺은 언약, 지키라고 명령한 그 언약을 그들이 어겼고, 전멸시켜서 나 주에게 바쳐야 할 물건을 도둑질하여 가져갔으며, 또한 거짓말을 하면서 그 물건을 자기들의 재산으로 만들었다. 그래서 이스라엘 자손은 원수를 대적할 수 없었고, 원수 앞에서 패하여 물러섰다. …… 너희들 가운데에서 전멸시켜 나 주에게 바쳐야 할 물건을 없애지 아니하면, 내가 다시는 너희와 함께 있지 않겠다.(여호수아

7:11~12, 새번역)

이 말을 듣고서야 여호수아는 누군가가 자신의 명령을 어기고 죄를 지었다는 사실을 알았다. 여호수아는 분노에 찬 표정으로, 모든 백성에게 몸과 마음을 깨끗이 한 후 다음 날 아침에 모두 모이라고 지시했다. 가뜩이나 패배의 충격으로 낙심한 백성들은 지도자가 분노한 모습을 보고 더 큰 두려움에 휩싸였다.

다음 날 아침, 이스라엘 백성이 모두 모인 가운데 하느님이 유다 지파를 잡아냈다. 그 가운데서 제라 갈래가 잡혔고, 다시 제라 갈래의 잡디 가문이 잡혔고, 잡디 가문의 아간이 잡혔다. 여호수아가 아간에게 무슨 일을 했는지 사실대로 말하라고 하자, 아간이 자신의 죄를 고백했다. "제가 전리품 중에서 시날에서 난 좋은 외투 한 벌과 은 이백 세겔과 오십 세겔 나가는 금덩이 하나를 보고는 그만 욕심이 나서 가졌습니다."(여호수아 7:21)

시날에서 난 외투는 바빌로니아산(産) 외투인데, 지금으로 치면 수입 명품인 셈이다. 은 1세겔은 당시 일반 노동자의 4일 품삯이었다. 아간이 훔친 은 200세겔은 800일 품삯에 해당했다. 오늘날 화폐 가치로 계산하면, 하루 품삯을 5만 원으로 잡는다고 쳐도, 약 4천만 원이다. 금은 은보다 15배나 가치가 높았다고 하니 실로 어마어마한 액수였다. 수많은 사람의 목숨을 다투는 전장에서 사욕을 품은 것도 큰일이지만, 하느님께 바칠 전리품을 훔쳤으니 그 죄질이 더 나빴다.

여호수아는 아간과 그의 아들딸들과 주인을 잘못 만난 죄밖엔 없는 가축들까지, 아간에게 딸린 모든 것을 데리고 '아골' 골짜기로 갔다. 함께 간 온 이스라엘 백성이 아간을 돌로 쳐서 죽이고, 남은 가족과 재산도 모두 돌로 치고 불사른 후 그 위에 큰 돌무더기를 쌓았다. 그제야 하느님의 극렬한 분노가 걷혔다. '아골'은 히브리어로 '고통', '괴로움', '비통함'을 뜻한다. 그 이름처럼 '골치 아픈' 자 아간은 돌에 맞아 '고통' 속에서 죽었다.

무자비할 정도로 아간에게 죄를 물은 것은 다른 백성들이 죄에 물들지 않게 하기 위해서였다. 당시 사회의 최하 계층이었던 히브리들은, 이집트에서 나온 히브리든 이후에 흡수된 히브리든, 누구보다 생존 본능이 강했기에 생존이 보장되지 않을 때에는 그만큼 죄를 저지를 가능성도 커졌다. 히브리들은 먹고사는 문제의 보장은 물론이고, 강력한 정신적 유대감 없이는 결코 유지되지 못할 집단이었다. 이집트의 히브리였던 이스라엘이 끝도 없이 이집트 노예 시절과 하느님의 해방 사건을 기억하고, 이 경험을 모든 법률에 담은 까닭이 바로 이 때문이었다. 그러니 이런 일을 덮고 지나간다면 전쟁을 할 때마다 **수백, 수천의 아간**이 생길 것이고, 땅을 차지하기는커녕 결국 죄다 흩어지고 말 것이었다. 이스라엘은 어떻게 해서든 가나안의 땅을 차지하고, 그 땅의 사람들을 받아들여 하느님 아래 하나된 공동체를 이루어야만 했다. 이것이 이스라엘이 한 개인의 탐욕으로 인한 죄를 지나치다 싶을 정도로 철저하게 응징한 이유였다.

그 자리에 큰 돌무더기를 쌓은 것은 비단 좋은 일만 아니라 어리석게 저지른 나쁜 실책이야말로 역사의 교훈이 된다고 생각했기 때문이다. 그 후 아골 골짜기는 이스라엘 역사에서 탐욕과 부끄러움, 고통과 슬픔의 상징으로 남아 수백 년 동안 사람들의 입에 오르내렸다.

아간을 제물로 바친 이스라엘은 다시 아이 성 공격을 준비했다. 여호수아는 하느님의 명령대로 성 뒤쪽에 오천 명의 군인을 매복시켰다. 아이 성 주민들은 이스라엘에 승리하여 자신만만할 테니, 이스라엘이 도망가는 척하면 뒤쫓을 것이 분명했다. 그때 매복하고 있던 백성들이 텅 빈 아이 성을 점령하는 게 이스라엘의 작전이었다. 아니나 다를까, 여호수아가 이끄는 부대가 아이 성 앞에서 패하는 척하며 도망치자 아이 성의 모든 백성이 성을 비워 둔 채 이스라엘을 추격했다.

하느님이 여호수아에게 말했다. "네가 쥐고 있는 단창을 들어 아이 성 쪽을 가리켜라. 내가 그 성을 네 손에 넘겨준다."(여호수아 8:18~19, 새번역) 여호수아는 들고 있던 단창을 들어 아이 성 쪽을 가리켰다. 그가 손을 든 순간, 매복하고 있던 군인들이 아이 성으로 돌진하여 그곳을 점령했다. 그러고는 하느님이 명령한 대로 성에 불을 놓았다. 아이 성 사람들이 뒤를 돌아보니 성에서 연기가 치솟고 있었다. 도망치는 척하던 이스라엘 군대는 돌아서서 뒤쫓던 아이 성 사람들에게 달려들었다. 아이 성 사람들은 독 안에 든 쥐가 되어 한 사람도 살아 도망치지 못하고 맞아 죽었다. 이스라엘은 아이 성을 황폐한 흙더미로 만들었다. 여호수아는 아이 왕의 시체를 저녁때까지 나무에 매달아 두었다가, 해가 질 때에 사람들에게 명령을 내려 성문 어귀에 내다 버리게 하였다.

그 후 여호수아는 에발 산 위에 이스라엘의 하느님 야훼에게 바치는 제단을 쌓았다. 여호수아는 모세가 이스라엘 백성에게 명령한 대로, 모세의 법전에 기록된 대로 제단을 쌓고 친교 제물을 잡아 바쳤다. 그리고 이스라엘 백성들이 보는 앞에서 모세의 율법을 제단의 돌들에 새겼다.

온 이스라엘 백성은 장로들과 지도자들과 재판장들과 **이방 사람**과 **본토 사람**과 함께 궤의 양쪽에 서서, 주님의 언약궤를 멘 레위 사람 제사장을 바라보고 서 있었다. 백성의 절반은 그리심 산을 등지고 서고, 절반은 에발 산을 등지고 섰는데, 이것은 전에 주님의 종 모세가 이스라엘 백성을 축복하려고 할 때에 명령한 것과 같았다. 그 뒤에 여호수아는 율법책에 기록된 축복과 저주의 말을 일일이 그대로 낭독하였다. 모세가 명령한 것 가운데서, 이스라엘 온 회중과 여자들과 아이들, 그리고 그들 가운데 같이 사는 이방 사람들 앞에서, 여호수아가 낭독하지 않은 말씀은 하나도 없었다.(여호수아 8:33~35, 새번역)

성서 저자는 '이방 사람'과 '본토 사람'이라는 단어를 통해 이집트에서 탈출한 히브리들이 아닌, 라합의 경우처럼 이집트 탈출 이후에 이스라엘에 들어온 히브리들의 존재를 분명히 밝힌다. 이방인들이 비록 이집트에서 노예로 산 일이 없을지라도, 이스라엘 안으로 들어온 이상 이스라엘의 하느님과 종교와 율법을 받아들여야만 했다. 그러지 않으면 이스라엘 민족이 될 수 없었다. 이 장면에서 보는 바와 같이, 이스라엘이 그것을 전제 조건으로 내세웠기 때문이다. 이스라엘이 통합을 제대로 이루는 것은 가나안 땅을 정복하는 일만큼이나 중요했다.

기브온의 기적
이방 민족을 구원한 이유

　아이 성 전투 소식은 삽시간에 가나안으로 퍼져나갔다. "이 소식을 듣고 요르단 강 건너편 산악 지대와 야산 지대와 대해 연안을 끼고 레바논에 이르는 지역에 사는 헷족, 아모리족, 가나안족, 브리즈족, 히위족, 여부스족의 왕들은 모두 동맹을 맺어 여호수아가 거느린 이스라엘과 싸우기로 의견을 모았다."(여호수아 9:1~2) 그런데 이들의 동맹은 처음부터 어긋나고 말았다. 히위족의 성읍인 기브온 주민들은 이스라엘이 예리코 성과 아이 성을 해치운 이야기를 듣고 두려움에 떨다가, 속임수를 쓰기로 했다. 어떻게 하면 이스라엘의 침략을 받지 않고 '평화 조약'을 맺을 수 있을지 궁리한 끝에, 거지 행색을 하기로 했다. 상호 이익을 보장하고, 반드시 지켜야 할 의무가 있는 고대 계약의 특이성을 십분 활용한 묘책이었다. 어떻게든 평화 조약을 맺기만 한다면, 이스라엘은 그 약속을 반드시 지켜야 했기 때문이다.

　기브온 주민들은 "낡은 부대와 해어지고 터져서 기운 가죽 포도주 부대를 나귀에 싣고서, 외모를 사절단처럼 꾸미고 길을 떠났다

발에는 낡아서 기운 신을 신고, 몸에는 낡은 옷을 걸쳤으며, 마르고 곰팡이 난 빵을 준비하였다."(여호수아 9:4~5, 새번역) 그들은 길갈의 이스라엘 진지로 찾아가 이스라엘에게 먼 나라에서 왔으니 조약을 맺어 달라고 청했다. 여호수아가 기브온 주민들에게 어디에서 온 누구인지 묻자, "소인들은 당신의 하느님 야훼의 명성을 듣고 아주 먼 나라에서 왔습니다. 우리는 그의 이야기를 들었습니다. 그가 이집트에서 하신 모든 일과 요르단 강 건너 지역의 두 아모리 왕 곧 헤스본 왕 시혼과 아스다롯에 사는 바산 왕 옥을 해치우신 이야기를 모두 들었습니다. 우리 나라의 장로들과 온 백성이 도중에 먹을 양식을 마련해주면서 당신들을 만나라고 우리를 보냈습니다. 그래서 이렇게, 우리는 당신들의 종이니 우리와 조약을 맺어 달라고 청하는 것입니다."(여호수아 9:9~11) 하고 대답했다. 그러면서 먼 길을 온 증거로 다 마르고 곰팡이가 난 빵과 해어지고 터져서 기운 가죽 부대와 낡은 옷과 신발을 보여주었다.

여호수아와 이스라엘 백성들이 보기에도 그들의 행색이나 몰골은 과연 먼 길을 온 듯 보였다. 이스라엘은 하느님에게 허락을 얻지도 않고 기브온 주민들이 가져온 양식을 넘겨받았다. 그리고 여호수아는 그들의 목숨을 보장한다는 조약을 맺었고 회중의 지도자들은 엄숙히 맹세했다

그런데 아무리 그들의 행색이 말이 아니었다 하더라도 충분히 의심할 만한 상황이었다. 여호수아는 오래전에 모세의 명령을 받고 가나안 땅을 정탐한 적이 있었기에 그 넓이를 대충이나마 알고 있었다. 그들이 설령 바빌로니아에서부터 걸어왔다고 해도 이 정도로 거지꼴이 될 리는 없었다. 그런데 여호수아는 왜 속임수일 거라는 생각을 하지 못했을까?

지금까지 치른 두 번의 전쟁과 연관해서 생각해볼 수 있다. 그 전쟁들은 이스라엘을 거부하는 부족들과의 싸움이었고, 게다가 두 번째 전투에서는 피해도 제법 입었다. 그런데 제 발로 종이 되겠다고 찾아왔으니 여호수아나 지도자들이 볼 때, 너무나도 뜻밖에 일어난 반가운 일이었다. 그래서 몹시 감격하여 더 생각해볼 필요도 없다고 여겼던 것이다. 하느님의 허락을 얻지 않았다는 대목으로 추정해볼 때 여호수아는 이 일을 하느님의 은총이라고 생각했을 것이다.

기브온과 조약을 맺은 지 사흘이 지났을 때, 그들이 이스라엘 진지 가까이에서 사는 사람들임을 알게 되었다. 그러나 회중의 대표들이 이스라엘의 하느님을 두고 맹세했기 때문에 그들을 칠 수가 없었다. 온 회중이 여호수아와 지도부를 원망했다. 자칫하면 내분이 일어날 기세였다. 여호수아와 지도자들은 다음과 같은 고육지책을 내놓았다.

바로 우리가 이스라엘의 하느님 야훼를 두고 맹세해놓고 이제 와서 어떻게 손을 댈 수 있겠느냐? 우리는 그들을 살려 둘 수밖에 다른 길이 없다. 그래야 우리가 그들에게 해준 맹세 때문에 입는 화를 면하게 될 것이다. …… 그들을 일단 살려 두고 우리 회중을 섬기게 하자. 그들로 하여금 나무를 패고 물을 긷게 하자.(여호수아 9:19~21)

지도자들의 제안을 온 회중이 받아들였다. 그렇게 하여 자칫 큰 내분이 일어날 수도 있는 일이 일단락되었다. 여호수아는 기브온 사람들을 불러다가 자기를 속인 일을 야단치고, 그날로 그들을 "회중을 섬기고 주님의 제단을 돌보는 종으로 삼아, 나무를 패고 물을 긷는 일을 맡게 하였다."(여호수아 9:27, 새번역) 이스라엘은 기브온의 묘책에 걸려들긴 했지만, 결과적으로는 전쟁 없이 가나안 땅의 부족을 흡수하는 바람직한 결과를 얻었다. 그러니 크게 볼 때, 이 일은 분명히 하느님의 은총이었다.

한편, 기브온의 배반을 알게 된 가나안 동맹은 기브온을 치기 위해 군대를 총동원하여 진을 쳤다. 그러자 기브온 사람들은 여호수아에게 이스라엘의 종인 자기들을 구출해 달라고 전갈을 보냈다. 이스라엘은 처음으로 자기들에게 흡수된 '이방 사람'을 위한 전쟁에 뛰어들게 되었다. 여호수아는 정예 부대를 포함한 전군을 이끌고 밤새도록 진군하여 가나안 동맹을 기습했다. 가나안 동맹군이 이스라엘을 피해 달아나자 "야훼께서는 하늘에서 주먹 같은 우박을 쏟아 그들을 죽이셨다. 이스라엘 백성의 칼에 죽은 사람보다 우박에 맞아 죽은 사람들이 더 많았다."(여호수아 10:11)

그때 해가 지려고 하자 여호수아가 소리쳤다. "해야, 기브온 위에 머물러라. 달아, 너도 아얄론 골짜기에 멈추어라."(여호수아 10:12) 그러자 적들에게 복수하기를 마칠 때까지 해가 머물렀고 달이 멈추어 섰다. "야훼께서 이렇게 사람의 소리를 들어주신 날은 전에도 없었고 후에도 없었다. 야훼께서 이스라엘 편에 서서 싸우셨던 것이다."(여호수아 10:14) 이 일은 두고두고 이스라엘의 역사에 남아 전설이 되고 신화가 되었다. 그리스인들이 호메로스의 《일리아스》를 대대로 노래하며 기억했듯이, 이스라엘 사람들도 이 전설적인 이야기를 대대로 기억하고 노래했다.

동맹군의 다섯 왕이 도망쳐 동굴에 숨어 있다는 정보를 입수한 여호수아는 그들을 굴에서 끌어내 쳐 죽였다. 그리고는 나무 다섯 그루에 하나씩 매달아 저녁때까지 그대로 두었다. 해 질 무렵에 여호

존 마틴, 〈기브온 위에 태양을 붙잡아 둔 여호수아〉, 1816.

수아의 명령을 받아 사람들은 그 시체를 나무에서 내려 그들이 숨었던 동굴에 넣고 큰 돌로 동굴 입구를 막았다.

잔혹한 일이었지만, 여호수아가 이렇게까지 한 것은 가나안 일대에 이스라엘의 위력을 알리기 위해서였다. 그렇게 되면 앞으로 기브온 주민들처럼 평화 조약을 맺자고 할 부족들이 더 많이 생길 것이고, 이스라엘은 전쟁을 치르지 않아도 영토와 주민을 확보하기가 더 쉬워질 것이었다.

여호수아의 군대는 평화 조약을 맺은 기브온을 제외한 남쪽 고원지대를 모두 점령했다. 여호수아의 전쟁, 즉 이스라엘의 가나안 정착은 곧 피의 전쟁이었다. 항복하거나 평화 조약을 청하러 오지 않은 모든 적대적 부족들은 여지없이 전멸시켰다.

이후 〈여호수아〉에는 마치 노래의 후렴과도 같이 다음 구절이 반복되면서, 이스라엘이 여러 부족들을 정복하는 이야기가 이어진다 (11장, 12:7~24). **"숨쉬는 것이면 모조리 칼로 쳐 죽였다. 코에 숨이 붙어 있는 것은 하나도 살려 두지 않았다."**(여호수아 11:11) 이처럼 〈여호수아〉에는 이스라엘이 죽인 사람들의 피가 넘쳐 흐른다. 당시 떠돌이였던 이스라엘이 가나안에 들어가 살아야만 했던 필연적인 이유 때문에 빚어진 일이었다. 가나안 땅은 이스라엘이 정착할 만큼 넓었지만, 아무도 그들이 들어오는 것을 허락하지 않았기에 어쩔 수 없이 전쟁을 해야만 했던 것이다.

여호수아는 가나안의 동서남북을 오가며 전쟁을 치르고 지파들의 땅을 확보하고 나누어주어 살게 하는 데 평생을 바쳤다. 하솔과의 전쟁을 끝으로 해서 〈여호수아〉에는 잔혹한 전투 장면이 거의 나오지 않는다. 아마 지금까지와 비슷한 방식으로 전쟁을 치렀거나 조약을 통한 흡수와 합병 방식으로 정착이 이루어졌기 때문일 것이다.

전쟁과 평화 조약을 통한 가나안 주민의 합병과 영토 확보, 이것이 이스라엘의 가나안 정착 전쟁사의 면모이다. 가나안 땅에 사는 여러 민족을 흡수한 이스라엘은 점차 세력을 키워 나갔는데, 문제는 다양한 민족 구성원들이 어떻게 한 종교 안에서 동질성과 연대성을 확보하고 지켜나가느냐 하는 것이었다.

미완의 정복

가나안 정착과 토지 분배

여호수아는 자기에게 주어진 시대적 사명인 가나안 정착을 완수하기 위해 평생토록 전쟁만 했던 장군이다. 그러나 〈여호수아〉 13장에서 하느님이 나이 든 여호수아에게 "너는 이제 나이 많아 늙었는데 정복할 땅은 아직도 많이 남아 있다."(여호수아 13:1)라고 한 말을 통해 가나안 정착이 미완에 그쳤다는 사실을 짐작할 수 있다. 또 요르단 강 서쪽 지역의 땅을 가장 먼저 받은 유다의 후손들이 예루살렘에 사는 여부스족을 몰아내지 못해 그들과 함께 예루살렘에서 섞여 살았다는 대목(여호수아 15:63)과 게젤에 사는 가나안 사람들이 쫓겨나지 않은 채 에브라임 지파에 섞여 살았다는 기록(여호수아 16:10)도 그 사실을 뒷받침한다.

〈사무엘하〉 5장 6절에 "다윗 왕이 부하를 거느리고 예루살렘을 치러 가자, 거기 사는 여부스인들이 다윗에게 빈정거렸다."라는 구절이 나온다. 이는 여호수아 시대로부터 250년이 훨씬 더 지난 후까지도 이스라엘이 가나안 땅에서 본토 주민들을 완전히 쫓아내거나 흡수하지 못했다는 사실을 분명히 보여준다. 다윗이 여부스족의 시온 성을 점령하고 도성으로 삼은 후에야 예루살렘을 완전히 정복한 것이다.

그런데도 〈여호수아〉는 여호수아가 하느님에게 명령받은 내용에 따라, 요르단 강 동쪽 땅을 차지한 르우벤 지파, 가드 지파, 므나쎄 반쪽 지파†를 제외한 아홉 지파에게 분배할 땅을 자세히 적고 있다(여호수아 13~14장). 이 부분은 언뜻 가나안 정착이 완료된 것처럼 이해되기도 하는데, 각 지파에게 땅을 배정해준 것일 뿐 실제로 정착한 것이 아님을 주의해서 읽어야 한다.

땅을 나누어주는 이 장면을 보면 레위 지파의 몫이 없었다는 것을 알 수 있다. 레위 지파는 각 지파에 더부살이하며 제사 일을 도우는 제사장 지파였기 때문에, 들어가서 살 성과 그들의 재산인 가축을 기를 목장을 받았을 뿐 땅은 분배받지 않았다.

이스라엘의 가나안 정착은 한꺼번에 이루어진 것이 아니라 오랜 세월 동안 진행된 것이었다. 비록 많은 전쟁을 치렀지만 이스라엘은 대체로 가나안 땅의 주민들과 싸우지 않고 공존하는 방향으로 가나안 땅에 서서히 정착해 갔다. 가나안 땅의 인구는 그렇게 많지 않았기에 이스라엘이 들어가서 살 만한 땅은 얼마든지 있었다.

그 당시 가나안 땅에는 아직 국가의 단계에 이른 부족이 없었다. 그저 고만고만한 작은 부족들이 각기 조그마한 땅을 차지하고 왕들을 세우고 평화롭게 공존했을 뿐이다. 그래서 전쟁이 있었다고 해도 국가적인 전면전은 없었고, 기껏해야 부족들 사이에 지역적으로 일어난 작은 투쟁일 뿐이었다. 이스라엘이 그들과 함께 섞여 산다고 해도 별 문제는 없었다. 그러나 가나안 사람들과의 공존은 훗날 이스라엘의 종교와 문화 정체성에 커다란 문제를 가져오게 된다. 결국

므나쎄 반쪽 지파 므나쎄 지파는 후에 요르단 강 서쪽 땅도 차지하게 되므로 성서는 "둘로 나뉜 한 지파의 반쪽"(여호수아 14:3, 새번역)이라고 적고 있다.

12지파의 땅

시돈

다마스쿠스

시돈 족
(페니키아)

티레

단

바산

케데스

므나쎄(동)

하솔

지중해

갈릴리 아스다롯
호수

에드레이

가르멜 산 ▲

즈불룬

수넴

이싸갈

므기또

라못길르앗

므나쎄(서)

벳산

에발 산 ▲

세겜

마하나임

야베스 길르앗

가드

수꼿

에브라임

실로

벧엘아이

기브온

예리코

게셀

베냐민

예루살렘

헤스본

유다

베들레헴

▲ 느보 산

암몬

헤브론

사해

르우벤

시글락

베르셰바

시므온

모압

에돔

여호수아 이후 시대인 사사 시대에 이르기까지, 이스라엘의 정착 전쟁은 지지부진하기만 했다는 말이다.

앞서 여호수아에게 나이가 많아 늙었다고 한 하느님의 말은 여호수아가 곧 죽는다는 우회적인 선언이었다. 그래서 여호수아는 죽기 전에, 이미 요르단 강 동쪽에 땅을 배당받은 가드 지파와 르우벤 지파와 므나쎄 반쪽 지파를 자기들의 땅으로 돌려보냈다. 그들은 그때까지 전체 이스라엘을 도와서 충실하게 전쟁을 치렀다. 그들은 앞으로도 무슨 일이 일어나든, 한 부족이 어려움을 당하면 전체 부족이 나서서 돕는다는 지파 원조 원칙의 모범 사례가 되었다. 그리고 그 원칙이 가장 충실하게 지켜졌던 때는 여호수아 이후인 사사 시대였다.

여호수아는 죽을 때까지 모든 지파의 정착을 위해 전쟁을 벌이며 흡수하고 통합하는 작업을 계속했지만, 힘에 부쳤다. 그는 죽는 순간까지 정착의 지도자, 전쟁의 용사로 살았지만 실적은 좋지 않았다. 그래서 그는 늙어갈수록 엄청난 압박감을 느꼈을 것이다.

정착이 지지부진하게 된 데에는 여러 문제들이 복합적으로 얽혀 있었는데, 그중 하나로는 이스라엘에 아직 '철기 문명'이 도입되지 않았다는 사실을 들 수 있다. 후대 왕정 시대의 첫 번째 왕인 '사울' 왕의 시대에도 여전히 이스라엘은 왕이나 왕족 외에 일반 군인들은 철제 무기를 사용하지 않았다. 가나안 부족들(블레셋)이 이스라엘에 철기 문명을 전해주지 않았기 때문이다. 그들은 이스라엘에게 특히 철제 무기는 전혀 팔지 않았다(사무엘상 13장, 19~22장).

철기 문명이 도입된 것은 사사 시대가 지나고 왕조 시대가 본격적으로 개막된 다윗 왕 시대로 볼 수 있는데, 여호수아 시대에서 200년 정도 뒤였다. 그러니 여전히 '후기 청동기 시대의 문명'을 가진 이스라엘이 최첨단 철기 문명을 당해낼 수는 없었다.[6]

이 가운데 구약성서는 이스라엘 전체의 전쟁이 아닌, 한 개인의 전쟁에 관한 에피소드를 전하고 있다. 아마도 가문별로 억척스럽게 생활 터전을 개척한 사람들도 많았다는 것을 들려주려는 의도로 보인다. 여호수아의 오랜 동지인 '갈렙'의 이야기다. 그는 여호수아 못지않은 믿음과 담력을 지닌 자였고, 그동안 치른 모든 전쟁에 앞장설 만큼 무척 적극적인 성격의 대장부였다. 세월이 지나 나이가 들었지만, 갈렙은 여전히 힘이 넘쳤다.

어느 날, 갈렙은 여호수아를 찾아가 오래전 가나안을 정탐한 후에 모세가 자기에게 한 말을 환기시키며 자기 몫의 땅을 달라고 했다. 그때 하느님이 모세를 통하여 갈렙에게 한 말은 다음과 같다. "네가 충성했으니, 너의 발로 밟는 땅이 영원히 너와 네 자손의 유산이 될 것이다."(민수기 14:24, 신명기 1:36) 갈렙은 "지금 내 나이 여든다섯인데 모세가 나를 파견하던 그 시절처럼 나는 여전히 이렇게 건강합니다. 나는 지금도 그때와 다름없이 힘이 있어 싸우러 나갈 수 있습니다."(여호수아 14:10~11)라고 말하며, "야훼께서 그때 약속해주신 이 산악 지대를 이제 나에게 주십시오. 그때는 당신이 들으신 대로 아나킴†이 거기에 큰 성들을 튼튼히 쌓고 살고 있었습니다. 그러나 야훼께서 내 편에 서주시면 야훼의 약속대로 나는 그들을 몰아낼 것입니다."(여호수아 14:12) 하고 덧붙였다.

여호수아는 갈렙의 제안을 허락했다. 85세 노인의 말이 원기 왕성하기 그지없었다. 신념과 확신과 용기와 희망으로 가득 찬 대장부였다. 이미 이스라엘이 정복한 곳을 달라는 것도 아니고, 비옥한 평지를 달라는 것도 아니고, 정복하기도 어렵거니와 정복한다 해도 개간하기 어려운 '산간 지방'을 달라고 했다.

아나킴 가나안 서남부 고지대에 살던 거인족의 조상.

그 후 갈렙은 "아낙(아나킴)의 세 갈래 후손인 세새와 아히만과 탈매를 그 곳에서 몰아냈다."(여호수아 15:14) 결국 갈렙은 자신의 꿈을 이뤘다. 그것도 다른 지파의 도움을 받지 않고, 자기 가문의 힘만으로 해냈다. 가문 대대로 대장부 피가 흐르는지, 갈렙의 동생 '옷니엘'은 훗날 여호수아를 이어 이스라엘 최초의 '사사(士師, Judges)'가 되었다(사사기 1:11~15).

여호수아의 마지막 연설
"어떤 신을 섬길지 선택하시오"

평생 피할 수 없는 전쟁을 벌이던 사이에, 결코 늙을 것 같지 않던 강철 같은 군인 지도자 여호수아도 이제 늙어 세상을 떠날 날이 가까웠음을 느꼈다. 모세가 자신의 죽음을 느끼고 홀로 산으로 들어간 것처럼 여호수아도 백성의 곁을 떠나야 할 때가 왔다는 것을 알았다. 비록 미완성이었지만, 여호수아는 자신에게 주어진 시대적 사명에 최선을 다했다. 그것으로 된 것이었다. 애초에 한 사람이 다 할 수 없는 일이었다.

여호수아는 자신의 마지막을 앞두고 두 번 연설을 했는데, 하나는 지도자들에게 한 연설이었고, 다른 하나는 이스라엘 온 백성을 모아놓고 하느님과 맺은 언약을 다시 한 번 새기는 자리에서 한 연설이다. 여호수아의 연설에 별다른 말은 없었다. 전부 모세가 〈신명기〉에서 한 말과 같았다. 그것밖에는 달리 할 말도 없었다.

여호수아는 먼저 여러 지도자들을 모아놓고 고별 연설을 했다. 매우 짧지만, 자신이 하고자 하는 말은 다했다. 이스라엘의 정신에 관한 당부와 염려였다. 그것은 40년 이상 민족을 지도하며 온통 전쟁만 하다가 떠나가는 지도자의 마지막 연설이었고, 그간 자신이 살아온 정신과 삶을 그대로 담은 것이었다.

> 모세의 율법책에 기록된 모든 것을 아주 담대하게 지키고 행하십시오. ······ 오직 당신들은 지금까지 해 온 대로, 주 당신들의 하느님만 가까이하십시오. ······ 당신들 가운데 살아남아 있는 이 이방 민족들을 가까이하거나, 그들과 혼인관계를 맺으며 사귀면, 주 당신들의 하느님이 당신들 앞에서 다시는 이 민족들을 몰아내지 아니하실 것이라는 사실을 분명히 아십시오. 그들이 당신들에게 올무와 덫이 되고, 잔등에 채찍이 되며, 눈에 가시가 되어, 끝내 당신들은 주 당신들의 하느님이 주신 이 좋은 땅에서 멸망하게 될 것입니다.(여호수아 23:6~13, 새번역)

그런데 이 장면에는 이상한 점 하나가 보인다. 여호수아가 후계자를 선정하지 않았다는 점이다. 왜 그랬을까? 백성들도 여호수아에게 후계자에 관해서 아무것도 묻지 않는다. 이상하게 보이지만, 성서는 이에 관해서 아무런 말이 없다.

어쨌든 여호수아 이후 사사 시대에 이스라엘은 모세나 여호수아 같은 최고 지도자를 세우지 않고, 각 지파별로 원로들을 중심에 둔 부족 회의를 두고† 이따금씩 적이 쳐들어오면 특출한 카리스마적 지도자가 나타나 각 지파에서 의병들을 모아 서로 연합하는 가운데 스스로 다스려 나갔다. 따라서 후계자를 임명하지 않은 것은 여호수아가, 이스라엘이 앞으로는 각 지파의 자치와 상호 원조를 통해 나

---

† 이른바 '성문(城門) 정치'. 고대 중동 사회나 이스라엘 사사 시대에 마을 원로들이 공회당에 모여 논의한 관습(창세기 19:1, 룻기 4:1).

라를 꾸려 나가기를 바란 것이었다고 해석할 수 있다. 이스라엘은 그때부터 지파의 자치와 상호 원조를 원칙으로 삼고 연합 민족으로 살아갔는데, 그것이 사사 시대의 모습이다.

오래전, 모세가 마지막 연설을 하는 가운데 기쁨과 함께 걱정을 내비쳤듯이 여호수아의 마음도 똑같았다. 떠나야 할 때가 되었는데 가나안 정착이라는 사명을 이루지 못했기에 가슴 아팠고, 민족 통합이라는 과제가 제대로 실현될 수 있을지 걱정이 앞섰다.

여호수아의 연설에서 핵심은 두 가지이다. 하나는 "오직 하느님만 가까이 하라."는 것이고, 다른 하나는 "이방 민족들을 가까이하지 말라."는 것이었다. 자나 깨나 하느님을 향한 신뢰와 사랑, 종교 혼합 금지이다. 이스라엘 종교가 아닌, 뒤섞인 종교로는 민족의 장래가 없다는 분명한 경고였다. 가나안 땅에서 이스라엘의 삶은 야훼 신앙과 가나안 종교 사이의 처절한 투쟁이 될 것이었다. 자기 정체성 확립이야말로 이스라엘의 생존을 결정할 것이었다.

여호수아의 연설이 끝났다. 민족을 이끌며 갖은 풍상을 다 겪은 노 지도자의 연설에 모두들 숙연해졌다. 지도자들만이라도 여호수아가 세운 원칙에 충실하게 살아간다면, 그다지 큰 문제는 발생하지 않을 것이다. "나는 이제 온 세상 사람이 가는 길로 갈 때가 되었습니다."(여호수아 23:14, 새번역)라는 여호수아의 말에서, 비록 최선을 다했지만 미완성으로 마치고 떠나야 하는 아픈 마음이 여실히 드러난다.

여호수아는 얼마 후, 온 이스라엘 지파들을 '세겜'으로 모이게 하였다. 이른바 '세겜 언약'은 하느님과 맺는 종교적 조약이었다. 그러니 백성들은 조약을 지킬지 지키지 않을지 둘 중 하나를 선택해야만 했다. 지키겠다고 하면 죽어도 지켜야만 했다. 안 그러면 조약을 위배한 심판을 받을 것이었다.

세겜은 예루살렘에서 북쪽으로 65킬로미터 떨어진 고원 지대에 있는 성읍이었다. 본디 가나안의 종교적 성지였으나, 아이 성 전투가 끝나고 여호수아가 세겜의 에발 산에서 언약식(여호수아 8:30~35)을 한 이후부터 이스라엘의 성지가 되었다.† 이 언약에 포함된 것은 "이스라엘 신앙의 3대 요소, 즉 하느님의 동행과 인도 약속, 백성의 사랑과 헌신, 열렬한 결단 요구인데, 십계명의 처음 세 부분에 총괄적으로 나오는 것이다. 즉 하느님은 현실 속에서 걸어가는 사람을 인도하는 현재의 신이다."[7]

여호수아는 먼저 그때까지 이어 온 민족의 역사, 곧 아브라함과 이삭과 야곱, 이집트 노예 생활, 모세와 아론, 이집트 탈출, 광야 생활, 예리코 성 정복의 역사를 회고하면서 이렇게 말했다. "당신들은 이제 주님을 경외하면서, 그를 성실하고 진실하게 섬기십시오. 그리고 여러분은 여러분의 조상이 강 저쪽의 메소포타미아와 이집트에서 섬기던 신들을 버리고, 오직 주님만 섬기십시오. 주님을 섬기고 싶지 않거든, 조상들이 강 저쪽의 메소포타미아에서 섬기던 신들이든지, 아니면 당신들이 살고 있는 땅 아모리 사람들의 신들이든지, 당신들이 어떤 신들을 섬길 것인지를 오늘 선택하십시오. 나와 나의 집안은 주님을 섬길 것입니다."(여호수아 24:14~15, 새번역)

'메소포타미아에서 섬기던 신들'은 아브라함의 아버지가 섬기던 신을 가리키고, '이집트에서 섬기던 신들'은 이스라엘이 이집트에서

---

† 이스라엘의 성지는 세겜, 실로, 길갈, 헤브론, 예루살렘 등 여러 곳에 있었다. 세겜은 이스라엘 중앙이었고, 실로는 사사 시대에 언약궤를 안치한 성소였고, 요르단 강 동쪽에 있는 길갈은 가나안으로 들어오면서 할례를 거행한 의미 있는 장소였고, 헤브론은 아브라함과 이삭과 야곱이 살던 곳이었고, 예루살렘은 후일 성전이 세워진 곳이다. 솔로몬 왕 이후에 예루살렘 한 곳으로 통합되었다.

섬기던 수많은 신을 가리키고, '아모리 사람들의 신들'은 바알과 아세라† 부부 신을 가리킨다.

여호수아는 왜 이방 신들의 이름을 언급한 것일까? 첫째, 이스라엘 정체성의 토대가 이집트에서 이스라엘을 해방한 야훼 하느님을 섬기는 데 있기 때문이었다. "이스라엘 종교는 결코 추상적인 신학적 명제들을 근거로 한 것이 아니라, 신앙으로 해석되고 또한 신앙으로 응답된 역사적 체험에 대한 기억을 근거로 하고 있다. 이스라엘은 야훼 하느님이 강력한 힘으로 자기들을 이집트에서 구출해내고 계약을 맺어 당신 백성으로 삼았다고 믿었다. 처음부터 이스라엘의 신앙은 야훼 이외의 어떠한 신도 숭배하는 것을 금하고 있었다."[8]

둘째, 그동안 이스라엘로 들어온 가나안 땅의 수많은 부족들에게 이스라엘의 신이 누구인지를 분명히 짚고 넘어가면서 그들에게 자기들이 그동안 섬기던 가나안 땅의 신들을 버리도록 촉구하기 위해서였다. 그러지 않겠다면 그들은 이스라엘 민족에서 나가야만 했다.

그러자 백성들이 "주님을 저버리고 다른 신들을 섬기는 일은 우리가 절대로 하지 않겠습니다. …… 오직 그분만이 우리의 하느님이십니다."(여호수아 24:16~18, 새번역) 하고 대답했다. 이미 한 번 언약식을 치른 후여서, 새로 이스라엘 안으로 들어온 사람들까지 모두 이집트에서 나온 이스라엘의 역사를 알고 같은 신앙에 동참하며 신앙고백을 했다. 여호수아는 그런 백성들에게 "만일 당신들이 주님을 저버리고 이방 신들을 섬기면, 그는 당신들에게 대항하여 돌아서서, 재앙을 내리시고, 당신들에게 좋게 대하신 뒤에라도 당신들을 멸망

바알과 아세라 수메르와 바빌로니아의 최고 남신과 여신. 풍수와 축복, 풍요와 다산(多産)을 관장한다. 아세라는 바빌로니아 신화에 등장하는 이슈타르의 변형이다. 페니키아 신화의 아슈타르테와 구약성서의 아스다롯도 아세라와 종교적 역할은 같다.

시키시고 말 것입니다."(여호수아 24:20, 새번역) 하고 준엄하게 경고했다.

종교사를 살펴보면, 시대를 거슬러 올라갈수록 신은 독재적 군주의 이미지가 강하다. 그 이유는 자신과 세계와 삶을 이해하는 만큼만 신을 이해할 수 있기 때문이다. 즉, 인간은 자신이 성숙한 만큼 신을 이해한다. 그 종교가 아무리 유대교와 기독교 같은 계시 종교라 해도 마찬가지이다. 신에게서 인간의 관념을 완전히 지워버릴 수는 없다. 유아기적 인류의 관념 속에서, 신은 언제나 엄한 군주나 엄한 아버지의 이미지를 지닐 수밖에 없다.

구약성서는 하느님의 두 가지 이미지, 즉 두렵고 떨리는 마음으로 모셔야 할 하느님과 무한히 사랑할 수 있는 하느님을 말한다. 인류가 신을 사랑과 진리의 신 또는 무조건적이고 무차별적인 자비와 용서의 신으로 온전히 이해하게 된 것은 이스라엘의 뛰어난 예언자들을 통해서였다.

여호수아의 경고에도 불구하고 백성들은 주님만을 섬기겠다고 맹세했다. 여호수아는 세겜에서 백성과 언약을 맺고 그들을 위해 규정과 법을 만들어주었다. 여호수아는 그 모든 말을 하느님의 법전에 기록했다. 그리고 큰 돌을 가져다가 거기 야훼의 성소에 있는 상수리나무 아래 세우고 언약의 증거로 삼았다. 이 일을 마친 다음 '야훼의 종' 여호수아는 죽었다. 기나긴 세월이었다. 이집트 노예로 태어나 해방되어 모세의 부관으로 40년을 지냈고, 또한 가나안 진입과 정착을 지휘하면서 40여 년을 보낸 민족 지도자의 죽음이었다.

2장

사사기

구원자들의 책

Old
Testament

✝

이스라엘이 가나안에 정착한 후부터 왕이 탄생하기 전까지 백성들을 다스린 지도자 열두 명을 '사사(士師)' 또는 '판관'이라고 한다. 이들이 다스리던 시대를 '사사(판관) 시대'라 하고 그들의 사적을 기록한 책을 〈사사기(판관기)〉라 부른다. 이 책의 히브리어 이름은 '지도자들'이라는 뜻의 '쇼페팀(Shopetim)'인데, 영어 성서는 이를 'Judges'로 번역했다. 그러나 본래의 뜻을 정확히 옮긴 단어는 아니다. 사사들은 재판관 역할은 거의 하지 않았다. 오히려 의병 대장 혹은 군사 지도자에 가까웠다. 그래서 'Leaders'라고 옮기는 게 더 정확하다. 사사들은 왕처럼 나라를 다스린 게 아니라 자기 지파나 다른 부족 땅에 외적이 쳐들어오면, 상호 원조 정신에 따라 여러 지파에서 군인들을 모집해 적을 물리쳤다. 지파와 상관없이 사사들은 이스라엘의 상징적 힘이 되었다.

전쟁과 야만의 시대
부족 지도자 '사사'의 등장

    이스라엘은 지도자가 없는 이상한 시대로 들어서게 되었다. 지금도 그럴진대, 당시에 왕이나 지도자 없이 나라가 제대로 굴러갈 수 있었을까? 그런데 이스라엘은 왕이나 지도자가 없는데도 200여 년 동안이나 잘 굴러갔다. 어떻게 그런 일이 가능했을까? 야훼 하느님에 대한 믿음, 각 지파 자치주의, 그리고 의병 대장인 사사를 중심으로 한 지파 간 상호 원조 덕분이었다.

    물론 당시 가나안 일대에 커다란 영향을 끼친 제국이 없었던 국제정치 역학적 행운도 주요 요인이었다. 이스라엘만 한 규모의 민족은 멀리 북쪽의 헷 제국이나 요르단 강 동쪽의 아라비아(미디안) 부족과 가나안 중앙 고원을 넘어 남서쪽 지중해 쪽의 블레셋[†]뿐이었다.

    여호수아가 죽은 후, 이스라엘은 각 지파별로 또는 연합하여 전투를 벌이거나 조약을 맺어 흡수하거나 아니면 평화롭게 공존하는 방

블레셋 필리시테인으로도 불린다. 기원전 13세기경 히타이트 제국이 멸망한 후, 지중해의 여러 섬에서 올라와 고대 가나안 지방의 해안 평야를 차지했던 해양 민족. 이들은 다윗에게 격파당하기 전까지 200년 이상 이스라엘의 가장 큰 적이었다.

식으로 가나안 땅에 정착해 나갔다. 그때부터 이스라엘은 왕도 없고 최고 지도자도 없이, 무려 200여 년 동안 대체로 평화롭게 살았다.†

〈사사기〉는 처음부터 이스라엘이 여호수아 없이 각 지파가 연합하여 정착해 간 일들을 보도한다. 가나안 남부에 배정된 유다 지파와 시므온 지파, 유다 지파와 베냐민 지파, 에브라임 지파와 므나쎄 서쪽 지파가 각각 연합하여 땅을 차지한 이야기는 이스라엘이 가나안에 정착해 나간 과정의 본보기이다(사사기 1:1~26).

미디안의 켄(겐) 부족이었던 모세의 장인 이드로의 후손들도 시나이 반도를 떠나 이스라엘에 합류하여 가나안의 유다 지파 영지에서 살았다. 성서는 미디안을 '아말렉', '아모리', '가나안'이라는 말과 섞어 쓴다. 가나안, 시나이 반도, 유대 광야, 사해 동부 고원 지대, 아라비아 반도 일대에 널리 퍼져 살았던 유목 민족을 총칭하는 말이다. 켄 부족의 사례는 이스라엘이 중간에 흡수한 히브리들을 동족으로 대우했다는 사실을 잘 보여준다. 다른 지파들도 여러 가나안 주민들을 받아들여 통합해 나갔다.

그때까지도 후기 청동기 시대의 무기나 돌칼을 들고 전쟁을 했던 이스라엘은 철기 무기를 갖춘 가나안 세력을 물리칠 수 없어서, 주로 주민이 없는 척박한 '산악 지대'만 차지할 수 있었다. 〈사사기〉의 기록에 따르면, 여호수아가 죽은 이후까지도 요르단 강 동쪽 땅을 차지한 세 지파를 제외하고 나머지 아홉 지파는 가나안에 완전히 정

---

† 〈열왕기상〉 6장 1절은 솔로몬 성을 짓기 시작한 시기를 "이스라엘 백성이 이집트 땅에서 탈출해 나온 지 사백팔십 년, 솔로몬이 이스라엘을 다스린 지 사 년째 되던 해"라고 말한다. 이를 기준으로 이스라엘의 이집트 탈출 시기를 계산하면 기원전 1448년경이 되는데, 여러 정황상 이 시기에 탈출한 것으로 보기는 어렵고 기원전 1290년경으로 보는 견해가 일반적이다. 여호수아가 죽은 시기를 기원전 1200년경, 사울 왕의 즉위 연대를 기원전 1030년경으로 볼 때, 〈사사기〉가 다루는 사사 시대는 대략 200년 정도로 추정할 수 있다.

착하지 못했다. 〈사사기〉에 반복되는 다음 구절이 이러한 사실을 뒷받침한다. **"A 지파는 B 지역의 주민을 몰아내지 못하였다. 그래서 그 땅 주민인 가나안족과 섞여서 살았다."**(사사기 1:21, 27, 29, 31~35) 이스라엘은 가나안 주민들과 공존했다. 실제로는 이스라엘이 가나안 사람들 틈으로 들어가 섞여 산 것일 테다. 어찌되었건 이러한 기록은 가나안 원주민들과 이스라엘 사이가 그렇게 나쁘지 않았다는 반증이다. 결국 이스라엘의 가나안 진입과 정착은 몇 번의 전투를 제외하고는, 가나안 주민들과 섞여 공존하고 합병하면서 서서히 이루어진 것이다.

그렇다면 가나안 주민들과 섞여서 살게 된 이스라엘에 어떤 일이 벌어졌을까? 야훼 신앙이 약화되면서 배교와 타락, 불순종, 정체성 혼란, 즉 종교와 문화 정체성과 민족 통합의 문제가 발생했다. 야훼 종교와 바알 종교의 대결에서 이스라엘이 패배하고 만 것이다. 그러자 하느님은 이스라엘에 천사(예언자)를 보내 이스라엘이 가나안 민족과 섞여 사는 일에 대해 경고했다.

> 야훼의 천사가 길갈에서 보김으로 올라가 이렇게 말하였다. "나는 너희를 이집트에서 이끌어 내었고, 너희 조상들에게 주겠다고 맹세한 땅으로 너희를 이렇게 이끌어 들였다. 나는 너희와 맺은 계약을 영원히 깨뜨리지 않으리라고 하였다. 그러므로 너희에게 이 땅 주민과 계약을 맺지 말고 그들의 제단을 헐어버리라고 하지 않았느냐? 그런데도 너희는 나의 명령을 듣지 않았다. 어찌 이럴 수 있느냐? 내가 다짐한다. 나는 그들을 너희 앞에서 몰아내지 않으리라. 그들은 너희를 잡는 그물이 되고 그들의 신은 너희를 옭아매는 올무가 될 것이다."
> (사사기 2:1~3)

천사가 '길갈'에서 왔다는 것은 의미심장한 말인데, 길갈은 이스라엘이 가나안에 들어오기 전에 이집트적인 모든 요소와 결별한다는 뜻으로 할례를 받은 성지였다(여호수아 5:2~9). 하느님의 경고는 단 하나였다. '이집트를 기억하라!' 그런데도 이스라엘은 가나안의 종교에 물들고 타락했다.

> 이스라엘 자손이 바알 신들을 섬기어, 주님께서 보시기에 **악한 행동**을 일삼았으며, …… 그러므로 주님께서 이스라엘 백성에게 크게 분노하셔서, 그들을 약탈자의 손에 넘겨주셨으므로, 약탈자들이 그들을 약탈하였다. …… 그들이 싸우러 나갈 때마다, 주님께서 그들에게 말씀하시고 맹세하신 대로, 주님께서 손으로 그들을 쳐서 재앙을 내리셨으므로, 그들은 무척 괴로웠다. 그 뒤에 주님께서는 사사들을 일으키셔서, 그들을 약탈자의 손에서 구하여주셨다.(사사기 2:11~16, 새번역)

이 구절에는 〈사사기〉를 포함한 구약성서의 주제와도 같은 **'불순종 → 심판(고난) → 회개(순종) → 구원'**이라는 등식이 잘 드러난다. 이스라엘은 끊임없이 이 과정을 반복한다. 여기에서 '악한 행동'은 이스라엘이 바알 종교에 빠진 것, 즉 하느님을 배반한 것 자체를 가리킨다. 구약성서에서 밀하는 '악한 행동', '음행', '완악한 행실'은 종교적인 방면의 일탈, 즉 야훼 종교가 아닌 이민족의 종교에 빠져드는 행위를 뜻하는 말이다. 성서는 이러한 행위 때문에 이스라엘 개개인의 인격과 민족의 삶이 비윤리적으로 타락하고, 고난을 겪게 되었다고 말한다. "자기네 조상을 이집트 땅에서 이끌어내신 조상의 하느님 야훼를 저버리고, 주위 백성들이 섬기는 다른 신들을 따르며 절하여 야훼의 노여움을 샀다."(사사기 2:12)라는 구절로도 이 점을 확실히 알 수 있다. 따라서 이스라엘을 선택하고 구원한 하느님은 이스라엘에 분노의 심판을 내린다. 외적의 침입으로 인한 고난을 오직 종교적으로 해석한 것이다. 구약성서의 모든 말은 철저히 종교적이다. 성서 저자들은 이 세상에서 벌어지는 모든 일을 야훼 하느님을 향한 신앙의 시각으로 바라보고 평가할 뿐이다.

이제 이스라엘은 어떻게 해야 할까? 울부짖으며 회개하고 바알과 아세라 숭배를 떨쳐 내버리면, 하느님은 구원자를 보내 이스라엘을 구원할 것이다. 그런데 이스라엘은 곧 하느님의 구원을 잊어버리고, 다시 예전의 습성으로 돌아가는 행태를 반복했다. 이스라엘은 "사사들의 말도 듣지 않고, 오히려 음란하게 다른 신들을 섬기며 경배하였다."(사사기 2:17) 부부 사이의 부정을 가리키는 '음란'을 다른 신들을 섬기는 것으로 빗댄 까닭은 이스라엘을 하느님의 아내, 또는 딸로서 인식하기 때문이다(호세아 1~2장).

이스라엘이 해야 할 일은 바알과 아세라의 제단을 헐어버리고, 야훼 신앙의 기치를 높이 세우는 것이다. 바알 종교는 이스라엘에게서 이집트에서의 해방과 자유에 대한 기억, 형제자매의 우애, 평등과 공동체 정신을 파괴할 것이기 때문이었다. 이스라엘의 운명은 바알 종교를 거부하고 야훼 신앙을 지키는 데 달려 있었다.

가나안 땅에 살던 사람들이 섬기던 신들 중에서 가장 유명한 신은 단연 바알과 아세라 부부 신이다. 남신인 바알은 태양과 천둥과 폭풍과 번개를 상징하며, 그리스 신화의 제우스처럼 구름 위에 앉아 삼지창을 들고 있는 모습으로 그려진다. 그의 아내 여신 아세라는 달과 대지와 비를 상징하며, 풍만한 몸체의 임산부 모습으로 형상화된다. 아세라의 토우(土偶)나 석상은 흡사 작은 종으로 보일 만큼 풍만한 모습이다.

가나안 사람들은 수메르와 바빌로니아에서 유입되어 이집트 신들의 색채까지 더해진 이 두 신이 주로 곡식과 다산(多産)과 풍요를 관장한다고 믿었다.[1] 이런 종교적 영향은 18세기 무렵까지 이어져서 서유럽의 회화나 조각상에 등장하는 미인의 전형(典型)은 언제나 풍만한 몸을 가진 여인이었다.[2]

바알과 아세라 신은 주로 마을 뒷산에 있는 산당에서 숭배되었는데, 이 신들에게 복을 비는 방법에는 두 가지가 있었다. 사람들이 신전에 와서 제물을 바치고 기원을 하면 그때 바알 부부 신이 제물을 받고 성적으로 결합하여 사람들이 바라는 복을 내려준다고 믿었다. 또 하나는 제물을 바치는 사람이 바알 신전에 사는 성창(聖娼, 남녀 사제)들과 신전에서 성적으로 결합하면, 그때 바알과 아세라도 합궁하여 복을 내려준다고 믿었다(열왕기상 11:1~8, 14:22~24). 고대인들이 다산과 풍요를 상징하는 신에게 열광한 것은 척박한 환경에서 살아남아 번성하고자 하는 원초적인 욕구에서 비롯한 것이다.

당시에는 수시로 발생하는 자연재해와 빈번한 전쟁, 각종 질병과 그로 인한 이른 죽음 등 인생의 운명 앞에서 한없이 무기력했기에 어떻게 해서든 다산과 풍요를 통하여 자손을 보전하는 것이 인생 최대 목표였다. 그래서 주로 여신을 숭배했다. "여신 숭배의 보편적 현상은 여성성이 위대한 그릇, 즉 영원 불멸의 본질로서 모든 것을 감싸는 기초적 성격 때문이다. 여신은 만물의 근원으로서, 생명과 축복을 담은 몸과 그릇과 세계(대지)로 형상화된다. 그 원리적인 상징 요소는 두툼하고 큰 입, 가슴, 자궁으로 표현된다. 고대인들은 이러한 여신을 마테리아(Mateira), 즉 물질의 풍요와 다산에 대한 인간의 원초적인 본능과 갈망의 욕구를 실현하는 위대한 어머니로 믿었다."[3]

그런데 이렇게 좋은 축복 종교를 이스라엘은 어째서 그렇게도 거부했을까? 그것은 야훼 하느님 때문이다. 이스라엘은 야훼 하느님이 자기들을 선민으로 택했고 이집트에서 해방했으며, 여느 민족들이 섬기는 물질주의 체계에 불과한 우상 숭배를 버리고 오직 하느님을 섬기며 하느님이 준 차원 높은 도덕과 윤리를 따라 살아야 한다고 믿었다. 오직 하느님을 섬기면 하느님이 삶에 필요한 모든 것, 즉 풍성한 음식과 안전, 건강과 장수, 번영과 평화를 보장한다고 보았다. 모든 것은 전적으로 야훼 하느님의 선물로 오는 것이다!

따라서 이스라엘이 바알 종교를 흉내 내고 따라가는 것은 야훼 하느님에 대한 엄청난 배반이자 신성 모독이며, 부도덕의 극치이자 민족의 근간을 스스로 흔들고 파괴하는 일이었다. 구약성서가 이스라엘의 역사를, 자기들을 해방하고 젖과 꿀이 흐르는 땅과 복을 준 야훼 하느님을 향한 순종과 불순종의 문제로 인식하고, 이스라엘의 종교와 가나안 종교의 대결, 이스라엘의 문화와 가나안 문화의 대결로 말하는 까닭은 이런 배경에서 나온 것이다.

그런데도 이스라엘은 사사 시대뿐만 아니라 이후 역사 내내 바알 종교에 쉽사리 빠져들었고, 그때마다 고난을 겪었다. 왜 이스라엘은 바알 종교의 유혹에 쉽게 넘어갔을까? 일차적으로는 야훼 하느님에 대한 믿음을 잃었기 때문이다. 또 다른 이유는, 이스라엘에 '여신'이 없었다는 점에서 찾을 수 있다. 구약성서의 야훼 하느님은 성(性)이 없지만, 이스라엘은 하느님을 부인이 없는 무서운 '남신'으로 생각했다. 고대에 이러한 관념은 매우 이질적인 것이었다. 게다가 야훼 하느님은 숭배하기가 몹시 까다로운 신이었다. 히브리인들은 모세의 법률이 말하는 야훼 하느님을 역사, 자유, 인권, 의(義), 법, 심판처럼 외적인 구원만을 주관하는 신으로 오인하기 십상이었다. 물론 모세의 하느님은 인간의 모든 것을 주관하고 복을 내려주는 분이었지만, 그보다 먼저 진리와 윤리를 조건으로 앞세우고 어떤 형태의 상(像)도 금지했기에 받들기가 무척 어려웠다. 이런 종교관은 고대 세계에서 지나치게 추상적이고 관념적이었기에 이스라엘 사람들에게조차 큰 호소력이 없었다.

그런데 이스라엘이 보기에, 바알과 아세라 여신은 야훼 종교와 달리 산당이나 마을 한가운데나 집안 어디에나 있었고, 심지어 여행할 때도 함께 다니는 존재였다(토우는 휴대가 용이했다). 이 신들은 성격도 까다롭지 않았고, 진리니 정의니 충성이니 윤리니 하는 골치 아픈 문제를 요구하지도 않았다. 화도 잘 내지 않았고 오직 제사만 잘 바치면 풍요를 선물로 내려주는 것처럼 보였다. 섬기기 쉽고 매력적이어서 이스라엘 백성들에게 강렬한 유혹이었을 것이다.[4]

이제부터 전개되는 이스라엘의 사사 시대나 그후 왕조 시대의 역사는 전적으로 이스라엘의 야훼 종교와 바알 종교의 기나긴 투쟁사이다. 이 점을 고려하지 않으면, 구약성서의 흐름이나 본질적인 사상을 이해하는 데 큰 어려움이 있다. 후일 이스라엘은 끝내 멸망하게 되는데, 성서 저자들은 그 이유를 강대국의 침탈로 한정하지 않고 이스라엘이 야훼 하느님을 배반하고 바알과 아세라 신을 숭배하며 정체성을 상실했기 때문이라고 주저 없이 말한다.

이스라엘 신학이 늘 강조하는 것은 하느님을 향한 사랑과 복종이기에, 반역은 배은망덕으로 규정된다. 가나안 땅의 사람들과 섞여 살며 나타난 종교와 문화의 혼합은, '젖과 꿀이 흐르는' 가나안 땅으로 들어가야 한다는 사명을 받은 이스라엘에게 이미 오래전부터 예견된 일이었다(신명기 4:15~40, 9장, 12:29~13:18).

그렇다고 이스라엘이 200년에 이르는 사사 시대 동안 줄곧 하느님을 배반하며 살았던 것은 아니다. 사사들은 이스라엘이 하느님을 향한 믿음을 잃어 고통을 겪을 때 등장했다. 200여 년 동안 출현한 사사를 대략 열두 명으로 본다. 사사들은 이스라엘 전체를 통치한 것이 아니며, 차례로 대를 이으며 통치한 것도 아니다. 즉 〈사사기〉는 각 지파에서 만들어진 무용담을 엮은 책이라고 보는 것이 타당하다.

사사가 이스라엘이 하느님의 심판을 받을 때마다 등장했다고 하면 이것은 결국 이스라엘이 열두 번의 심판을 받았다는 뜻이 된다. 그런데 사사가 각 지파에서 골고루 나왔음을 고려하면 이스라엘이 바알 종교에 빠져 하느님으로부터 받은 열 두번의 심판은 전체 이스라엘에 내려진 심판의 횟수가 아니라 각 지파가 심판을 받은 횟수를 더한 것이라고 추정할 수 있다. 하느님이 이스라엘의 악한 행동에 심판을 내릴 때, 성서는 "이스라엘 자손을 ~의 손에 넘겨주었다." 라고 말하는데 이 말은 이스라엘 전체가 외국의 식민지가 되었다는 뜻이 아니다. 이를테면 조선 시대에 함경도나 경상도 같은 일부 지역에 오랑캐와 왜구가 침탈하여 백성들을 약탈한 것 같은 일이 특정 지파의 땅에서 벌어졌다는 뜻이다. 그밖의 다른 지파들은 평온했다.

사사 시대는 대체로 하느님을 순박하게 섬기며 가나안 주민들과도 평화롭게 지내며 살았다는 사실을 알 수 있다. 이 점은 사사 시대 초기 이야기인 〈룻기〉에서도 확인할 수 있다. 고대 이스라엘이 바랐던 이상적 사회는 왕도 군대도 없이, 모든 이가 하느님 앞에서 한 형제자매로서 농사를 지으며 골고루 먹고 평등하고 평화롭게 사는 세상이었다(창세기 2장). 이러한 희망이 가장 아름답게 실현된 시대가 사사 시대였다. 왜냐하면 그 시대는 이스라엘 민중이 왕도 군대도 없이 자유롭고 평등하고 소박한 사회를 이루어, 대체로 평온하게 살아간 시대였기 때문이다. 이후 이스라엘 역사상 그렇게 오래도록 펼화롭게 살아간 적은 한 번도 없었다. 고대 이스라엘의 왕정 시대를 대표하는 다윗과 솔로몬 통치기에도 그렇지는 못했다. 사사 시대야 말로 독일의 시인 횔덜린(Johann Chritian Friedrich Hölderlin)이 "우리가 아이처럼 될 수 있다는 것, 아직도 순박한 황금 시대, 평화와 자유의 시대가 돌아올 수 있다는 사실, 지상에도 휴식이 있다는 사실은 그 얼마나 멋진 일인가? 하나로서 모두이고, 모두로서 하나인 아름다운 세계여!"[5]라고 노래한 시대에 가장 가까운 시절이었다.

사사, 구원자 혹은 심판자
하느님이 보내준 카리스마

고난의 시대에 등장한 구원자, '사사'는 어떤 사람들인가? 이들은 구국의 열정을 품고 스스로 나선 사람이 아니었다. 사사는 돌풍처럼 느닷없이 '하느님의 영(루아흐Ruach, 그리스어로는 프뉴마Pneuma)'에 사로잡히는 종교 체험을 통하여, 지혜와 전략과 권위에 신적인 능력을 받은 사람이었다. 고대 그리스어로 어떤 개인이 신으로부터 받은 초자연적인 능력, 하느님이 준 하사품을 '카리스마'라고 하는데, 사사야말로 카리스마적 지도자였다. 사사들은 고난에 처한 부족이 있을 때 이스라엘 전체에서 사람들을 모아 고통받는 백성을 구원하는 역사적 사명을 띠었다. 주로 군사적인 방면에서 활약했던 이들은 평생의 지도자라기보다는 하느님이 민족 구원을 위해 일시적으로 들어다 쓴 거룩한 막대기이다. 이렇듯 사사는 이스라엘 연합에 쳐들어온 이민족을 물리치는 '의병 대장' 성격을 지닌 구원자였다. 이 책에서는 열두 명의 사사 중 유일한 여성 사사인 드보라와 더불어 가장 유명한 기드온과 삼손, 입다 네 사람을 다룰 것이다.

여성 영웅 드보라

갈릴리 호수 북쪽의 하솔을 다스리던 왕 '야빈'과 군 지휘관 '시스라'는 그 지역에 살던 이스라엘의 자손(납달리 지파)을 심하게 억압했다. 야빈은 철 병거를 900대나 가지고 있었다. 가나안 부족들은 군대를 갖추었고 히타이트의 철기 문명을 받아들였음을 알 수 있다. 철기 문명은 농업, 일상 생활, 전쟁에서 3대 혁명을 가져왔다. 철제 병거 900대라면 오늘날 전차 900대인 셈이다. 그러니 기껏 청동제 무기나 화살, 돌칼을 들고 전쟁하던 이스라엘로서는 속수무책이었다. 그래서 야빈과 시스라에게 20년 동안이나 괴롭힘을 당했다.

그때에 이스라엘의 사사는 에브라임 지파의 '드보라'였다. 드보라의 경우는 침략을 받지 않은 지파에서 사사가 출현하여 침략을 당한 지파의 동족을 구원한 예에 속한다. 하루는 드보라가 납달리 지파의 '바락'을 불러 말하였다. "이스라엘의 하느님 야훼께서 이렇게 명령하셨소. '너는 납달리 지파와 즈불룬 지파에서 만 명을 뽑아 다볼 산으로 이끌고 가거라. 그러면 나는 야빈의 군대 지휘관 시스라를 키손(기손) 강†으로 유인해내겠다. 내가 그의 전군을 병거대까지 유인해내다가 네 손에 부치리라.'"(사사기 4:6~7) 바락은 즈불룬 지파와 납달리 지파를 케데스(게데스)로 불러모은 후 다볼 산으로 향했다.

다볼 산에 바락의 군대가 올라있다는 것을 전해 들은 시스라는 병거대까지 합친 전 군대를 키손 강으로 출동시켰다. 바락은 만 명의 병력을 이끌고 다볼 산에서 쳐 내려갔다. "주님께서 시스라와 그가 거느린 모든 철 병거와 온 군대를 바락 앞에서 칼날에 패하게 하시니, …… 시스라의 온 군대는 칼날에 쓰러져, 한 사람도 남지 않았

키손 강 다볼 산에서 발원하여 지중해로 흘러가는 길이 약 40킬로미터의 강.

다."(사사기 4:14~15, 새번역) 그러나 시스라는 도망쳐 켄 사람 헤벨의 아내 '야엘'의 장막에 숨었다. 하솔 왕 야빈과 헤벨의 가문은 서로 가깝게 지내는 사이였다.

그러나 헤벨의 아내 야엘은 야훼 신앙이 확고한 여성이었다. 그녀는 시스라를 안심시켰다. "어서 들어오십시오, 나리. 어서 들어오십시오. 마음놓으십시오."(사사기 4:18) 야엘은 시스라를 이불로 덮어주고, 목이 마르다는 시스라에게 우유를 대접했다. 시스라는 자신을 쫓는 이스라엘 군대가 두려워, "누가 와서, 여기에 누가 없느냐고 묻거든 없다고 해주오."(사사기 4:20) 하고 야엘에게 부탁했다.

곧 시스라는 지쳐서 깊이 잠이 들었고, 그가 깊은 잠에 빠진 것을 확인한 야엘은 "장막 말뚝을 가져와서, 망치를 손에 들고 가만히 그에게 다가가서, 말뚝을 그의 관자놀이에 박았다. 그 말뚝이 관자놀이를 꿰뚫고 땅에 박히니 그가 죽었다."(사사기 4:21, 새번역) 참으로 무시무시한 일을 해낸 구국(救國) 여성이었다.

하솔과의 전투는 두 여성(드보라와 야엘)과 한 남성 지도자(바락)와 이스라엘 여섯 지파(에브라임, 이싸갈, 베냐민, 에브라임, 납달리, 즈불룬)의 합작품이었다. 이렇게 이스라엘은 가나안 왕 야빈의 기세를 꺾었고, 마침내 하솔은 망하고 말았다. 승리 후, 드보라와 바락이 이런 노래를 불렀다.

어찌하여 길르앗은 요르단 건너편에 머물러 있고 단은 남의 나라 배나 타고 있는가? 아셀은 바닷가에 자리 잡은 채 항구에서 편히 쉬고 있는데, 즈불룬 지파도 납달리도 언덕 위에서 목숨을 내걸고 싸웠다. …… 야훼의 천사가 선언하였다. "저주, 저주를 받아라, 그 안에 사는 것들, 저들은 야훼를 도우러 나오지 않았다. 야훼를 도우러 용

야코포 아미고니, 〈야엘과 시스라〉, 1739.

사들과 어울려 나오지 않았다."(사사기 5:17~23)

'드보라의 노래'로 잘 알려진 이 승리가는 이 전쟁에 참여한 동맹 지파들을 차례로 열거하고, 반대로 불렀는데도 오지 않고 상호 원조의 전통을 외면한 지파에는 분노 어린 저주를 내린다. 이스라엘은 이런 전쟁을 하느님의 전쟁, 곧 하느님이 이스라엘을 위하여 싸워준 성전(聖戰)으로 기억했다. 성서 저자들은 이런 전쟁사를 들려주면서, 조국이 어떤 위기에 처해도 하느님을 향한 믿음을 지녀야만 기적을 볼 수 있다는 말을 전해주고자 한 것이다.

기드온과 용사 300명

요르단 강 서쪽의 므나쎄 반쪽 지파 땅에 미디안 사람들이 침입해 이스라엘 자손이 고난을 겪었다. "이스라엘 사람들이 씨를 뿌릴 때만 되면 미디안 사람들은 아말렉 사람과 동방의 백성을 이끌고 올라와 진을 치고 이스라엘을 쳐서 가자 어귀에 이르기까지 온 땅의 농사를 망쳐놓곤 하였다. …… 그들은 가축떼를 몰고 천막을 떠멘 채 메뚜기떼처럼 몰려왔다. 사람이고 낙타고 이루 다 셀 수 없이 몰려들어와 온 땅을 망쳐버렸다."(사사기 6:3~6)

왜 하느님은 이스라엘에게 이런 일을 겪게 하는 것일까? 노르웨이 어부들의 이야기로 이 질문의 답을 대신하려 한다. 바다 송어는 성질이 급하고 거친 물살을 좋아해서 수조에 넣어 두면 금세 죽는다. 그래서 노르웨이 어부들은 송어 수조에 '바다 뱀장어'를 함께 풀어 둔다. 그러면 송어들은 갇혀 있다는 스트레스를 느낄 틈도 없이, 뱀장어를 피해 이리저리 움직인 덕분에 죽지 않고 싱싱하게 살아남는다는 것이다. 따라서 하느님도 이스라엘을 믿음의 민족으로 살게 하려고 '뱀장어' 이민족을 활용한 것이다. 이 사실은 〈사사기〉 3장에도 기록되어 있다.

> 가나안 전쟁을 겪지 못한 이스라엘 사람을 빠짐없이 시험하기 위하여 야훼께서 남겨 두신 민족들이 있다. …… 일찍이 전쟁을 겪어보지 못한 사람들에게 전쟁을 가르치시려는 것이었다. 다섯 추장이 거느린 불레셋(블레셋)족, 온 가나안족, 시돈족, 바알헤르몬 산에서 하맛 어귀에 이르는 레바논 산에 자리잡은 히위족이 그들이다. 이들을 남겨 두신 이유는 이스라엘을 시험하시려는 것이었다. 야훼께서 모세를 시켜 그 조상들에게 명한 계명을 이스라엘이 순종하는가 않는가 알아보시려는 것이었다.(사사기 3:1∼4)

고통받던 이스라엘 자손은 그제야 하느님을 찾으며 울부짖었다. 이 소리를 들은 하느님은 므나쎄 지파의 기드온에게 예언자를 보내 이스라엘을 구하라고 일렀다. 외적이 쳐들어온 것은 부족의 많은 사람들이 가나안 땅의 신들을 숭배했기 때문이었다. 즉, '악한 일'을 저지른 것이다. 기드온의 아버지도 집안에 바알 제단을 세워 그를 섬기고 있었다. 기드온은 하느님이 명령한 대로 부하 열 사람을 데리고 가서 아버지의 바알 제단을 허물고 곁에 있는 아세라 성을 찍고, 불을 질렀다. "그날 기드온은 여룹바알이란 이름을 얻었다. 바알의 제단을 헐었기 때문에 바알이 그와 맞설 것이라 해서 그렇게 부른 것이다." (사사기 6:32) 여룹바알은 '바알과의 다툼'이라는 뜻이다.

마침 미디안 사람들은 아말렉 사람과 동방의 백성들을 다 모아서 요르단 강 서쪽의 이즈르엘(이스르엘) 평지에 진을 치고 있었는데,

"야훼의 영이 기드온을 사로잡았다."(사사기 6:34) 그러자 기드온은 나팔을 불어 자기 가문을 불러 모아 따르게 하고, 전령을 뽑아 온 므나쎄에 보내어 자기를 따라나서라고 불러내었다. 아셀 지파와 즈불룬 지파와 납달리 지파에도 전령을 보내니, 그들도 기드온과 합세했다. 카리스마적 지도자가 나타나 여러 부족을 부른 것이었다. 그렇게 해서 모인 사람들이 3만 2천 명이었다. 그러나 이들은 전투 경험이 없는 오합지졸일 뿐이었다. 드보라의 전투는 50년 전 일이었다. 기드온 앞에 모인 사람들은 평생 무기라고는 잡아보지도 않은 젊은이들이었다.

더구나 무기의 수까지 턱없이 부족했으니 미디안 사람들과 직접 싸운다면 절대 이길 수 없을 것이었다. 그때 하느님이 기드온에게 말했다. "네가 거느린 군대의 수가 너무 많다. 이대로는 내가 너희의 손에 미디안을 부치지 않겠다. 이스라엘 사람들이 나를 아는 체도 않고 제 힘으로 승전했다고 으스댈 테니 말이다. 그러니 이제 너는 지금이라도 무서워 떠는 자는 돌아가라고 이 군인들에게 일러라." (사사기 7:2~3) 그렇게 하여 2만 2천 명이 돌아가고 1만 명이 남았다. 그런데도 하느님은 여전히 군인이 많다고 하며 다시 기드온에게 일렀다. "모두 물가로 데리고 내려가거라. 거기에서 내가 그들을 추리겠다. 너와 함께 나갈 사람이라고 내가 일러주는 사람만 너와 행동을 같이하게 하여라. …… 개처럼 혀로 물을 핥는 자들을 한편에 세우고 무릎을 꿇고 물을 마구 들이켜는 자들을 다른 편에 세워라." (사사기 7:4~5)

하느님은 기드온에게 물을 핥아 먹은 300명으로 이스라엘을 구원할 거라 이르며 나머지 군인들은 모두 돌려보내라고 명령했다. 손으로 물을 움켜 개처럼 물에 혀를 대고 핥아 먹는다는 것은 긴장을 늦

추지 않았다는 뜻이다. 반대로 무릎을 꿇고 물을 마구 들이켜는 자들은 전쟁의 긴장보다 자기 욕구에 정신이 팔리는 자들이다. 하느님은 어떤 상황에서도 깨어 있는 자들을 가려내기 위해 이러한 시험을 했던 것이다.

적은 무려 15만 명에 달하는데, 어떻게 300명으로 전쟁을 하려는 것일까? 고대 그리스 스파르타의 왕 레오니다스와 용사 300명이 페르시아 크세르크세스 1세의 100만 대군에 맞서 싸운 것과 같은 일이 그보다 700여 년 전에 이스라엘에서 벌어질 참이었다.

기드온은 즉시 300명을 세 부대로 나누어 한 사람 한 사람에게 '나팔과 횃불이 든 빈 항아리'를 손에 들려주고는, 적진을 둘러싸고 있다가 자기가 거느린 부대가 적진에 접근해 나팔을 불면 따라서 나팔을 불며 "야훼 만세! 기드온 만세!" 하고 외치라고 말했다. 기드온 부대는 보초가 막 교대한 후인 한밤중에 적진에 도착했다. 그들은 나팔을 불며 손에 든 항아리를 깨뜨렸다. 세 부대가 모두 나팔을 불며 단지를 깨고 횃불을 던지면서 "주님의 칼이다! 기드온의 칼이다!" 하고 외쳤다.

곤히 잠자던 적군은 온통 갈팡질팡 아우성치며 큰 혼란에 빠졌다. "삼백 명 군대가 나팔을 불어대고 있는 동안 야훼께서는 적으로 하여금 저희끼리 마구 칼로 찔러 죽이게 하셨다."(사사기 7:22) 15만 중에서 12만 명이 그렇게 죽었고 1만 5천 명은 요르단 강 쪽으로 도망쳤다. 기드온의 소집령에 따라 미리 요르단 강 나루를 점령하고 있던 에브라임 지파가 미디안의 군대를 전멸시켰다.

기드온이 극적인 승리를 거두고 돌아오자, 이스라엘 사람들은 그에게 이스라엘을 다스려 달라고 청했다. 그러자 그는 "내가 그대들을 다스릴 것도 아니요, 내 자손이 그대들을 다스릴 것도 아닙니다.

…… 그대들을 다스리실 분은 야훼시오."(사사기 7:23) 하고 그들의 청을 일언지하에 거절했다. 바로 이런 생각 때문에 사사 시대에 왕이 없었던 것이다. 왕은 하느님뿐이었다. 그때의 이스라엘은 자치적 신정 체제였다. 그후 그 땅은 전쟁 없이 평온하였고, 기드온은 자기 집으로 돌아가서 살았다. 전쟁이 끝났고 민족을 구원했으니, 의병 활동도 끝난 것이었다. 이것이 사사들의 특징이었다. 유일한 여성 사사 드보라, 벌목꾼 기드온, 산적 입다, 기운 센 천하장사 삼손 등 모든 사사는 민족을 고난에서 구원한 다음에는 집으로 돌아가 여느 백성들과 똑같이 살았다. 본디 백성이었기 때문이다. 감히 왕을 꿈꾸는 일은 없었다. 기드온은 나이가 많을 때까지 잘 살다가 죽어서 고향 땅에 묻혔다.

"기드온은 아내가 많아 친아들이 칠십 명이나 되었다. 세겜에 그의 소실이 하나 살고 있었다. 그도 기드온에게 아들을 하나 낳아 주었는데, 그는 그 아이의 이름을 아비멜렉이라고 불렀다."(사사기 8:30~31) '아비멜렉'은 흥미롭게도 '내 아버지는 왕이다'라는 뜻이다. 아비멜렉은 기드온이 죽은 후, 세겜에 있는 외가를 찾아가 온 가족에게 자기가 왕이 될 뜻을 비쳤다.

"세겜의 모든 어른들에게, 여룹바알의 아들 칠십 명의 지배를 받는 것과 한 사람의 지배를 받는 것과 어느 것이 나으냐고 물어봐주십시오. 그리고 내가 그들과 한 골육이라는 것도 잊지 말라고 해주십시오."
그의 외삼촌들은 이 말을 세겜의 모든 어른들에게 전해주었다. 그들은 이 말을 듣고 아비멜렉이 자기들과 한 혈육이라는 생각에서 마음이 그에게 기울어 바알브릿 신전에서 은 칠십 세겔을 내다가 그에게 주었다. 아비멜렉은 그 돈으로 할 일 없는 건달패를 사서 졸개로 삼아 거느리고 오브라에 있는 아버지의 집으로 가서 자기 형제들 곧 여룹바알의 아들 칠십 명을 한 바위 위에서 죽였다.(사사기 9:2∼5)

이 대목을 보면, 세겜 사람들이 지배와 심지어 지배의 세습까지도 자연스레 받아들였다는 것을 알 수 있다. 이러한 점과 '아비멜렉'이라는 이름의 뜻이 '내 아버지가 왕이다'라는 점을 들어 기드온이 백성의 요청을 받아들여 왕위를 수락했을 거라는 주장도 있다. 하지만 '왕'이라는 단어가 기드온이 아니라 신을 가리키는 말일지도 모르므로 글자 그대로 이해해서는 안 된다.

여하튼 세겜 사람들은 이른바 혈연, 지연을 이유로 들어 자기들이 섬기는 성전의 돈까지 삿된 일에 거침없이 사용했다. 세겜의 모든 사람들은 세겜에 있는 석상 옆 상수리나무 아래에 모여 아비멜렉을 왕으로 받들었다. 세겜은 여호수아가 죽기 전에 야훼 언약을 세운 성지였는데, 그런 신성한 장소에서 정면으로 계약을 깨뜨린 일이 벌어졌던 것이다.

어딘가에 숨어 유일하게 목숨을 건진 여룹바알의 막내 아들 요담에게 사람들이 이 소식을 전했다. 성서는 온 세겜 사람들이 아비멜렉을 왕으로 받들었다고 기록하면서, 또 한편으로 요담에게 소식을 알린 사람들이 있었다고 적는다. 아마 정치적 이유로 왕정을 지지하는 세력과 신학적 이유로 반대하는 세력이 갈등을 빚던 시기였을 것이다.† 요담은 그 소식을 듣고 산꼭대기에 올라 큰 소리로 외쳤다.

세겜 성읍 사람들은 내 말을 들으십시오. 그래야 하느님이 여러분의 청을 들어주실 것입니다.

하루는 나무들이 기름을 부어 자기들의 왕을 세우려고 길을 나섰습니다. 그들은 올리브 나무에게 가서 말하였습니다. "네가 우리의 왕이 되어라." 그러나 올리브 나무는 그들에게 대답하였습니다. "내가 어찌 하느님과 사람을 영화롭게 하는, 이 풍성한 기름 내는 일을 그만두고 가서, 다른 나무들 위에서 날뛰겠느냐?"

그래서 나무들은 무화과나무에게 말하였습니다. "네가 와서 우리의 왕이 되어라." 그러나 무화과나무도 그들에게 대답하였습니다. "내가 어찌 달고 맛있는 과일 맺기를 그만두고 가서, 다른 나무들 위에서 날뛰겠느냐?"

그래서 나무들은 포도나무에게 말하였습니다. "네가 와서 우리의 왕이 되어라." 그러나 포도나무도 그들에게 대답하였습니다. "내가 어찌 하느님과 사람을 즐겁게 하는 포도주 내는 일을 그만두고 가서, 다른 나무들 위에서 날뛰겠느냐?"

그래서 모든 나무들은 가시나무에게 말하였습니다. "네가 와서 우리의 왕이 되어라." 그러자 가시나무가 나무들에게 말하였습니다. "너희가 정말로 나에게 기름을 부어, 너희의 왕으로 삼으려느냐? 그렇다면, 와서 나의 그늘 아래로 피하여 숨어라. 그렇게 하지 않으면, 이 가시덤불에서 불이 뿜어 나와서 레바논의 백향목을 살라버릴 것이다."(사사기 9:7~15, 새번역)

기름을 붓는다는 말은 제사장이나 왕을 임명할 때 올리브 기름을 머리에 부었던 고대 이스라엘의 전통을 뜻한다. 요담은 세 번이나 "날뛰겠느냐?"라는 말을 언급하고, '가시덤불', '불'의 이미지를 빌려 왕이란 제 주제도 모르고 남들 위에 서서 날뛰는 존재라고 세겜 사람들에게 경고한 것이다. 기본적으로 이스라엘은 고대 근동의 왕 개념과 달리 왕을 신격화하지 않고 신의 대리자로 보았다. 왕정에 대한 성서의 거부 반응이 잘 드러나는 이야기이다.

"아비멜렉이 이스라엘을 다스린 지 삼 년이 지났다. 하느님께서 악령을 보내시니, 아비멜렉과 세겜의 어른들 사이가 나빠져, 세겜의 어른들이 아비멜렉을 배반하게 되었다."(사사기 9:22~23) 고작 3년 만에 아비멜렉의 꿈은 깨어졌다. 반기를 든 세겜 사람들(아마도 왕정을 반대하던)을 진압하던 중에 한 여인이 던진 맷돌짝을 맞고 두개골이 부서져 그 자리에서 죽었다. 이로써 기드온가(家)의 영광은 종언을 고했다.

딸을 제물로 바친 입다

길르앗 사람 입다는 굉장한 용사였다. 그는 길르앗이 창녀에게서 낳은 아들이다. 길르앗의 본처도 여러 아들을 낳았는데, 그들이 자라서 입다를 쫓아내며 그에게 말하였다. "너는 우리의 어머니가 아닌 다른 여인의 아들이므로, 우리 아버지의 유산을 이어받을 수 없다." 그래서 입다는 자기의 이복 형제들을 피하여 도망가서, 돕이라는 땅에서 살았는데, 건달패들이 입다에게 모여들어 그를 따라다녔다.(사사기 11:1~3, 새번역)

'길르앗'은 요르단 강 동쪽 가드 지파의 지역 이름이기도 하고 사람 이름이기도 하다. '입다'는 '그가 열다'라는 뜻이다. 입다가 장차 무엇을 열지는 두고 볼 일이다. 첩의 아들인 데다가 창녀의 아들이었으니 태어나서부터 줄곧 구박을 받는 게 일이었다. 결국 길르앗에서 내쫓겨 산적 두목이 되었다. '건달패들'을 '잡류(雜類)'라고도 번역하는데, '온갖 잡동사니 사람들'이란 뜻이다. 출생이 안 좋거나 파산한 집의 자식들로서, 사회에서 내쫓겨 불우하고 가난하게 떠돌며 살던 이들이었다. 고대 이스라엘의 '홍길동'과 '임꺽정'이라고 생각하면 이해하기 쉬울 것이다.

한편 이스라엘은 다시 악한 일을 저질렀다. "그들은 바알 신들과 아스다롯과 시리아의 신들과 시돈의 신들과 모압의 신들과 암몬 사람의 신들과 블레셋 사람의 신들을 섬기고, 주님을 저버려, 더 이상 주님을 섬기지 않았다."(사사기 10:6, 새번역) 노한 하느님이 이스라엘을 블레셋 사람과 암몬 백성의 손에 넘겼고, 요르단 강 건너편 길르앗 지방 아모리 땅에 사는 모든 이스라엘 사람들은 18년 동안 고난을 겪었다. 하느님을 순종하면 평화와 번영을 보장받고, 불순종하면 고난과 쇠퇴를 겪게 된다는 이스라엘의 신학적 관념이 다시 드러나는 대목이다.

암몬의 군대가 길르앗에 몰려와 진을 치자, 길르앗 장로들은 입다를 찾아가 그에게 장군이 되어 달라고 청했다. 그러나 입다는 "나를 미워하여 내 가문에서 쫓아내던 때는 언제고 어려운 일이 생겼다고 해서 나한테 올 때는 또 언제요?"(사사기 11:7) 하고 제안을 거절했다. 그러자 장로들은 "우리와 함께 가서 암몬 자손과 싸운다면, 당신은 모든 길르앗 사람의 통치자가 될 것이오."(사사기 11:8, 새번역)라며 입다에게 다짐했다. 그 말에 입다는 길르앗 장로들을 따라 나섰다.

지휘관 입다가 암몬 왕에게 사절을 보내어 평화적으로 해결하려 했으나 암몬 왕은 입다의 말에 전혀 전혀 귀를 기울이지 않았다. 그리하여 전쟁이 벌어지게 되었다. "야훼의 영이 입다에게 내렸다."(사사기 11:29) 입다는 야훼에게 서원(誓願)했다. "만일 하느님께서 저 암몬 군을 제 손에 부쳐주신다면, 암몬 군을 쳐부수고 돌아올 때 제 집 문에서 저를 맞으러 처음 나오는 사람을 야훼께 번제로 바쳐 올리겠습니다."(사사기 11:30~31) '서원'이란 하느님에게 약속하는 행위이다. 그러므로 반드시 지켜야 했다. 입다의 경솔한 서원 기도는 후에 매우 비극적인 일을 부르게 된다.

하느님이 암몬을 입다의 손에 부쳐주었으므로 이스라엘은 암몬을 크게 무찔렀다. 암몬의 항복을 받아낸 입다가 미스바†의 집으로 돌아왔는데, 소구를 잡고 춤을 추며 집에서 나와 그를 맞은 것은 그의 외동딸이었다. 아뿔싸! 입다는 자기 딸을 보는 순간 옷을 찢으며 부르짖었다. "아이고, 이 자식아, 네가 이 아버지의 가슴을 후벼 파는구나. 나를 이렇게 괴롭히는 것이 하필이면 왜 너란 말이냐! 주님께 서원한 것이어서 돌이킬 수도 없으니, 어찌한단 말이냐!"(사사기 11:35, 새번역)

그러자 딸이 아버지에게 말했다. "아버지, 아버지께서 저를 두고 야훼께 하신 말씀이 있으시다면 그대로 하십시오. 야훼께서 아버지의 적수인 암몬 사람들에게 복수해주셨는데, 저야 아무러면 어떻습니까? …… 두 달만 저에게 말미를 주십시오. 그러면 벗들과 함께 산으로 들어가 돌아다니며 처녀로 죽는 몸, 실컷 울어 한이나 풀겠

미스바 성서에 나오는 '미스바'는 가드 영토와 베냐민 영토 두 곳이다. 여기에서 말하는 미스바는 가드의 길르앗 지방에 있는 곳이다.

봉 불로뉴, 〈입다의 딸〉, 1680(?).

습니다."(사사기 11:36~37)

입다는 두 달 말미를 주어 딸을 떠나 보냈다. 딸은 친구들과 산으로 들어가 처녀로 죽는 것을 슬퍼하며 실컷 울었다. 두 달 만에 딸이 돌아오자 입다는 하느님에게 서원한 대로 했다. "이로부터 이스라엘에는 한 가지 관습이 생겼다. 길르앗 사람 입다의 딸을 생각하고 이스라엘 처녀들은 해마다 집을 떠나 나흘 동안을 애곡하게 된 것이다."(사사기 11:39~40)

한편, 그때에 에브라임 지파가 싸울 준비를 하고 요르단 강을 건너와 입다에게 항의했다. "네가 암몬 사람들과 싸우러 건너갈 때에 우리도 불러 함께 출전하게 하지 않았으니, 어찌 그럴 수가 있느냐? 우리가 네 일족을 불에 태워 죽이리라."(사사기 12:1) 에브라임 지파는 자기 지파 출신인 여호수아가 이스라엘을 이끌었다는 사실을 이유로 들어 지파들 사이에서 지도적 지위를 누려 왔고, 자신들이 가장 강하다고 확신했다.[6] 그들은 평소에도 길르앗 사람들을 두고 "에브라임에서 도망친 길르앗 놈들, 에브라임과 므나쎄 사람들 속을 떠도는 놈들"(사사기 14:4)이라고 조롱하곤 했다. 이 말은 전혀 근거 없는 차별적 발언이었다. 길르앗이 요르단 강 동쪽의 험한 고원 지대에 산다고 해서 업신여긴 것이다.

입다는 길르앗 전군을 이끌고 에브라임과 싸워 에브라임을 격파했다. 길르앗 군은 에브라임 지역의 요르단 강 나루를 차지했다. 도망치는 에브라임 사람들이 건너가게 해 달라고 하면, 에브라임 사람이냐고 물었다. 그가 아니라고 하면 "쉽볼렛(쉬볼렛)"이라고 말해보라고 하고 그대로 발음하지 못하고 "십볼렛(시볼렛)"이라고 하면 잡아서 죽였다. 그때 죽은 에브라임 사람의 수가 4만 2천이나 되었다고 한다. 이 일은 이스라엘 최초로 벌어진 내전이었고, 앞으로 벌어질 민족의 내전을 알리는 신호탄이었다.

삼손과 들릴라

이번에는 땅을 제대로 차지하지 못하고 갈릴리 호수 북쪽과 남서쪽 지중해 인근에 둘로 나뉘어 살던 단 지파에서 일이 벌어졌다. 그들은 인구가 얼마 안 되어 12지파 가운데 가장 늦게 겨우 땅을 차지했다. 그러나 땅을 차지한 후에도 지중해변의 단 반쪽 지파는 남쪽으로 경계를 이루고 있던 블레셋으로부터 자유로울 수 없었다.

"이스라엘 자손이 다시, 주님께서 보시는 앞에서 악한 일을 저질렀다. 그래서 주님께서는 그들을 사십 년 동안 블레셋 사람들의 손에 넘겨주셨다."(사사기 13:1, 새번역) 다시 죄를 짓고 심판을 받아 고난을 겪는 과정이 되풀이된다. 앞선 이야기들과 마찬가지로, 여기에서도 '이스라엘 자손'은 전 이스라엘이 아니라 단 지파만을 가리킨다. 이번에는 이스라엘 남서부 지역이 바알 종교에 빠져서 하느님 속을 썩였다는 뜻이다.

블레셋은 지중해 크레타나 키프로스를 비롯한 여러 섬에서 가나안으로 올라온 해양 민족이었다. 이들은 기골이 장대하고 전투적이었으며, 일찍이 히타이트 제국으로부터 철기 문명을 받아들였다. 블레셋의 주요 성곽 도시는 '가자', '아스클론(아스글론)', '아스돗', '에크론(에그론)', '갓(가드)'† 다섯 개였는데, 가자는 지금까지 남아 있다. 유명한 성서 인물인 '골리앗'이 갓 출신이다(사무엘상 17장). 블레셋은 다윗 시대에 이르기까지 200년이 넘도록 이스라엘과 싸운 강적이었다.

단 지파의 마노아라는 사람의 아내는 늙도록 자식을 낳지 못했다. 어느 날 야훼의 천사가 그녀에게 나타나 아들을 낳을 거라 일러주었다. "보아라, 네가 지금까지는 임신할 수 없어서 아이를 낳지 못하였으나, 이제는 임신하여 아들을 낳게 될 것이다. 그러므로 이제부터 조심하여, 포도주나 독한 술을 마시지 말라. 부정한 것은 어떤 것도 먹어서는 안 된다. 네가 임신하여 아들을 낳을 것인데, 그 아이의 머리에 면도칼을 대어서는 안 된다. 그 아이는 모태에서부터 이미 하느님께 바쳐진 나실 사람이기 때문이다. 바로 그가 블레셋 사람의 손에서 이스라엘을 구하는 일을 시작할 것이다."(사사기 13:3~5, 새번역)

태어날 때부터 하느님께 바쳐진 나지르인(Nazir人)들은 '삼가다', '스스로 봉헌하다'라는 뜻의 히브리어 '나자르(nazar)'에서 유래했다. 처음에는 자신의 의지보다 하느님의 부름에 따라 결정되었지만, 시대가 지나면서 누구든 원하면 나지르인이 될 수 있었다(민수기 6:2~21). 하느님에게 봉헌된 사람들이므로 엄격한 규칙을 지키며 평생을 '하느님의 영'이 이끄는 대로 살아야 했다. 특히 술을 삼가야 했고, 머리에 면도칼을 대서는 안 되며, 시체를 멀리해야 했다. 부모나 형제가 죽었을 때도 마찬가지였다. 성서 시대 사람들은 시체를 부정하게 여겼기 때문이다.

마노아 부부는 아이를 낳아 '태양과 같다'라는 뜻의 '삼손'이라는 이름을 붙여주었다. 아이는 하느님이 내리는 복을 받으며 잘 자랐다. **어느 날 그에게 하느님의 영이 내렸다.** 삼손은 딤나로 내려갔다가 블레셋 처녀를 보고 부모에게로 돌아와 그녀와 결혼하고 싶다고 이

갓(가드) 가자에서 북쪽으로 32킬로미터 떨어진 곳에 있는 블레셋의 주요 5대 도시 중 하나. 가드 지파와는 상관없는 지명이다.

야기했다. 부모는 이스라엘 여인이 아닌 이민족과 결혼하려는 삼손을 타일렀다. "그의 부모는 이 일이 모두 야훼께서 하시는 일인 줄 몰랐다. 그때는 불레셋 사람들이 이스라엘을 지배하던 때였기에 야훼께서 불레셋 사람들을 칠 구실을 마련하시려는 것이었다."(사사기 14:4)

삼손은 그 여자에게로 내려가 장가갈 때 하는 풍습을 따라 잔치를 벌였다. 블레셋 사람들은 삼손이 두려워 젊은이 서른 명을 데려다가 그와 한자리에 앉게 했다. 자기에게 덤벼든 사자를 맨손으로 갈기갈기 찢어 죽였을 만큼 삼손에게는 엄청난 괴력이 있었기 때문이다. 그 자리에서 삼손이 그들에게 말하였다. "내가 수수께끼 하나를 낼 터이니, 잔치가 계속되는 이레 동안 생각해서 맞혀보게. 알아내기만 하면 내가 모시옷 서른 벌과 예복 서른 벌을 내지. 그러나 알아내지 못하면 자네들이 나에게 모시옷 서른 벌과 예복 서른 벌을 내야 하네."(사사기 14:12~13) 블레셋 사람들은 사흘 동안 머리를 맞대고 고민했지만 수수께끼를 풀 수 없었다. 그들은 삼손의 아내에게 답을 알아오라고 협박했고, 삼손은 아내의 간청에 마지막 이레째 되던 날 아내에게 답을 알려주었다. 다음 날 블레셋 사람들이 수수께끼의 답을 맞추는 것을 보고 삼손은 이들이 아내를 이용한 사실을 알게 되었지만 약속한 물건을 내줄 수밖에 없었다.

삼손이 블레셋 사람들에게 줄 옷을 마련하느라 아내의 곁을 떠나 있는 동안, 장인은 삼손이 그녀를 버렸다고 생각해 다른 사람에게 시집을 보내버렸다. 이 사실을 안 삼손은 여우 삼백 마리를 잡아 꼬리에 꼬리를 서로 비끄러매고 그 사이에 횃불을 매달아 블레셋 사람의 곡식밭으로 내몰았다. 불이 옮겨 붙으면서 이미 베어 쌓아 놓은 곡식가리뿐 아니라 아직 베지 않은 곡식과 포도원과 올리브 농원까지 다 태워버렸다. 그러자 블레셋 사람들이 삼손의 아내였던 이의 집으로 찾아가 그 일족을 모두 태워 죽였다. 분노한 삼손은 블레셋 사람들을 닥치는 대로 마구 무찌르고는 에담이라는 곳에 있는 동굴에 숨었다.

블레셋 사람들을 두려워했던 유다 지파 사람들이 동굴에 찾아와 "블레셋 사람들이 우리를 지배하고 있다는 것을 당신은 잘 알지 않소?"(사사기 15:8, 새번역)라고 말하며 그를 동굴에서 끌어내 밧줄로 꽁꽁 묶은 후 블레셋에 넘겼다. "그때에 주님의 영이 그에게 세차게 내리니, 그의 팔을 동여매었던 밧줄이 불에 탄 삼 오라기같이 되어서, 팔에서 맥없이 끊어져 나갔다."(사사기 15:14, 새번역) 몸이 자유로워진 삼손은 마침 곁에 있던 당나귀 턱뼈를 집어들고 휘둘러서 블레셋 사람 천 명을 죽였다. 성서는 이 모든 일을 하느님이 한 일이라 말한다. 삼손은 블레셋 시대에 이십 년 동안 이스라엘의 사사로 있었다. 블레셋 사람들에게 삼손은 무시무시한 존재였다.

그 뒤 삼손은 소렉 골짜기에 사는 한 여자를 사랑하게 되었는데, 그 여자의 이름은 '들릴라(델릴라)'였다. 삼손에게 복수할 기회만을 엿보던 블레셋이 이 사실을 알고는 들릴라를 매수했다. "그를 꾀어내어 그 큰 힘이 어디에서 나오는지 알아보아라. 어떻게 하면 그를 잡아 묶어서 맥을 못 쓰게 할 수 있을지 알아내어라. 그것만 알아내면 그 대가로 우리 모두가 너에게 은 천백 세겔씩을 주겠다."(사사기 16:5)

그리하여 들릴라는 온갖 교태를 부리며 삼손에게 힘의 비밀을 캐물었다. 그녀의 질문에 매번 거짓으로 상황을 피하던 삼손은 날이면 날마다 악착같이 졸라대는 들릴라 때문에 귀찮아 죽을 지경이 되었

안토니 반 다이크, 〈삼손과 들릴라〉, 1620.

다. 그래서 삼손은 마침내 진실을 털어놓고 말았다. "나는 모태로부터 하느님께 바친 나지르인이야. 그래서 내 머리에는 면도칼이 닿아본 적이 없다. 내 머리만 깎으면, 나도 힘을 잃고 맥이 빠져 다른 사람과 조금도 다를 것이 없이 되지."(사사기 16:17) 삼손이 잠든 사이 들릴라는 블레셋 사람들을 부른 후 삼손의 머리를 깎았다. 그러자 삼손은 맥이 빠져 힘없는 사람이 되었다.

그 사실을 몰랐던 삼손은 블레셋 사람들이 자기를 잡으러 왔을 때 전과 같이 무찌를 수 있으려니 여겼다. 삼손은 하느님이 이미 자기를 떠났다는 사실을 알지 못했다. 블레셋 사람들은 삼손을 잡아 두 눈을 뽑은 다음 가자로 끌고 가 놋사슬로 묶어 감옥에서 연자 맷돌(일반 맷돌보다 수십 배나 커 사람 대신 소나 말이 돌리던 맷돌)을 돌리게 했다. 노예들에게나 시키는 수치스러운 노동이었다. 이런 치욕스러운 시간을 보내는 중에 깎였던 머리카락이 조금씩 자라고 있었다. 노예 신세로 전락한 삼손의 마음을 존 밀턴(John Milton)의 시극(詩劇) 〈투사 삼손〉을 통해 들어보자.

아, 고통이 몸의 상처나 아픈 곳,
그리고 머리, 가슴, 허리의 무수한 역병에만 국한되지 않고서,
온갖 격심한 징후를 나타내고 마음의 가장 순결한 정기를 깎아먹는구나!
마치 내장이나 관절이나 수족을 깎아먹듯이……
내 비탄은 질질 끄는 병처럼 치료 방법도 없고, 끓어오르고 광란한다.
나는 희망을 품는 자들의 명단에도 들어 있지 않다.
모든 내 재난은 희망이 없다. 완전히 구제의 길이 없다.

한 가지 기도가 아직 남아 있을 뿐이다,

만일 들어주신다면, 긴 탄원은 아니고─조속한 죽음,

나의 모든 불행의 종국, 그리고 위안을 주십사 하는……

블레셋 사람들이 저희들의 신 '다곤'에게 제사를 바치고 흥이 나서 외쳤다. "우리 땅을 망쳐놓은 원수, 우리 백성을 많이 죽인 원수를 우리의 신이 우리 손에 넘겨주셨다."(사사기 16:24, 새번역) 신들의 싸움에서 자기들의 신이 이스라엘의 신을 이긴 것이었기에, 그들은 마음이 흐뭇하여 삼손을 불러다가 자기들 앞에서 재주를 부리게 했다. 삼손은 자기 손을 붙들어주는 소년에게 "이 신전을 버티고 있는 기둥을 만질 수 있는 곳에 나를 데려다 다오. 기둥에 좀 기대고 싶다."(사사기 16:26, 새번역) 하고 부탁했다. 그때 신전은 삼손이 재주 부리는 걸 구경하려고 모인 3천 명의 남자와 여자로 가득 차 있었다.

삼손이 하느님께 부르짖었다. "주 야훼여, 한 번만 더 저를 기억해주시고 힘을 주시어 제 두 눈을 뽑은 블레셋 사람들에게 단번에 복수하게 해주십시오."(사사기 16:28) 그리고 나서 삼손은 양손을 신전 두 기둥에 각각 대고는 부르짖었다. "블레셋 놈들과 함께 죽게 해주십시오."(사사기 16:30) 삼손이 있는 힘을 다해서 기둥을 밀자, 신전이 무너져 내려 신전에 있던 사람이 모두 깔려 죽었다. 삼손이 죽으면서 죽인 사람이 살아서 죽인 사람보다도 더 많았다. 그의 일가 친척이 모두 내려와 삼손의 시체를 거두어 그의 아버지 무덤에 묻었다. 죽음으로 그의 모든 실수가 덮였고, 많은 블레셋인을 처치해 이스라엘을 구원했다.

베냐민 전쟁
내전과 베냐민 지파의 몰락

사사 시대에 벌어진 전쟁은 지역적으로 발생한 것이었으며, 이스라엘 전체가 전쟁을 벌인 적은 한 번도 없었다. 그런 이스라엘에 내전이 일어났다. 그 원인은 이스라엘 전통에서 결코 용인할 수 없는 수치스럽고 부도덕한 사건 때문이었으며, 지파 연합 공동체를 근본적으로 부정한 사건 때문이었다. "고대 이스라엘은 사회를 결속하던 연대 의식의 상실을 야훼와 맺은 계약에 대한 배반으로 해석했다."[7] 그 사건의 내막은 이러하다.

레위 지파의 한 남자가 유다 지파의 땅인 베들레헴에서 살던 한 여자를 첩으로 삼아 에브라임 지파의 산골에 들어가서 살았다(레위 지파는 제사장 가문이었기에 흩어져서 각 지파에서 더부살이를 했다). 그러다가 그 여인이 화나는 일이 있어 친정으로 돌아가 넉 달이나 머물러 있었다. 그래서 남편은 그녀를 달래 데려오려고, 종과 함께 나귀 두 마리를 끌고 길을 떠났다. 장인은 딸을 찾아온 사위를 기쁘게 맞이했다. 장인은 사위에게 하룻밤 더 묵으면서 놀다 가라는 말을 하면서 5일 동안이나 놓아주질 않았다. 그러다 엿샛날 날이 기울

무렵에야 남자와 아내는 나귀를 타고 길을 떠났다. 그들이 예루살렘 맞은편에 이르렀을 때는 벌써 하루 해가 저물고 있었다. 종이 이곳에서 하룻밤 묵어 가자고 하자, 남자는 "이스라엘 백성과는 피가 다른 민족이 사는 성인데, 들를 수 없다."(사사기 19:12)고 말하며 베냐민 지파에 속한 기브아까지 갔다. 사사 시대 말기인데도 가나안 땅 한복판인 예루살렘에 이방인인 '여부스족'이 살고 있었던 것이다. 기브아에 도착했을 때는 해가 이미 저 있었다. 그들은 기브아에서 밤을 보내려고 성에 들어가 장터에 앉아 있는데 누구 하나 자기 집에 묵으라고 맞아들이는 사람이 없었다. 마침 밭에서 일을 마치고 돌아오는 마음씨 좋은 노인을 만나 그의 집으로 갔다. 그 노인은 고대 중동 사회의 따스한 '나그네 환대 풍속'(창세기 18장. 아브라함의 예를 보라)을 지킬 줄 아는 인품이 훌륭한 노인이었다.

그런데 그들이 한창 쉬고 있을 때, 기브아의 '불량배들'이 몰려와 노인의 집을 둘러싸고 문을 두드리며 노인에게 이렇게 요구했다. "노인의 집에 들어온 그 남자를 끌어내시오. 우리가 그 사람하고 관계를 좀 해야겠소."(사사기 19:22, 새번역) '불량배'는 '베네 벨리야알(bene beliyyaal)'을 번역한 것인데, '베네(bene)'는 자식들, '벨리(beli)'는 없다, '야알(yyaal)'은 가치를 뜻한다. 즉 '무가치한 인간들'이란 말이다. 불량배들은 미풍양속을 여지없이 부정했다. '관계'라는 말은 동성애를 우회적으로 표현한 말이다(창세기 19:5). 늘 비슷한 일상인 시골에 낯선 사람이 여인을 데리고 나타나자, 공연히 시비꺼리를 만들어볼 요량이었을 것이다.

노인은 "여보시오, 젊은이들, 제발 이러지 마시오. 이 사람은 우리 집에 온 손님이니, 그에게 악한 일을 하지 마시오. 제발 이런 수치스러운 일을 하지 마시오. 여기 처녀인 내 딸과 그 사람의 첩을 내가 끌어내다 줄 터이니, 그들을 데리고 가서 당신들 좋을 대로 하시오. 그러나 이 남자에게만은 그런 수치스러운 일을 하지 마시오."(사사기 19:23~24, 새번역) 하고 타일렀다.

그런데도 그들은 노인을 밀치면서 막무가내로 굴었다. 그들이 갖은 행패를 부리자, 레위 사람은 자신의 첩을 내주었다. 그들은 잔인하게도 여자를 밤새도록 욕보인 뒤, 동이 틀 때 놓아주었다. 여자는 자기 남편이 있는 노인의 집으로 돌아와 문 앞에 쓰러져 죽었다.

남자는 그녀의 주검을 나귀에 싣고 집으로 돌아왔다. 그 길로 칼을 뽑아 자기 첩의 시체를 열두 토막 내어 이스라엘 전 지역으로 보냈다. 그것을 보는 사람마다 이구동성으로 외쳤다. "이스라엘 자손이 이집트에서 나온 날부터 오늘까지 이런 일은 일어난 적도 없고, 또 본 일도 없다. 이 일을 깊이 생각하여 보고 의논한 다음에, 의견을 말하기로 하자."(사사기 19:30, 새번역)

그리하여 온 이스라엘 백성들이 '미스바'(두 미스바 중 베냐민의 영토에 있는 곳이다. 베냐민의 성읍)에 모였다. 이스라엘 백성들은 그 레위 남자에게 그간의 일을 소상히 들었다. 모든 이가 "기브아 사람이 이스라엘 안에서 저지른 이 모든 수치스러운 일을 벌하게 하자."(사사기 20:10, 새번역) 하고 말했다. 이스라엘 지파들이 베냐민 지파에 사람을 보내 "당신들은 이제 기브아에 있는 그 불량배들을 우리 손에 넘겨서, 우리가 그들을 죽여 이스라엘에서 이런 악한 일을 없애게 하시오."(사사기 20:13, 새번역) 하고 말을 전했으나 베냐민 자손은 이스라엘 동족의 말을 들으려 하지 않았다. 오히려 베냐민 자손들은 이스라엘 자손과 싸우려고 기브아로 모여들었다.

그렇게 하여 결국 내전이 터졌다. 그런데 몇 배의 전력을 갖춘 이스라엘이 두 번의 전투에서 대패했다. 이스라엘 백성과 군사들은 베델로 일제히 올라가 통곡하며 저녁때가 되도록 온종일 단식하고 야훼께 번제와 친교제를 올렸다. 그들은 베냐민 지파를 넘겨주겠다는 하느님의 확답을 받고 다시 베냐민 자손들을 치러 갔다. 이스라엘은 기브아 둘레에 군인들을 매복시키고, 후퇴하는 척하며 베냐민 자손들을 유인했다. 베냐민 자손들은 성안에서 나와 일제히 추격하기 시작했다. 그 순간, 매복 부대가 일어나 돌격하여 주민과 가축까지 남김없이 다 죽이고 불살라버렸다. 추격하던 베냐민 자손은 중간에서 협살당했고, 살아남은 600명의 패잔병들은 광야로 도망쳤다.

그렇게 하여 베냐민 지파는 씨가 말라 사라질 위기에 놓이고 말았다. 정중하게 사과하고 범인들을 내주면 되었을 것을, 쓸데없는 고집을 피운 대가치고는 희생이 너무 컸다. 전투에 승리한 이스라엘 사람들은 베델에 이르러, 저녁이 되도록 하느님 앞에 앉아 통곡하며 울부짖었다. "이스라엘의 하느님 야훼여, 어찌하여 이스라엘이 이런 일을 당해야 했습니까? 어찌하여 오늘 이스라엘에서 지파 하나가 없어지는 일이 생기고 말았습니까?"(사사기 21:3) 그들은 전쟁을 결의할 때, 아무도 딸을 베냐민 사람에게 시집보내지 않겠다고 약속했기에 결국 이스라엘의 한 지파가 없어지게 된 것을 슬퍼했다. 다음 날 아침, 모든 백성이 일찍 일어나 제단을 쌓고 번제와 화목제를 드렸다. 이스라엘 자손은 한 민족인 베냐민 자손에 측은한 마음이 생겨서 살아남은 베냐민 사람들에게 어떻게 해야 아내를 구해줄 수 있을지 의논했다. 그들은 이스라엘 지파 가운데 어느 지파가 미스바에 올라오지 않았는지를 알아보았다. 그러자 가드 지파의 야베스 길르앗에서는 한 사람도 진으로 오지도 않고, 이 총회에도 참석하지 않은 사실이 드러났다.

그들은 야베스 길르앗으로 가 처녀들만을 남기고 온 주민을 칼로 죽이고는 사내와 한자리에 든 적이 없는 처녀 400명을 찾아내어 가나안 땅 실로에 있는 진지로 데려왔다. 그러고는 도망친 베냐민 자손 600명에게 화해를 청하고 붙들어 온 처녀들과 결혼시켜주었다. 그러나 여자의 수가 모자랐다. 이스라엘 백성은 베냐민 지파에 딸을 시집보내면 저주를 받겠다고 서약을 했기 때문에 다른 묘안을 생각해냈다. "그렇다! 실로에서 해마다 열리는 주님의 축제가 곧 다가온다."(사사기 21:19, 새번역) 그들은 베냐민 자손들에게 포도밭에 숨어 있다가 실로의 처녀들이 춤추러 나오면 하나씩 붙들어 아내로 삼으라고 일렀다. 딸들을 베냐민 지파에 준 것이 아니니 하느님께 한 맹세를 깨뜨린 것이 아니었다. 베냐민 사람들은 그 말대로 춤추는 여인들을 붙잡아 아내로 삼고 자기들 상속지로 돌아가서 성읍을 재건하고 살게 되었다. 다른 지파들도 각각 자기 지파, 자기 가문이 사는 상속지로 돌아갔다.

베냐민 지파와 나머지 열한 개 지파 사이에 벌어진 이 전투를 '베냐민 전쟁'이라 일컫는다. 이 전쟁은 이스라엘의 연합을 깨뜨리는 어떤 행위도 용납하지 않는다는 점과 사라질 위기에 처한 한 지파를 살려내기 위하여 전 이스라엘 민중이 하나가 되어 도왔다는 점을 특징으로 한다. 왕도 군대도 없었던 200년 이상의 오랜 세월 동안 이스라엘을 묶어준 힘은 바로 그들의 고유한 종교와 문화, 그리고 연합 민속이라는 정체성과 유대 의식이었다. 물론 그렇게 할 수 있었던 까닭은 당시의 국제 정세가 그들에게 유리하게 돌아간 덕분이기도 했다. 이집트는 가나안으로 올라오지 못했고 히타이트 제국도 남하하지 않았다. 그래서 가나안 지역은 오래도록 제국들의 힘이 미치지 않는 평화로운 곳으로 남을 수 있었다.

그러나 이뿐만은 아니었다. 이스라엘은 때로 가나안 종교와 문화에 동화되기도 했지만, 그래도 모세 종교와 법을 지키고 민족 공동체 정신을 유지하며 200년의 세월을 버텨냈다. 사사 시대는 이스라엘 역사상 가장 소박하고 평등하고 평화로운 시대였다. 그것은 이후 왕정 시대와 비교해보면 알 수 있다. 사사 시대 이스라엘 사람들은 가나안 종교와 길항(拮抗) 작용을 하면서 자기들의 고유한 종교와 문화를 지키며 후대에 전해주었다.

3장

룻기

믿음과 관용의 이야기

✝

기독교에서 사용하는 성서의 순서에 따르면 〈사사기〉 다음에 오는 책은 〈룻기〉이다. 이 책은 이야기의 주인공 '룻'의 이름을 따서 〈룻기〉라고 부른다. 4장 분량의 짧은 책이지만, 고대 이스라엘의 민간 생활상을 잘 보여주는 책이다. 기근과 착한 백성들이 겪는 갖가지 고생, 이웃을 배려하는 따스한 마음씨와 유대감, 사랑과 희망, 억척스러운 생활과 그 속에서 일어나는 예기치 않은 행운, 그리고 새로운 삶이라는 보통 사람들의 이야기가 고스란히 드러나 있다. 〈룻기〉도 사사 시대를 배경으로 하지만 피비린내 나는 〈사사기〉와는 달리, 이스라엘 민중들이 가혹한 자연환경과 삶의 역경 속에서도 무너지지 않고 서로 도우면서 아름답게 살아가는 모습이 잔잔하게 펼쳐진다. "마치 누군가 먼 훗날 과거의 한때를 돌아보고 '좋았던 그 시절', 소박하고 평화롭고 선의(善意)가 넘치던 한때(물론 실제로는 전혀 그렇지 않았지만)를 그리워하며 쓴 듯한 목가적 작품이다."[1] 유대인들은 이 책을 역사서로 보지 않고 문학 작품으로 분류한다.

룻

다윗 왕의 조상이 된 이방 여인

"사사 시대에 그 땅에 기근이 든 일이 있었다. 그때에 유다 베들레
헴 태생의 한 남자가, 모압 지방으로 가서 임시로 살려고, 아내와 두
아들을 데리고 길을 떠났다. 그 남자의 이름은 엘리멜렉이고, 아내
의 이름은 나오미이며, 두 아들의 이름은 말론(마흘론)과 기룐(길룐)
이다. 그들은 유다 베들레헴 태생으로서, 에브랏 가문 사람인데, 모
압 지방으로 건너가 거기에서 살았다."(룻기 1:1~2, 새번역) 기근 때
문에 이스라엘의 한 가족이 고향을 떠나며 이야기가 시작된다. 엘리
멜렉은 '나의 하느님은 왕이다'라는 뜻이고, 나오미는 '기쁨', 마흘론
과 길룐은 각각 '질병'과 '황폐'라는 뜻이다. '베들레헴'(Bethlehem,
'벧Beth'은 집을 뜻하고, '레헴Lehem'은 빵을 뜻한다. 즉 '빵집'이라는 뜻
이다)은 예루살렘에서 남쪽으로 10킬로미터 떨어진 곳에 있는 마을
이다. 오늘날은 다윗 왕과 예수의 출생지로 널리 알려져 있다. 당시
이곳 사람들은 주로 농사와 목축을 했다.

'모압'은 사해 동부에 있는 산악 지대 왕국이다. 베들레헴에서 모
압으로 가는 데는 두 가지 방법이 있는데, 첫 번째는 북쪽으로 올라

가 요르단 강을 건너 가드 지파와 르우벤 지파의 땅을 지나 모압으로 들어가는 길이다. 다른 하나는 남쪽으로 내려가다 사해를 왼편으로 끼고 돈 다음 다시 북쪽으로 올라가는 길이다. 두 번째 길은 광야 지대라 위험한 데다 더 오래 걸렸다. 모압과 이스라엘은 늘 적대 관계였는데도(민수기 22~25장) 엘리멜렉 가족이 모압으로 간 것을 보면 백성들은 그런 사실을 모르고 살았거나 알았다고 해도 큰 영향을 받지 않았던 것으로 보인다.

모압에서 살던 중 남편 엘리멜렉은 아내와 두 아들을 남기고 세상을 떠났다. 두 아들은 룻(아름다움, 친구)과 오르바라는 모압 여자를 아내로 맞아 모압 땅에서 10년쯤 살았다. 그러다가 불행하게도 두 아들이 잇달아 죽었다. 남편에 두 아들마저 잃은 나오미는 **홀로 남았다**. 두 아들의 이름처럼 가정에 '질병'이 들어 '황폐'해지고 말았다. 기근으로 인한 피난, 타향살이 10년에, 남편과 두 아들을 모두 잃어버린 가여운 여인 나오미의 삶은 '기쁨'이라는 이름의 뜻과 정반대였다.

그러다가 나오미는 고향에 풍년이 들었다는 소식을 듣고, 두 며느리와 함께 떠날 채비를 차렸다. 그저 먹고 살 양식 하나 때문에, 이리저리 옮겨 다녀야만 했던 고대 히브리 민중의 고생스러운 삶이 고스란히 드러나는 대목이다. 그런데 나오미는 정이 많은 사람이었다. 자기가 슬프고 힘겨우면서도 자식 하나 없는 젊은 며느리들을 생각하자 마음이 더 쓰렸다. 고향으로 데려간들 어쩌겠는가? 젊은 며느리들의 앞길을 망칠 수는 없었다.

고향을 향해 길을 가던 나오미는 두 며느리에게, "너희가 죽은 내 아들들과 나에게 그토록 고맙게 해주었으니, 야훼께서도 그처럼 너희를 보살펴주시기를 바란다. 너희 둘 다 새 남편을 맞아 보금자리를 꾸밀 수 있게 해주시겠지."(룻기 1:8~9)라고 말하며 친정으로 돌아가라고 말했다. 며느리들이 10년간 결혼 생활을 했어도, 스무 살 이전에 일찍 결혼하던 당시의 풍속을 감안한다면 서른 살도 채 안 되었을 것이다.

나오미가 작별하려고 그들에게 입을 맞추자, 며느리들은 "저희는 어머님을 모시고 어머님 겨레의 품으로 돌아가겠습니다."(룻기 1:10) 하며 큰 소리로 울었다. 그러나 나오미는 며느리들을 타일렀다. "돌아가 다오, 내 딸들아. 어찌하여 나와 함께 가려고 하느냐? …… 아서라, 내 딸들아. 너희들 처지를 생각하니, 내 마음이 너무나 괴롭구나. 주님께서 손으로 나를 치신 것이 분명하다."(룻기 1:11~13, 새번역)

10년 새에 한 집안의 세 남자가 다 죽었으니, 어찌 그런 소리가 안 나오랴? 신세를 한탄하고 체념하면서 하는 한숨 섞인 넋두리요, 하느님을 향한 슬픈 원망이기도 했다. 며느리들은 다시 큰 소리로 울었다. 마침내 오르바는 시어머니에게 입을 맞추고 작별 인사를 하고 자기 고향으로 떠났다. 그러나 룻은 시어머니 곁을 떠나려 하지 않았다. 나오미가 다시 타일렀다. "보아라, 네 동서는 제 겨레와 제 신에게 돌아가지 않았느냐? 그러니 너도 네 동서를 따라 돌아가거라."(룻기 1:15)

그러자 룻이 대답했다. "저에게 어머님을 버려두고 혼자 돌아가라고 너무 성화하시지 마십시오. …… 어머님 가시는 곳으로 저도 가겠으며, 어머님 머무시는 곳에 저도 머물겠습니다. 어머님의 겨레가 제 겨레요 어머님의 하느님이 제 하느님이십니다. 어머님이 눈 감으시는 곳에서 저도 눈을 감고 어머님 곁에 같이 묻히렵니다. 어떠한 일이 있어도 안 됩니다. 죽음밖에는 아무도 저를 어머님에게서 떼어내지 못합니다."(룻기 1:16~17)

자기네 겨레가 믿는 신을 버리고, 시어머니의 겨레가 섬기는 이스라엘의 하느님을 받아들인 룻의 모습을 확인할 수 있는데, 아마 그동안 시어머니가 보여준 덕스럽고 온후한 태도에 감화를 받은 것 같다. 나오미는 그런 룻을 더는 말리지 못하고 둘은 함께 길을 떠나 마침내 베들레헴에 다다랐다.

두 사람이 베들레헴에 이르자, 아낙네들은 "아니, 이게 정말 나오미인가?"(룻기 1:19, 새번역) 하며 떠들썩했다. 이 말에는 오랜만에 나오미를 만난 반가움과 함께, 10여 년 만에 몰라보게 늙어버린 그녀를 보는 애처로움이 담겨 있었다. 나오미는 그들에게 이렇게 말했다. "나를 나오미라고 부르지들 마십시오. 전능하신 분께서 나를 몹시도 괴롭게 하셨으니, 이제는 나를 **마라**라고 부르십시오. 나는 가득 찬 채로 이곳을 떠났습니다. 그러나 주님께서는 나를 텅 비어서 돌아오게 하셨습니다. 주님께서 나를 치시고, 전능하신 분께서 나를 불행하게 하셨는데, 이제 나를 나오미라고 부를 까닭이 어디에 있겠습니까?"(룻기 1:20~21, 새번역)

'마라'는 '쓰다', '괴롭다'라는 뜻이다. 희망을 품고 떠난 타향살이 10여 년, 잇따른 불행으로 쓰디쓴 괴로움만 겪은 그녀는 심신이 모두 지쳐 폭삭 늙어버렸다. 나오미에겐 아무런 희망도 없는 것처럼 보였다. 그런데 쓸쓸한 집안에 한 줌 희망의 햇살이 되어준 이가 있었으니, 다름 아닌 이방인 며느리 룻이었다. 그녀는 "아들 일곱보다도 더 나은 며느리"(룻기 4:15, 새번역), 억척스러운 며느리였다.

어느 날 룻은 시어머니에게 이삭을 주워 오겠다고 말하고는 집을 나섰다. 나오미가 함께 가지 않고 집에 있었다는 것을 볼 때, 그녀는 기력이 쇠해 이삭 줍기도 할 수 없게 되었던 것 같다. 그러니 하느님도 시어머니를 위로하고 공양하기 위해 이삭을 주우러 가는 착한 이방인 며느리를 외면하지 않을 것이었다.

룻이 밭에 나가 추수하는 일꾼들 뒤를 따르며 이삭을 줍는데, 우연히도 그 밭은 시아버지인 엘리멜렉의 일가 사람인 '보아즈(보아스)'의 것이었다. 그는 유력한 재력가였다. 때마침 추수하는 일꾼들을 격려하러 온 보아즈가 룻을 보았다. 보아즈가 감독하는 이에게 "저 젊은 여인은 뉘 집 아낙인가?" 하고 묻자, 감독하는 젊은이는 나오미와 함께 모압 지방에서 온 이방 여인이며, 아침부터 쉬지도 않고 이삭을 줍고 있다고 소개했다. 서로 적대 관계였던 이스라엘과 모압의 백성들이 그 어떤 적대감도 없이 서로를 받아들이고 평화롭게 어울리는 모습이다. 아마 당시 이스라엘과 가나안 땅에 살던 민중들의 실제 생활상이었을 것이다.

그 말을 들은 보아즈는 룻이 자기 밭에서 불편함 없이 이삭을 주울 수 있게 배려해주었다. 그러자 룻은 엎드려 이마를 땅에 대고 절을 하면서 고마움을 표시했다. 보아즈는 룻이 혼자 몸이 된 시어머니를 모시기 위해 자신이 태어나 살던 고향 땅을 떠나 엊그제까지만 해도 알지 못하던 다른 백성에게로 온 것을 칭찬하며 하느님의 복을 빌어주었다. 그러고는 점심때가 되자, 빵과 볶은 곡식까지 내주었다. 룻이 배불리 먹고도 남을 양이었다. 룻은 저녁 때까지 주워 모은 곡식과 점심때 먹고 남은 볶은 곡식까지 시어머니에게 가져다주었다. 룻이 곡식을 줍는 이 장면에서 힌트를 얻어 그린 그림이 유명한 장 프랑수아 밀레(Jean François Millet)의 〈이삭 줍는 사람들〉이다.

룻은 시어머니에게 보아즈라는 사람이 많은 이삭을 주울 수 있게 자비를 베풀어주었다고 말했다. 그러자 나오미는 우리와 가까운 일가인 그가 "우리를 맡아야 할 사람"이라고 말했다. 고대 이스라엘 사회에는 일가 중 누군가 가난하여 토지를 팔려고 내놓으면 가까운 친족순으로 그 토지를 사야 하는 의무가 있었고, 자녀 없는 과부를 거두어 대를 이어줄 책임도 있었다. 형이 죽으면 동생이 형수를 아내로 얻어 형의 자손을 보전해주는 형사취수법과 비슷한 관습이었다.

나오미는 룻에게 일렀다. "애야, 네가 행복하게 살 만한 안락한 가정을, 내가 찾아보아야 하겠다. 생각하여 보렴. 우리의 친족 가운데에 보아스라는 사람이 있지 아니하냐? …… 오늘 밤에 그가 타작마당에서 보리를 까부를 것이다. 너는 목욕을 하고, 향수를 바르고, 고운 옷으로 몸을 단장하고서, 타작 마당으로 내려가거라. …… 그가 잠자리에 들 때에, 너는 그가 눕는 자리를 잘 보아 두었다가, 다가가서 그의 발치를 들치고 누워라. 그러면 그가 너의 할 일을 일러줄 것이다."(룻기 3:1~5, 새번역)

룻은 시어머니가 시킨 대로 했다. 한밤중에 보아스는 웬 여인이 자기 발치께에 누워 있는 것을 보고 깜짝 놀라 누구냐고 묻자, 룻이 "어른의 종 룻입니다. 어른의 품에 이 종을 안아주십시오. 어른이야말로 집안 어른으로서 저를 맡아야 할 분이십니다."(룻기 3:9, 새번역) 하고 대답했다. 그러나 보아스는 자신보다 더 가까운 친척이 한 사람 있으니 그가 의무를 포기해야 자신이 그녀를 거둘 수 있다고 말했다. 나오미는 룻에게 "그분이 오늘 안으로 이 일을 결말짓지 않고는 못 견딜 것이다."(룻기 3:18) 하면서 일이 어떻게 되는가 기다려보라고 했다. 나오미는 보아스가 룻에게 마음이 있다는 사실을 알고서 일을 꾸민 것이었다.

날이 밝자, 보아스는 룻을 맡아야 할 가장 가까운 친족을 만났다. 열 명의 장로를 불러 증인으로 세우고 그 친척에게 말했다. "나오미가 모압 시골에서 돌아와서 그 땅(엘리멜렉의 땅) 권리를 팔려고 내놓았소. …… 그것을 도로 사서 가질 사람은 당신밖에 없소. 당신 다음은 나인가 하오. …… 나오미에게서 밭을 넘겨받는 날 당신은 고인의 아내 모압 여자 룻도 떠맡아야 하오. 그리하여 고인의 이름을 이어 그의 유산을 차지할 사람을 낳아주어야 하오."(룻기 4:3~5) 이 말을 들은 그 친척은 "잘못하다가는 내 재산만 축나겠소."(룻기 4:6, 새번역) 하며 집안 간 져야 할 책임을 포기했다. 그러자 보아즈가 장로들과 온 마을 사람들에게 선언했다.

나는 엘리멜렉과 길룐과 마흘론에게 딸렸던 모든 것을 나오미의 손에서 샀습니다. 당신들은 오늘 이 일의 증인입니다. 또 나는 마흘론의 아내 모압 여자 룻까지도 유산과 함께 아내로 얻었습니다. 그래서 나는 고인의 이름을 이어 그 유산을 차지할 사람을 낳아주어서 고인의 이름이 그의 형제들과 함께 남아 이 고장 성문 안에서 끊어지지 않도록 할 것입니다. 당신들은 오늘 이 일의 증인입니다.(룻기 4:9~10)

그리하여 보아즈는 룻을 아내로 맞이했다. 하느님이 룻을 보살피니, 그녀는 아들을 낳았다. 이웃 아낙네들은 나오미를 축하하며 아기의 이름을 '오벳'이라고 지어주었다. "이제 이 아기의 이름이 이스라엘에서 기림을 받게 되기를 우리는 바랍니다. 당신을 그토록 사랑하는 며느리가 낳아준 아들, 아들 일곱보다 더한 며느리가 낳아준 아들이니, 이제 그가 당신에게 살 맛을 되돌려주고 노후를 공양해줄 것입니다."(룻기 4:14~15)

다시 '기쁨'을 되찾은 나오미는 오벳을 자기 자식처럼 키웠다.

이렇듯 기근과 방랑과 고통으로 시작한 〈룻기〉는 결혼, 기쁨, 웃음, 환호, 그리고 희망으로 막을 내린다. 이 이야기는 남편의 죽음으로 고통을 겪는 한 이방 여인이 자기보다 더한 고통을 겪는 한 인간을 위해 자기를 포기하면서까지 지순한 사랑으로 돌보는 과정을 아름답게 보여준다. "이 이야기 속에 등장하는 인물들은 하나같이 사려 깊고, 나의 이익과 권리를 얼마든지 희생시킬 태도가 되어 나보다 다른 사람들을 더 깊이 생각해주는 사람들이다."[2]

그런데 이방 여인에 대한 이 이야기는 그동안 구약의 앞선 책들에서 시종일관 이방인 배척을 주장해 왔음을 볼 때, 매우 느닷없고 이례적인 것이다. 오늘날 구약을 연구하는 성서학자들은 〈룻기〉가 쓰여진 시대를 대략 기원전 5세기에서 기원전 4세기경으로 본다. 이야기의 배경은 '사사 시대'이지만, 맨 마지막 구절이 "오벳은 이새를, 이새는 다윗을 낳았다."(룻기 4:22)임을 볼 때 〈룻기〉는 다윗 왕 이후에 쓰였음을 알 수 있다. 학자들은 유다 왕국 사람들이 바빌론 유수에서 풀려나 고향으로 돌아오던 무렵에 쓰여졌을 것이라고 추정한다. 그리고 저술 시기를 고려해 〈룻기〉의 목적을 다음과 같이 추정한다. 바빌론 유수 이후 유대인과 이민족의 결혼을 금지하는 법령이 시행되었는데, 심지어 이미 결혼해 살고 있던 이방인 아내들까지 추방해야 했다. 이러한 상황에서 훌륭한 이방 여인 '룻'이 이스라엘의 영웅 '다윗 왕'의 조상이라는 점을 들어, 이민족 출신 배우자를 추방해서는 안 된다는 주장을 펼치고자 했다는 것이다. 그러나 〈룻기〉에 이처럼 특정한 의도가 있다고 보지 않고, 그저 이스라엘의 하느님이 혈통이나 종족, 전통, 교리에 얽매이지 않는 분임을 보여주는 아름다운 이야기라고 보기도 한다.

4장

사무엘

이스라엘 왕국의 시작

✝

〈사무엘〉은 사사 시대 말기와 이스라엘 최초의 왕을 보여준다. 주요 내용은 마지막 사사이자 최초의 예언자인 '사무엘'의 활동과 초대 왕인 사울과 2대 왕이 되는 다윗의 경쟁, 그리고 사울의 죽음이다. 사무엘은 레위 지파 출신이 아닌 제사장이었으며 동시에 정치 지도자였던 다층적인 인물이다. 그는 이스라엘 역사에 길이 기억되는 청빈하고 강직한 인물이자, 모세와 함께 이스라엘의 2대 지도자로 꼽힌다(예레미야 15:1). 사무엘이 말년에 '사울'을 '왕'으로 세우면서 이스라엘은 왕정 시대로 진입한다. 사무엘이 활동을 시작한 시기는 대략 기원전 1110년경으로 추정된다.

사무엘
최초의 예언자

에브라임 산악 지대에 엘카나(엘가나)라는 사람이 살고 있었다. 그에게는 두 명의 아내가 있었는데 한나와 브닌나였다. 브닌나는 자식이 있었지만 한나는 자식이 없었다. 엘카나는 해마다 자신의 성읍을 떠나 이스라엘의 성소였던 실로로 올라가 야훼에게 제사를 드리고 예배했다. 엘카나는 제사가 끝나면 아내 브닌나와 그의 모든 아들딸들에게 제물을 각각 한몫씩 나누어주었다. 그러나 엘카나는 한나를 사랑하면서도 그녀에게는 한몫밖에 줄 수가 없었다. "야훼께서 한나로 하여금 잉태하게 해주지 않으셨기 때문이었다."(사무엘상 1:5) 게다가 적수인 브닌나는 한나를 괴롭혔고, 그럴 때마다 한나는 아무것도 먹지 않고 울기만 했다.

한나는 하느님에게 울며 애원했다. "이 계집종의 가련한 모습을 굽어살펴주십시오. 이 계집종을 저버리지 마시고 사내 아이 하나만 점지해주십시오. 그러면 저는 그 아이를 야훼께 바치겠습니다. 평생 그의 머리를 깎지 않도록 하겠습니다."(사무엘상 1:11) 집으로 돌아온 엘카나와 한나가 한자리에 들자, 하느님이 한나를 기억하고 임신하게 해주었다. 구약성서는 자주 둘째와 막내, 또는 아이를 낳지 못하는 여인 같은 약자를 편들어 말하는데, 하느님이 이 세상의 모든 약자와 억압받는 자의 해방자요, 보호자라고 말하는 것이다.

"한나는, 주님께 구하여 얻은 아들이라고 하여, 그 아이의 이름을 사무엘이라고 지었다."(사무엘상 1:20, 새번역) 사무엘은 '하느님이 듣다'라는 뜻이다. 아기를 얻은 기쁨도 잠시, 한나는 서원 기도대로 아기가 젖을 떼자 아이를 실로의 '주님의 집'으로 데리고 올라가 나지르 사람으로 바쳤다. 남편 엘카나도 반대하지 않았다. 한나는 하느님에게 "주님께서 나의 마음에 기쁨을 가득 채워주셨습니다."(사무엘상 2:1, 새번역) 하고 감사하며, 이렇게 노래했다.

주님은 사람을 가난하게도 하시고, 부유하게도 하시고, 낮추기도 하시고, 높이기도 하신다. 가난한 사람을 티끌에서 일으키시며 궁핍한 사람을 거름더미에서 들어올리셔서, 귀한 이들과 한자리에 앉게 하시며 영광스러운 자리를 차지하게 하신다. 이 세상을 떠받치고 있는 기초는 모두 주님의 것이다. 그분이 땅덩어리를 기초 위에 올려놓으셨다. 주님께서는 성도들의 발걸음을 지켜주시며, 악인들을 어둠 속에서 멸망시키신다. 사람이 힘으로 이길 수가 없다. 주님께 맞서는 자들은 산산이 깨어질 것이다.(사무엘상 2:7~10, 새번역)

이 노래는 신앙을 가진 사람의 인생 역전에 대해서 말하며, 어렵고 힘든 처지에서 살아가는 사람들에게 용기와 희망을 불어넣는다. 나중에 '마니피카트(성모의 노래)' 즉, 예수의 어머니 '마리아'가 하느님에게 바친 찬가의 모태가 되었다(누가복음 1:46~55).

오랜 세월 수모를 겪으며 기다려서 얻은 귀한 아들을 하느님에게

얀 빅토로스, 〈아들 사무엘을 바치는 한나〉, 1645.

바치고 돌아오는 발걸음이 차마 떨어지지 않았으리라. 그러나 이제부터 사무엘은 하느님이 기를 것이었다. 어린 사무엘은 제사장 엘리 곁에서, "모시 에봇†을 입고 주님을 섬겼다."(사무엘상 2:18, 새번역) 사무엘은 어릴 적부터 가난과 외로움과 고생이 뼈에 스며든 세월을 보낸 사람들에게 주어지는 인생의 두 가지 가능성에 직면하게 되었다. 훌륭한 지혜와 믿음과 덕성을 지닌 사람으로 자라나거나, 어릴 적 박탈당한 일에 대한 사무친 기억과 본능 때문에 물질과 외적 형식에 욕심이 많은 사람으로 자라거나……

그 후, 한나는 해마다 남편과 제사를 올리러 성소에 올라갔다. 그때마다 아들에게 옷을 지어 가져다주었다. 한나는 어린 외아들이 눈에 밟혔지만 꾹꾹 참고 일 년에 한 번만 보았다. 그러니 아들 옷을 만들거나 입혀주고 돌아설 때마다 많이 울기도 했으리라. 돌아가는 엄마의 뒷모습을 바라보면서 어린 아들은 무엇을 느꼈을까? 그러나 어린 사무엘은 하느님 앞에서 잘 자랐다. 한나는 아들을 버려서 얻었다.

한 시대가 서둘러 저물고 있었고, 새로운 시대가 새벽처럼 밝아왔다. 시대 변화에 적응할 줄 모르는 옛 가문은 어두운 진공 속으로 추하게 빨려 들어갔고, 새 시대의 싹은 역사의 두꺼운 땅껍질을 뚫고 세차게 솟구쳐 올랐다. "엘리의 아들들은 행실이 나빴다. 그들은 주님을 무시하였다."(사무엘상 2:12) 이것이 옛 가문의 실상이었다. 제사장들은 스스로 자신들의 끝을 앞당겼다. 이스라엘 전통에서, 제사장이 하느님을 무시하는 것은 가장 큰 죄였다. 그날로 제사장 가

에봇 제사장의 의복. 가슴과 등을 덮는 긴 조끼 모양의 상의이다. 제사장이 아닌 사람이 에봇을 입은 경우가 두 차례 있었는데, 바로 다윗과 사무엘이다. 다윗은 언약궤가 다윗 성에 들어올 때 베 에봇을 입고 춤을 추었고(사무엘하 6:13~15), 사무엘은 본문에서 보듯이 어린 시절 실로에서 에봇을 입고 하느님을 섬겼다(사무엘상 23:6).

문의 쓰임은 끝나고, 그들을 의지하던 백성들은 고난을 받게 되었다는 뜻이다.

엘리의 아들들은 백성들이 바치는 제물을 함부로 대하고, 심지어 중간에 가로채기도 했다. 엘리는 자기 아들들이 온 이스라엘 사람들에게 저지른 온갖 잘못을 상세하게 전해들었고, 회막(천막 성전) 어귀에서 일하는 여인들과 동침한다는 소문까지 나돌았다. 엘리는 아들들을 꾸짖었다. "너희가 어쩌자고 이런 짓을 하느냐? 너희가 저지른 악행을, 내가 이 백성 모두에게서 듣고 있다. 이놈들아, 당장 그쳐라! …… 사람끼리 죄를 지으면 하느님이 중재하여 주시겠지만, 사람이 주님께 죄를 지으면 누가 변호하여주겠느냐?"(사무엘상 2:23~25, 새번역) 그런데도 그들은 아버지의 말을 들으려 하지 않았다.

한편 "어린 사무엘은 커 갈수록 주님과 사람들에게 더욱 사랑을 받았다."(사무엘상 2:26, 새번역) 한쪽은 몰락해 가고 있었고, 다른 쪽에는 새벽빛이 솟아오르고 있었다. 어느 날 하느님의 사람이 엘리를 찾아와 일찍이 제사장 가문과 맺은 약속을 철회한다는 하느님의 말을 전했다. 또 대를 끊어 가문을 멸하고, 두 아들이 한날에 죽을 것이라는 무시무시한 선고가 내려졌다. 하느님의 사람은 "나는 나의 마음과 나의 생각을 따라서 행동하는 충실한 제사장을 세우겠다."(사무엘상 2:35, 새번역)는 하느님의 말을 남기고 떠났다. 실로 어마어마한 심판에 엘리는 천지가 노랗게 보였다. 아무 생각도 떠오르지 않았다. 그저 오랜 역사를 간직한 자기 가문이 자기 대에 와서 끝나는가 싶어, 조상에게 면목이 없을 뿐이었다. 모든 게 부끄러웠다. 하느님의 사람이 전해준 하느님의 말이 머릿속에서 맴돌았다. "나를 존대하는 자는 소중히 여겨주겠지만, 나를 멸시하는 자는 천대하리라."(사무엘상 2:30)

다음은 어린 사무엘이 엘리 곁에서 주님을 섬기고 있을 때의 일이다. 어느 날 밤, 사무엘이 하느님의 궤가 있는 야훼의 성전에서 자고 있었는데, 하느님이 사무엘을 불렀다. "사무엘아, 사무엘아!" 사무엘은 "제가 여기 있습니다." 하고 대답하고서, 곧 엘리에게 달려가서 "부르셨습니까? 제가 여기 왔습니다."라고 말했다. 그러나 엘리는 "나는 너를 부르지 않았다. 도로 가서 누워라." 하고 사무엘을 돌려보냈다. 다시 한 번 주님이 사무엘을 불렀고, 사무엘은 또 엘리에게 달려갔다. "야훼께서 말씀으로 사무엘에게 나타나신 적이 없으셨고 사무엘은 아직 야훼를 알지 못했던 것이다."(사무엘상 3:7)

하느님이 세 번째 사무엘을 불렀다. 사무엘이 일어나 엘리에게 가서 "부르셨습니까?" 하고 묻자, 엘리는 그제야 하느님이 사무엘을 부른다는 것을 깨닫고 사무엘에게 일러주었다. "가서 누워 있어라. 그리고 다시 부르는 소리가 나거든, 이렇게 대답하여라. **'야훼여, 말씀하십시오. 종이 듣고 있습니다.'**"(사무엘상 3:9) 이렇게 하느님의 부름에 응답하는 것을 '힌네니'라고 한다. 히브리어로는 '나를 보십시오'라는 뜻이다. 하느님은 다시 한 번 사무엘을 불렀고, 사무엘은 엘리가 시키는 대로 대답했다. 그러자 하느님이 사무엘에게 말했다.

엘리는, 자기의 아들들이 스스로 저주받을 일을 하는 줄 알면서도, 자식들을 책망하지 않았다. 그 죄를 그는 이미 알고 있다. 그래서 나는, 그의 집을 심판하여 영영 없애버리겠다고, 그에게 알려주었다. 그러므로 나는 엘리의 집을 두고 맹세한다. 엘리의 집 죄악은, 제물이나 예물로도 영영 씻지 못할 것이다.(사무엘상 3:13~14, 새번역)

사무엘은 날이 밝을 때까지 누워 있었다. 그는 감히 밤에 보고 들은 것을 엘리에게 알리지 못했다. 그때 엘리가 사무엘을 불러, "주님께서 너에게 무슨 말씀을 하시더냐? 나에게 아무것도 숨기지 말아라. 주님께서 너에게 하신 말씀 가운데서 한 마디라도 나에게 숨기면, 하느님이 너에게 심한 벌을 내리고 또 내리실 것이다."(사무엘상 3:17, 새번역) 하고 다그쳤다. 그래서 사무엘은 숨김없이 다 털어놓았다. 그 말을 듣고 엘리는 담담히 말했다. "그분은 주님이시다! 그분께서는 뜻하신 대로 하실 것이다."(사무엘상 3:18, 새번역)

사무엘이 자라는 동안 하느님이 그와 함께 있어, 그가 한 말이 모두 그대로 이루어지게 했다. 그리하여 온 이스라엘은 사무엘이 하느님이 세운 예언자임을 알게 되었다. 사무엘이 말을 하면 온 이스라엘이 귀를 기울여 들었다. 비록 사무엘은 나이가 많지 않았지만 그의 말 한마디 한마디에는 깊은 종교적 체험에서 나온 카리스마적 지혜의 빛과 강력한 힘이 들어 있었기에, 누구나 그 앞에서 머리를 숙였다.

'예언자'(히브리어로 나비Navi, '부름받은 자', '전달자'라는 뜻)는 종교적 체험과 지성적 통찰 속에서 깨달은 진리와 의(義)의 말씀을, 하느님을 대신해 백성에게 선포하는 사람이다. 사무엘은 깊은 종교적 영성과 진실하고 믿음직스러운 인격으로 백성들의 인정과 추종을 이끌어낸 청년 예언자, 청년 지도자가 되었다.

그 무렵, 블레셋이 쳐들어와 이스라엘과 블레셋 사이에 치열한 싸움이 벌어졌다. 이 전쟁은 사무엘 시대에 이르러 가나안 사회가 많이 변모한 것을 보여준다. 삼손 시대만 해도 이스라엘은 블레셋 사람들과 어울리고 결혼까지 하며 살았는데, 이제 블레셋은 강력한 국가 체제를 이루고 이스라엘을 압박하고 있었다. 이때부터 이스라엘과 블레셋은 둘 중 하나가 가나안 땅에서 없어져야만 평화를 누릴 수 있는, 불구대천의 원수가 되었다(이 전쟁은 지금도 계속되고 있다).

그렇다면 블레셋은 왜 이스라엘을 괴롭히기 시작한 걸까? 블레셋은 이미 오래전부터 철기 문명을 받아들인 국가였고, 이스라엘은 여전히 청동기 시대에 머물러 왕도 군대도 없이 살아갔기에 국가라 할 수도 없었다. 그런데 세월이 지나면서 점차 인구가 불어나고 농업이 발전하면서 이스라엘이 강성해지기 시작했다. 히타이트나 이집트는 가나안 땅에 영향력을 행사하지 못하고 있었다. 따라서 블레셋은 가나안의 패권을 쥐고자, 하나 남은 적수를 제압하려고 했던 것이다. 그밖의 군소 부족들은 이미 그 존재마저 희미해진 상태였다.

이스라엘은 실로에서 언약궤를 가져와 궤를 앞세우고 전쟁을 벌였다. 이 방식으로 예리코를 정복한 일은 이미 전설이었다. 그러나 '삼손'의 경우처럼, 언약궤 자체가 위력을 떨치는 게 아니라, 당대 백성의 도덕적 상황에 따라 승패가 갈렸다. 하느님이 이스라엘 편에 서지 않으면 언약궤는 그저 '아카시아 나무'로 만든 상자일 뿐이었다. 도덕적 자격을 상실했으면서도, 자기들의 모습을 반성하지 않고 언약궤를 내세우는 것은 신성 모독이었다(십계명 제3조). 그러니 전쟁의 패배는 정해진 결말이었다. 결국 하느님의 궤를 빼앗기고 엘리의 두 아들 홉니와 비느하스도 죽었다. 성문 곁 의자에 앉아 있던 엘리는 하느님의 궤를 빼앗겼다는 말에 그만 뒤로 넘어져 목이 부러져 죽었다. 언약궤를 빼앗겼다는 것은 단순한 패배가 아니라, 이스라엘의 영혼을 빼앗긴 것이나 마찬가지 의미였던 것이다.

이 전투로 인해 실로는 여호수아가 언약궤를 둠으로써 얻게 된 종교 성지의 지위를 잃고 말았다.[†] 이 일은 500년 후까지도 민족의 트라

[†] 학자들마다 추정 연대가 다르나, 실로가 파괴된 때를 대략 기원전 1080년경으로 추정한다.

우마로 남아, 하느님을 반역한 결과가 어떤지 알려주는 예증으로 사용되기도 했다(예레미야 7:12). 성서 저자는 엘리 가문의 파멸을 통하여, 하느님과 백성 앞에서 맡은 책임을 불량하게 수행한 지도자들에게 준엄하게 경고한다. 사무엘은 이 모든 것을 눈앞에서 똑똑히 보았다.

한편, 블레셋은 빼앗은 하느님의 궤를 아스돗으로 옮겼다. 그러자 아스돗에 전염병이 돌고 온 사방에 쥐가 들끓었다. 아스돗 사람들은 겁에 질려 이스라엘 신의 궤를 갓으로 옮겼다. 궤를 옮기자마자 하느님이 그곳을 내리쳐 전염병이 돌았다. 곤욕을 치르고서 갓 사람들은 궤를 에크론으로 넘겼다. 에크론 사람들은 "우리 일족을 죽일 작정이냐?"(사무엘상 5:10) 하면서 아우성을 쳤다. 결국 블레셋은 두 마리 젖소가 끄는 수레에 언약궤를 실어 이스라엘로 돌려보냈다. 그러나 성소가 파괴되어 갈 곳을 잃어버린 하느님의 궤는 다윗이 왕위에 오른 뒤에 예루살렘에 새로 성막을 짓기 전까지 아비나답이라는 자의 집에 있었다. 다윗 왕이 예루살렘으로 언약궤를 옮긴 때를, 그가 예루살렘에서 통일 이스라엘의 왕이 된 기원전 1004년경이라고 본다면, 80년 가까이 언약궤를 민간에 방치한 셈이다. 왜 그랬는지, 성서는 침묵할 뿐이기에 그 내막을 알 수 없다. 추측컨대, 아마도 사무엘이 제사장이라기보다는 예언자적 지도자의 성격이 강했기 때문일 것이다. 예언자들은 언약궤나 성전 같은 물리적 상징을 별로 중요하게 보지 않았다.

20년이라는 세월이 흘렀다. 그동안 많은 사회 변화가 있었다. 인구가 늘어났고 농업 기술이 향상했고 문명도 발전했다. 특히 "이스라엘 가문은 모두 야훼께로 마음을 돌렸다."(사무엘상 7:2) 사무엘이 곳곳을 다니며 절망에 빠진 백성들을 독려한 데다, 블레셋의 압박에 두려워진 이스라엘이 다시금 자기들의 하느님을 찾기 시작한 것이다. 사무엘이 이스라엘 온 백성들에게 말했다. "여러분이 온전한 마음으로 주님께 돌아오려거든, 이방의 신들과 아스다롯 여신상들을 없애버리고, 주님께만 마음을 두고 그분만을 섬기십시오. 그러면 주님께서 여러분을 블레셋 사람의 손에서 건져주실 것입니다."(사무엘상 7:3, 새번역) 이 말을 듣고 이스라엘은 바알과 아스다롯 신상들을 모두 없애버리고 오직 하느님만을 섬겼다.

구약성서는 언제나 하느님과 맺은 계약 위반을 고난의 원인으로 지목한다. 바알 종교와의 투쟁은 여전히 진행 중이었다. 제사장과 사사와 예언자답게, 사무엘은 이스라엘의 문제를 종교적으로 판단했다. 사무엘은 언약궤를 빼앗기기 전부터, 본격적으로 사사와 제사장과 예언자로 활동하면서 민족의 정신적 지도자로 인정받았다. 그는 사사 시대와 왕정 시대를 잇는 과도기 지도자였다.

사무엘이 이스라엘 사람들을 모두 미스바(베냐민의 성읍)로 모이게 했다. 그들의 죄를 용서해 달라고 주님께 기도를 드리려는 것이었다. "온 이스라엘은 미스바로 모여와서 물을 길어다 야훼 앞에 부어 바치고 그 날 하루 단식하면서 지은 죄를 야훼께 고백하였다."(사무엘상 7:6) 이 장면은 구약성서에서 무척 유명한 장면이다. 여호수아처럼 사무엘도 이스라엘의 전면적인 회개와 언약 갱신이라는 의미 있는 일을 벌였다. '물'이라는 제물은 상징적인 의미로 쓴 것이다. 구약성서에서 물의 이미지는 이중적인데, 풍요와 생명과 평화의 이미지이기도 하고(창세기 2:10~14), 개인과 민족의 죄와 질병과 고통과 참회의 이미지이기도 하다(시편 69:1~2).

미스바는 사무엘 시대에 새로운 성소처럼 여겨졌으나, 완벽한 성소는 아니었고 정신적인 의미로만 작용했다. 사무엘이 미스바 집회를 연 것은 종교적 통찰과 아울러 시대적 필요 때문이었다고 볼 수 있다. 급격한 사회 변화 속에서, 이스라엘의 정체성과 통일성이 점점 희박해지는 것을 보고 내린 판단이었다. 사무엘 같은 예언자들의 주요 활동 목적은 종교성 회복을 통한 민족 정체성과 통일성의 확립이었다.

이스라엘이 미스바에 모였다는 말을 듣고 블레셋이 이스라엘을 치려고 올라왔다. 이스라엘은 그 소식을 듣고 두려움에 떨었다. 20년 전의 큰 패배와 국보를 잃어버렸던 악몽 때문이었다. 이스라엘 백성들은, 하느님께 자기들을 구원해주기를 쉬지 말고 기도해 달라고 사무엘에게 간청했다. 사무엘은 젖먹이 어린 양을 한 마리 가져다가 번제물로 바치고 이스라엘의 구원을 호소했다. 그러는 사이 블레셋이 가까이 다가왔다. 그때 하느님이 '큰 천둥소리'를 일으키자 블레셋은 혼비백산하여 달아났고, 이스라엘은 그들을 뒤쫓으며 무찔렀다. 사무엘은 승리를 기리기 위해 돌 하나를 가져다가 세웠다. "야훼께서 여기에 이르기까지 우리를 도우셨다."(사무엘상 7:12) 하여 기념비의 이름을 '에벤에젤(에벤에셀, 도움의 돌)'이라 지었다.

적이 코앞까지 쳐들어왔는데도 태연히 제사를 드렸던 이 일은 이후 전쟁의 승패가 전적으로 하느님을 향한 굳은 믿음에 있다고 보는 관점에 큰 전범(典範)이 되었다(시편 33:13~19). "사무엘이 살아 있는 동안에는 주님의 손이 블레셋 사람을 막아주셨다."(사무엘상 7:13, 새번역) 이스라엘은 블레셋이 빼앗아 간 성읍들을 되찾았고, 평화를 누렸다.

성서 저자는 적이 무릎 꿇은 것은 이스라엘이 '온전한 회개(부르짖음)'를 하여 하느님을 신뢰했기에 하느님이 이스라엘 대신 싸워준 덕분이라고 말하는데, 이것이 구약성서가 반복해서 말하는 핵심 개념이다(출애굽기 17:16). "이스라엘의 부르짖음에 대한 응답 행위로서 하느님의 위대한 해방 행위들은 전적으로 거룩한 전쟁 행위로 나타난다. 그래서 이스라엘은 야훼를 '전쟁의 용사'로 인식한다. '이스라엘의 배신 → 야훼의 징벌(원수의 억압) → 회개의 부르짖음 → 해방'이라는 과정은 눌림받는 자의 억압된 현실을 해소한다는 사회 혁명 지향적 성격을 가진 해방 이데올로기에 철저히 기초한다."[1]

그런데 성서 저자는 하느님이 이끌어주는 승리와 평화에 한 가지 조건을 강조하고 있다. '사무엘이 살아 있는 동안'이라는 대목이 그것이다. 이것을 엘리가 살아 있는 동안의 상황과 비교해보면, 성서 저자가 강조하고자 하는 점이 더욱 도드라진다. 이 대목은 지도자의 강직하고 깨끗한 정신과 올바른 통치가 나라의 운명을 크게 좌우한다는 관점을 보여준다. 그 한 사람 때문이 아니라, 올바른 정치가 드러내는 백성의 올바른 삶 때문이다. 어리석은 이가 지도자 자리에 있으면 비록 백만의 군대와 수만 명의 예언자가 있다 해도 나라를 지키지 못하며, 오히려 하느님의 심판을 불러들인다는 것이 구약성서의 관점이다. 그래서 이 부분에서, 참된 지도자 한 사람으로 인하여 하느님이 적을 막아주고, 상실한 것을 되찾고, 평화롭게 지내는 일이 가능했다는 사실을 강조한 것이다.

사울
'기름 부음' 받은 자, 왕의 등장

　사무엘이 다스리는 동안 이스라엘의 상황은 나빠지지는 않았으나 더 나아지지도 않았다. 하느님이 블레셋을 막아주었지만, 그저 막고만 있는 것으로는 충분하지 않았다. 블레셋은 물리쳐야 할 대상이었다. 그런데 더는 이스라엘의 전통적인 사사의 통치나 부족 동맹의 자치와 상호 원조만으로는 시대의 변화에 적절히 대처할 수 없게 되었다. 이제까지 이스라엘은 오직 야훼만이 이스라엘의 왕으로서 카리스마적 대행자들을 통해 백성을 다스리고 구원해준다고 믿었다. 그런데 강력한 철제 무기와 전차 군대로 무장한 블레셋의 계속된 침략과 압박은 큰 위기감을 조성했고, 사사 한 사람의 지도력이나 지파들의 결집만으로는 위기에 대처할 수 없다는 공통된 인식이 생겨났다. 따라서 근본적인 변화를 꾀하지 않을 수 없었다. "이스라엘에 왕권이 발생한 요인으로 가장 널리 인정받는 것은 중앙 집권화된 블레셋의 군사적 위협의 증대라는 사실이다."[2] 옛 질서는 붕괴되고 있었다. 이제 이스라엘은 더 강력한 지도력이 없다면 절망적인 상황이라는 사실을 깨달았다.

"이스라엘의 부족 동맹으로 하여금 종언을 고하게 한 위기는 기원전 11세기 후반기에 닥쳤다. 이 무렵에 일련의 중대한 사건들이 일어나, 한 세기도 안 되는 세월에 이스라엘을 전면적으로 변혁하게 했다. 이 시기는 이스라엘의 전 역사를 통해 가장 뜻 깊은 시대 중의 하나였다. 특히 블레셋의 존재는 이스라엘의 안전을 크게 위협했다. 블레셋은 팔레스티나(팔레스타인의 라틴어 이름) 전역의 정복을 목표로 삼고 있었으므로, 이스라엘의 존립을 위협했다. 게다가 중앙 성소와 그 제의가 사라짐으로써 일종의 정신적 공백 상태가 생겼다."³ 따라서 이스라엘은 부족 동맹의 자치제냐, 아니면 왕정 제도냐 하는 커다란 갈림길에서 결국 왕정 제도와 군대를 두는 쪽으로 기울게 된 것이다.

이런 외부적인 문제뿐만 아니라 이스라엘은 내부 문제에도 부딪히게 되었는데, 지역 이기주의 때문에 그동안 이스라엘이 지향해 온 지파 평등 공동체 실현의 이상에 커다란 균열이 발생한 것이었다. 정치적인 이유가 아니라, 각 지파 사이의 경제 불평등 확대와 심화에 따른 문제였다. 성서는 사무엘에게 와서 왕정 제도의 필요성을 강력하게 주장한 세력들을 "이스라엘의 모든 장로들'이라고 말한다 (사무엘상 8:4~5).

여기에서 말하는 장로들이 이전처럼 각 지파를 대표하는 전통적 의미의 장로들일까? 그들은 여전히 각 부족을 대표하고 있었지만, 과거와 달리 그동안 사회 변화 속에서 부를 축적한 몇몇 지파나 그 안의 호족 세력들이었다. "사회적 평등을 위한 부족 간 운동이 군주제 여명기에는 제대로 실현되지 않았고, 두 가지 요인 때문에 좌절되었다. 하나는 전향해 들어온 자들이 사회 경제적 평등화와 공유라는 그 운동의 방법을 충분히 이행하지 않은 것이고, 다른 하나는 특정 지파들의 부와 영향력이 증대되었다는 점이다. 이런 부의 편재 현상과 부족 상호 원조주의 체제의 결합은 다윗 시대까지 이어졌다."[4]

사무엘은 나이가 많아지자 두 아들을 사사로 임명하여 이스라엘을 다스리게 했는데, 그들은 "아버지의 길을 따라 살지 않고, 돈벌이에만 정신이 팔려, 뇌물을 받고서, 치우치게 재판을 하였다."(사무엘상 8:3, 새번역) 그러자 이스라엘의 모든 장로들이 사무엘을 찾아와 두 아들의 부패와 불의함을 이유로 들어 왕정 제도의 필요성을 주장했다. 그러나 그들의 속내는 자기들의 부와 사회적 지위를 튼튼하게 지키기 위해 왕과 군대가 필요했던 것이다. 사무엘의 두 아들이 실제로 뇌물을 받고 편파적인 재판을 했는지, 누군가의 계략에 넘어간 것인지는 알 수 없지만, 그 일은 장로들이 빌미로 삼기에 충분했다.

사무엘이 두 아들을 사사로 세운 것은 전통적으로 볼 때 매우 이상한 일이었다. 사사들은 이스라엘 땅에 외적이 침입했을 경우에만 카리스마적 지도력으로 그곳의 주민들을 구원하는 존재였는데, 사무엘은 그런 상황이 아니었는데도 아들들을 사사로 임명했다. 물론 사무엘이, 남부 유다 지파 지역에 침입한 블레셋을 방어하라고 자기 아들들을 사사로 보낸 것일 수도 있다. 그러나 사사는 결코 임명제나 세습제가 아니었다. 므나쎄 지파 출신의 사사였던 '기드온'도 그 사실을 알고, 자기 아들들을 사사로 임명하지 않았으며 백성들이 요청을 했는데도 왕이 되는 걸 거부했다. 결국 사무엘의 집안도 오래전 엘리의 집안처럼 되고 말았으니, 이스라엘의 비극이었다.

장로들은 "다른 모든 나라처럼 왕을 세워 우리를 다스리게 해주십시오."(사무엘상 8:5) 하고 사무엘에게 건의했다. 그러나 사무엘은 왕을 세워 달라는 장로들의 말을 좋게 생각하지 않았다. 그는 그간 사사이자 제사장, 예언자, 민족 지도자로서, 오랜 전통인 부족 자치와 연합주의를 지켜 온 전통의 수호자였다. 마음이 상한 사무엘이 하느님에게 기도하니 하느님이 그에게 일렀다. "백성이 하는 말을 그대로 들어주어라. 그들은 너를 배척하는 것이 아니라 **나를 왕으로 모시기 싫어서 나를 배척하는 것**이다. 그들은 내가 이집트에서 데려 내온 이후 이날 이때까지 나를 저버리고 다른 신들을 섬기며 그런 짓을 해왔다. 너한테도 지금 그렇게 하는 것이다. 그러니 이제 그들의 말을 들어주어라. 그러나 엄히 경고하여 왕이 그들을 어떻게 다스릴 것인지를 일러주어라."(사무엘상 8:7~10)

사무엘은 왕을 세워 달라는 백성들에게 왕이 어떻게 다스릴 것인지 낱낱이 일러주었다.

> 그는 당신들의 아들들을 데려다가 그의 병거와 말을 다루는 일을 시키고, 병거 앞에서 달리게 할 것입니다. …… 그는 당신들의 밭과 포도원과 올리브 밭에서 가장 좋은 것을 가져다가 왕의 신하들에게 줄 것이며, 당신들이 둔 곡식과 포도에서도 열에 하나를 거두어 왕의 관리들과 신하들에게 줄 것입니다. 그는 당신들의 남종들과 여종들과 가장 뛰어난 젊은이들과 나귀들을 끌어다가 왕의 일을 시킬 것입니다. 그는 또 당신들의 양떼 가운데서 열에 하나를 거두어 갈 것이며, 마침내 당신들까지 왕의 종이 될 것입니다. 그때에야 당신들이 스스로 택한 왕 때문에 울부짖을 터이시만, 그때에 주님께서는 당신들의 기도에 응답하지 않으실 것입니다.(사무엘상 8:11~18, 새번역)

왕정 제도는 전통적인 이스라엘의 사상에서 볼 때 크게 어긋나는 것이었지만, 이스라엘은 사회 변화에 적응해야 했기에 어쩔 수 없이 사사 시대를 끝내고 왕정 시대로 진입할 수밖에 없었다. 그러나 구약성서는 이 모든 과정을 하느님을 '왕으로 모시기 싫어서 배척하는 것'으로만 보도할 뿐이다. 사무엘이 일러주는 말을 듣고도 백성들은 왕을 모셔야겠다고 고집을 부렸다. 사무엘이 백성들의 뜻을 하느님에게 전하니 하느님은 "그들의 말대로 왕을 세워주어라."(사무엘상 8:22) 하고 말했다.

이스라엘을 향한 하느님의 본래 계획은 이집트 같은 체제가 아니라 자유, 평등, 정의, 법, 사랑이 어우러진 자치와 상호 원조를 통한 평화로운 민족 공동체의 건설이었다. 그런데 시대적 상황이 변했으니, 자치 연합주의를 하든 왕과 군대를 세우든 변화의 흐름을 거스를 수는 없었을 것이다. 다만 중요한 것은 본래 지향한 정의롭고 평화로운 민족 공동체 건설의 이상을 실현하는 것이었다.

하느님이 사무엘에게 일렀다. "베냐민 지방에서 사람 하나를 너에게 보낼 터이니, 너는 그에게 기름을 부어 성별(聖別)하여 내 백성 이스라엘의 수령으로 세워라. 그가 내 백성을 불레셋 사람에게서 구해낼 것이다."(사무엘상 9:16) 사무엘은, 아버지가 잃어버린 암나귀를 찾다가 자신이 있는 곳까지 오게 된 **'사울'**(희망)을 발견했다. "이스라엘 사람 가운데 그만큼 잘생긴 사람이 없을 만큼 끼끗하게 잘생긴"(사무엘상 9:2) 젊은이였다. 사무엘의 눈에 사울이 들어온 그 순간 하느님이 "이 사람이 바로 너에게 말해 둔 그 사람이다. 이 사람이 내 백성을 지배할 사람이다."(사무엘상 9:17) 하고 사무엘에게 일러주었다.

사무엘은 사울에게 '온 이스라엘 사람들의 기대'가 걸려 있는 왕이 될 사람이라고 전하자 사울은 "그렇지만 저는 베냐민 사람이 아닙니까? 저희 지파는 이스라엘 지파 중에서도 가장 작은 지파입니다. 저의 문벌은 베냐민 지파 중에서도 가장 초라합니다."(사무엘상

9:21) 하고 거절했다. 사울의 말은 사실이었다. 베냐민 지파는 100여 년 전, 불량배들의 악행 때문에 내전이 일어나 쑥대밭이 된 부족이었다. 그 전쟁에서 부족원들이 거의 전멸하고, 600명의 남자들만 살아남았다. 그 600명이 100년 동안 늘어봐야 얼마나 늘었겠는가? 사울은 그런 베냐민 지파에서도 가장 보잘것없는 가문 출신이었다. 사울은 가장 보잘것없는 집안에서 왕을 세우는 하느님의 뜻을 잊지 말아야 할 것이었다.

사무엘은 기름 한 병을 꺼내 사울의 머리에 붓고 입을 맞추며 이렇게 선언했다. "야훼께서 그대에게 기름을 부어 당신의 백성 이스라엘의 수령으로 성별해 세우시는 것이오. 그대는 야훼의 백성을 지배하시오. 그대는 사방에 있는 적의 세력으로부터 이 백성을 구해내어야 하오."(사무엘상 10:1) 고대에 기름을 붓는 행위는 몸을 치장하거나 환대의 표시 같은 일반적 목적으로도 쓰였지만, 몸을 정결하게 하거나 계약(언약)의 보증 같은 거룩한 목적으로도 쓰였다. 여기에서는 기름 부음이 왕이 될 특별한 인물을 표시하는 행위이자 신의 은총을 받았다는 의미로 행해졌다고 볼 수 있다. 실제로 후대에는 기름 부음이라는 의식을 거치지 않은 사람은 진정한 왕이 아니라는 관념이 널리 받아들여졌으며, '기름 부음 받은 자'라는 말은 '왕'과 동의어가 되었다.[5]

하느님이 사울에게 엉을 내렸다. 사울은 평범한 사람에서 하느님의 카리스마를 받은 사람이 되었다. 그가 정녕 자신이 받은 하느님의 영을 따라 정치를 한다면, '온 이스라엘 사람들의 기대'를 충족시키는 훌륭한 왕이 될 것이다. 왜냐하면 하느님의 영은 사람을 통하여 하느님의 일, 즉 백성의 구원과 평화를 위해 일하기 때문이다. 사울이 평생토록 하느님의 영을 잃지 않고 통치한다면 나라와 민족의 토대를 튼튼하게 다져놓을 것이고, 이스라엘 역사에서 칭송받는 지도자로 남을 것이었다.

사무엘은 이스라엘 백성들을 베냐민의 '미스바'로 불러 '비공식적인' 임명식을 치렀다. 사무엘이 백성에게 "야훼께서 뽑으신 이를 보아라. 이 나라에는 이만한 인물이 없다."(사무엘상 10:24) 하고 선포하자 온 백성이 "우리 임금 만세!" 하고 외쳤다. 그러나 몇몇 불량배들은 이런 사람이 어떻게 우리를 구할 수 있겠느냐 하며 사울을 멸시했다.

'이 사람을 보라!(에케 호모, Ecce Homo)'라는 이 라틴어 문장은 이후 이스라엘 역사에서나 유럽 역사에서 두고두고 유명한 말이 되었다.('에케 호모'라는 제목의 그림이 무수히 많다.)

여기에서 말하는 '불량배들'은 글자 그대로의 의미가 아니라, 세력이 큰 세 지파인 유다, 에브라임, 므나쎄 반쪽(서쪽) 지파에서 불만을 터뜨린 자들을 가리키는 것으로 보인다. 이스라엘 영토와 인구의 3분의 2를 차지하는 이 세 지파들은 자기 지파에서 초대 왕이 나오기를 바랐을 것이다.

그러니 초대 왕이 된 사울에게는 중요한 두 가지 일이 주어진 셈이었다. 하나는 그런 불만 세력들에게 자신이 왕이 될 만한 자질을 가진 인물임을 증명하는 것이고, 다른 하나는 12부족을 온전히 통합하여 건실한 왕국을 만드는 것이었다.

마침 사울의 자질을 증명할 기회가 왔다. 요르단 강 동쪽에 자리잡은 야베스 길르앗에 암몬 사람들이 쳐들어온 것이다. 밭에서 소를 몰고 오던 사울이 그 소식을 들었다. 그때 "사울에게 **하느님의 영이 세차게 내리니**, 그가 무섭게 분노를 터뜨렸다."(사무엘상 11:6, 새번역) 사울은 소를 끌어다가 여러 토막으로 자른 다음 이스라엘의 모든 지역에 보내면서 "누구든지 사울과 사무엘을 따라 나서지 않는 자는 이 모양이 되리라."(사무엘상 11:7) 하고 전했다. 사울은 그렇게 모인 33만 명의 이스라엘 백성을 이끌고 적의 진지 한복판으로 곧장 쳐들어가 암몬을 무찔렀다. 살아 남은 암몬인들은 모두 뿔뿔이 흩어져 도망쳤다.

사울은 자신이 왕의 자질이 있다는 것을 완벽하게 증명해 보였다. 백성들은 사울을 멸시하던 자들을 죽이려 했으나, 사울은 오히려 그들에게 관용을 베풀어 민심을 얻었다. 사무엘과 온 백성은 '길갈'로 가서 사울을 왕으로 세우고 하느님에게 친교제를 올렸다. 사무엘이 미스바가 아닌 길갈을 '공식적인' 즉위식 장소로 선택한 것은 다분히 의도적인 것이었다. 길갈은 여호수아가 이집트에서 겪은 수치를 씻는다는 뜻에서, 광야에서 태어난 백성들에게 할례를 베푼 곳이었고, '굴러가다'라는 뜻을 지닌 지명이었기에 상징하는 바가 컸다. 길갈에서 초대 왕 임명식과 선포식을 연 것은 이스라엘의 새로운 희망을 상징함과 동시에, 다시금 겸손하게 출발한다는 뜻이 담겨 있었다.

'하느님의 지명 → 예언자(제사장)의 기름 부음 → 온 백성의 동의와 인준'이라는 세 단계로 이루어진 사울 왕의 임명 과정은 이후 이스라엘의 공식적인 전통이 되었다. 이 전통은 이후 이스라엘 역사를 이해하는 데 매우 중요하다. 사울은 다시 집으로 돌아가 농사짓고 양을 치며 임금 노릇을 했다. 그는 평생 왕궁도 없었다. 그 후 사무엘이 은퇴할 때까지 이스라엘은 오래 평화롭게 지냈다.

시간이 흘러, 사무엘은 자기가 물러날 때가 된 것을 알고는 온 이스라엘 백성들을 불렀다. 사무엘은 비록 전면에서 물러났지만, 예언자로서 그리고 이스라엘의 정신적 스승으로서 죽을 때까지 건재했다. 이후에는 사무엘이 이스라엘 전체가 아닌 왕 한 사람을 대상으로 예언을 했는데, 비로소 이스라엘 역사에서 왕과 정부에 맞서서 날카롭게 대립하는 예언자라는 존재가 출현한 것이다. 사무엘이 이스라엘 백성들에게 말했다.

> 보아라, 나는 너희가 원하는 대로 너희를 다스릴 임금을 세웠다. 이제부터는 이분이 임금으로서 너희를 이끄실 것이다. 나는 이렇게 늙어 백발이 되었고 내 아들들도 너희와 함께 있다. 나는 젊어서부터 이날까지 너희를 이끌어 왔다. 이제 나에게 무슨 불만이 있거든 야훼께서 계시는 이 자리, 그가 세우신 임금 앞에서 털어놓아라. 내가 누구의 소를 빼앗은 적이 있느냐? 누구의 나귀를 빼앗은 적이 있느냐? 내가 누구를 억압하고 누구를 착취한 일이 있느냐? 누구에게 뇌물을 받고 눈감아준 일이 있느냐? 그런 일이 있으면 다 갚으리라.(사무엘상 12:1~3)

이스라엘 민족사에 청백리의 표상으로 남은 사람의 말이다. 사무엘은 진정한 리더십이 무엇인지를 보여준 지도자였다. 사무엘이 이 자리에 부끄러운 아들들을 데리고 온 것은 아마 그들을 꾸중할 겸, 또한 진정한 지도자의 모습이 어떤 것인지를 피부로 느끼게 해주고 싶었기 때문일 것이다. 아들들을 말하는 모습에서 비감한 그의 얼굴이 보이는 듯하다. 사무엘의 두 아들은 아버지의 모습을 보고, 비록 사사의 소임은 끝났지만, 남은 생애 동안 정녕 명예를 아는 인간의 삶이 어떤 것인지 배워야 할 것이었다.

그 자리에 있는 사울도 위대한 지도자의 고백에서, 지도자로 사는 게 무엇인지를 똑똑히 깨닫고 평생토록 가슴에 새기고 명심하고 실천해야 할 것이었다. 그렇게 사무엘은 백성들에게 자신의 삶을 고백하는 동시에 왕이 된 사울에게 지도자의 길에 대해서 말하였다. 작든 크든, 지도자는 '강탈, 속임수와 거짓말, 억압, 뇌물 수수'를 모르는 사람이어야 하며, 백성들로부터 '고발(비난)당할 일'이 없어야 한다는 말이니 구구절절 옳은 말이었다.

사무엘의 말을 들은 백성들은 이구동성으로 "우리를 억압하신 적도, 착취하신 적도 없습니다. 아무에게서도 무엇 하나 빼앗으신 적이 없습니다."(사무엘상 12:4) 하고 말했다. 이것이야말로 사무엘이 얻은 빛나는 명예요, 인생 졸업장이었다. 그는 이스라엘 민족의 정신적 횃불이었다. 어머니가 성전에 바칠 적부터 평생토록 민족 지도자로 살아왔지만, 단 한 번도 백성 위에 군림해본 적이 없었다. 하느님과 백성 앞에서 아무 부끄러움이 없는 삶이었다. 그의 한평생은 오직 민족의 평화와 구원을 위한 종과 같은 삶이었다. 사욕(私慾, 邪慾) 없이 살아간 위대한 스승이 역사의 뒤편으로 스러져가고 있었다.

사무엘은 하느님과 그가 기름 부어 세운 임금이 이 일의 '증인'이라고 말하며 마지막 당부의 말을 이어 갔다. 오래전 모세와 여호수아가 했던 말과 크게 다르지 않다. 이집트 땅에서 노예로 살던 이스라엘을 이끌어낸 야훼 하느님을 기억하고 순종하며 섬기라는 내용이나. 조상들이 하느님을 배신하고 겪은 고난을 다시 한 번 되새기며 그들이 저지른 악한 일을 되풀이하면 하느님이 조상들을 쳤던 것처럼 이스라엘을 칠 것이라고 강력하게 경고했다. 모든 일이 전적으로 하느님에게 달렸다. 과거의 역사가 그러했고, 현재의 역사가 그러하고, 미래의 역사가 그러할 것이다. 하느님을 향한 신앙 없는 이스라엘은 평화도 없을뿐더러 보전할 가치도 없다. 이스라엘이 정녕 겸손한 마음, 곧 '우리는 이집트에서 노예였다!'라는 생각 하나만 잊지 않고 살아간다면, 앞으로도 결코 하느님을 향한 믿음을 잃지 않을 것이다. 이스라엘이 정녕 신실한 고백의 정신, 곧 '하느님이 우리를 어여삐 여기셔서 이 땅을 주셨다.'는 믿음을 잃지 않는다면, 결코 그 땅을 잃지 않을 것이다(신명기 26:5~10 참조).

또한 사무엘은 가나안 종교를 우상 숭배로 규정했다. 그것들은 이스라엘을 "도울 수도, 건져줄 수도 없는 헛된 것들"(사무엘상 12:21)이다. 바알과 아스다롯을 숭배하는 것은 야훼 하느님의 법에 담겨 있는 정신, 곧 믿음의 의(義), 해방과 자유, 정의와 평등, 이웃에 대한 자비와 책임을 저버리는 행위이며, 필연적으로 물질적 성공과 풍요만 바라는 풍조를 사회에 만연하게 하여 부도덕한 사고와 가치 체계가 퍼져서 결국 스스로를 붕괴시킬 것이기 때문이었다. 여기서 말하는 우상의 항목에는 왕도 속하는 것이었다. 왜냐하면 왕 역시 백성의 한 사람일 뿐이기 때문이었다. 특히 왕부터 그 점을 명심해야 했다. 그래서 사무엘은 백성들이 왕에게 충성해야 한다고 말하지 않았다. 이스라엘에서는 있을 수 없는 일이었다. 왕은 하느님이 백성의 목자로서 세운 사람이라는 것이 이스라엘의 왕도였다. 따라서 왕이 하느님께 순종하고 백성을 자식처럼 따스하게 돌보지 않는다면, 하느님이 왕부터 쳐서 멸망시킬 것이었다.

사무엘의 말에 백성들이 두려워하자 사무엘이 백성에게 일렀다. "두려워하지 마라. 비록 너희가 못할 일을 했지만, 앞으로는 야훼를 떠나지 말고 성심껏 야훼를 섬기도록 하여라. …… 야훼께서는 너희를 당신의 백성으로 삼기로 하셨다. 당신의 높으신 이름에 욕이 돌아가지 않게 하기 위하여 너희를 버리시지 않으실 것이다. 나도 너희를 위하여 기도하리라. 기도하지 않는 죄를 야훼께 짓는 일은 결

코 없으리라. 나는 너희에게 무엇이 좋고 바른 일인지를 가르쳐주리라."(사무엘상 12:20~23)

비록 현역에서 은퇴는 하지만, 정신적 지도자의 일까지 은퇴하는 것은 아님을 분명하게 말하고 있다. 나라와 민족을 위하여 기도를 그치지 않겠다고 하는 데서, 계속하여 백성들의 안위와 살림살이를 깊이 걱정하고 고민하며, 그들이 평안하고 행복하게 살아가도록 돕고자 하는 뜻을 전했다.

사무엘이 왕정 제도를 반대했던 까닭은 보이지 않는 하느님을 보이는 왕으로 대체함으로써 끊임없이 다가오는 역사의 긴장을 극복할 신앙의 토대를 상실하고, 이스라엘에게 주어진 절대 명제와도 같은 해방과 자유, 평등과 정의, 공존과 상생의 질서를 지향하는 가운데서 반(反)이집트 체제를 구성하고 평화로운 세상을 실현해야 한다는 사명을 상실하여 결국 "폐쇄된 체계, 혁명도 없고 변화도 없고, 따라서 역사나 약속이나 희망도 없는 무감각한"[6] 나라가 될 것이라고 내다보았기 때문이다.

'기도'는 사무엘이 젖 떨어지자마자 성전에서 살면서 배운, 평생토록 숨 쉬는 일이나 늘상 걸치고 있는 옷처럼 자연스러운 일이었다. '기도하지 않는 죄'를 저지르지 않겠다는 사무엘의 말은 남은 평생 예언자적 사명을 감당하겠다는 결의를 담은 말이었다.

사무엘의 삶은 모세와 함께, 이스라엘의 전설이 되고 신화가 되어 대대로 이스라엘 사람들의 가슴에 살아남았다.

사울 왕의 위기

사무엘 대 사울, 교회 대 국가

왕이 된 사울은 제일 먼저, "삼천 명을 뽑아 그 가운데서 이천 명은 자기가 몸소 거느려 믹마스와 베델 산악 지대에 주둔하고, 천 명은 요나단에게 맡겨 베냐민 지방 게바(기브아)에 주둔시켰다."(사무엘상 13:2) 요나단은 사울 왕의 장자이다. 그가 게바에 있는 블레셋 수비대를 쳤고, 블레셋에는 히브리인들이 반기를 들었다는 소문이 퍼졌다. 전운이 감돌았다. 사울이 방방곡곡에 소집령을 내렸고, 온 이스라엘 백성이 길갈에 모였다. 이스라엘은 아직 군대를 운용할 만큼, 정치와 행정과 조세 제도 등이 제대로 자리 잡지 못했다. 그래서 전쟁이 나면 여전히 전 부족에 소집령을 내려 군인들을 징집했다. 아직까지는 왕이라기보다는 이전의 사사들과 같은 의병 대장 수준이었다.

그런데 전쟁을 준비하는 이스라엘의 모습이 우습다. "사울과 요나단을 따르는 무리에게는 칼도 창도 없었다. 무기를 가진 사람은 사울과 그의 아들 요나단뿐이었다."(사무엘상 13:22) 명색이 한 나라의 군대에 철제 무기가 달랑 두 개뿐이라니! 당시 이스라엘의 무기는 여전히 청동기 시대의 것이었다. 블레셋은 여전히 이스라엘에 무기를 팔지 않았고 무기 제작 기술도 독점하고 있었다. 이스라엘에는 대장장이가 한 명도 없었다. 그래서 이스라엘 사람들은 보습(쟁기, 가래 따위의 농기구 바닥에 끼우는 넓적한 삽 모양의 쇳조각)이나 곡괭이나 도끼나 낫 같은 농기구를 벼리는 일도 블레셋 사람에게 부탁해야만 했다. 블레셋 사람들은 농기구 수리 비용을 농기구 값의 3분의 2나 요구할 정도로 우위에 있었다. 그러니 여태까지 이스라엘은 청동 무기나 철제 농기구, 돌도끼 같은 연장을 들고 전쟁을 해 왔다는 말이다. 그저 그때까지 살아온 건 하느님의 덕택이었다.

반면에 블레셋 군은 "병거가 삼천, 기마가 육천이나 되었고 보병은 바닷가의 모래알처럼 셀 수 없이 많았다."(사무엘상 13:5) 그 모습을 본 이스라엘 병사들은 기겁을 하고 저마다 굴이나 바위틈이나 구덩이나 웅덩이를 찾아 몸을 숨겼고, 더러는 요르단 강을 건너 가드와 길르앗 지방으로 달아났다. 그나마 남아 있던 600명도 떨고 있었다. 전쟁은 이미 끝난 것이나 다름없었다.

사울은 사무엘의 축복을 받고 전쟁에 나가려고 일 주일을 기다렸으나 사무엘은 나타나지 않았다. 남아 있던 600명의 병사들도 하나둘 사울의 곁을 떠나기 시작했다. 마음이 다급해진 사울은 직접 번제를 올렸다. 그 직후 도착한 사무엘이 이 사실을 알고 사울을 꾸짖었다. 그러나 사울은 "군인들은 하나 둘 도망치고 신생님은 정하신 때에 오지 않으시는 데다가 불레셋 군은 믹마스에 집결해 있어 야훼의 노여움을 풀어드리기도 전에 불레셋 군이 길갈로 쳐 내려올 것 같아서 부득이 번제를 드렸습니다."(사무엘상 13:11~12) 하고 변명했다. 제사를 올리는 일은 오로지 제사장의 고유한 권한이었다. 사무엘은 사울에게 **폐위 통보**나 다름없는 말을 하고는 그곳을 떠났다.

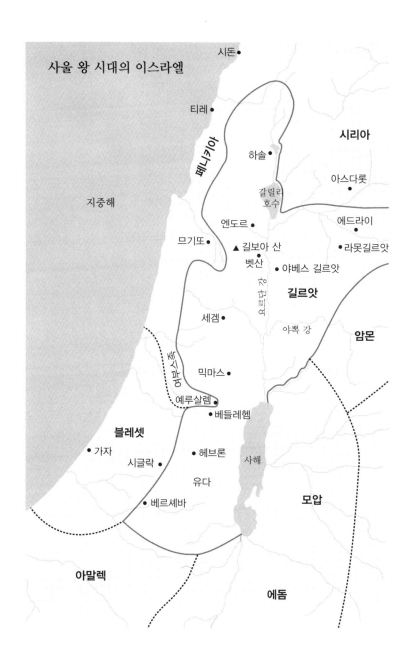

사울 왕 시대의 이스라엘

시돈

티레

페니키아

하솔

시리아

아스다롯

지중해

갈릴리
호수

에드라이

엔도르

라못길르앗

므기또

▲ 길보아 산

벳산

야베스 길르앗

길르앗

요단강

세겜

야뽁 강

암몬

믹마스

북스가파

예루살렘

베들레헴

블레셋

가자

사해

시글락

헤브론

유다

모압

베르셰바

아말렉

에돔

그대는 어리석은 짓을 하였소. 어찌하여 그대의 하느님 야훼께서 내리신 분부를 지키지 않았소? 지키기만 했더라면 야훼께서 이스라엘을 다스릴 그대의 왕조를 길이 길이 세워주실 터인데, 이제 그대의 대는 더 이어가지 못할 것이오. 그대가 야훼의 분부를 지키지 않았으니, 야훼께서는 당신의 마음에 드는 사람을 다시 찾아 당신의 백성을 다스릴 수령으로 세우실 것이오.(사무엘상 13:13~14)

사무엘이 길갈을 떠난 후, 여러 날 블레셋과 대치 상황이 이어졌다. "하루는 사울의 아들 요나단이 자기의 무기 당번에게 '우리끼리 저 건너 불레셋 초소로 가자.' 하고 일렀다. 그러나 아버지에게는 알리지 않았다."(사무엘상 14:1) 다른 제사장 아히야(엘리의 증손)를 데려와 제사를 준비하던 아버지 사울은 요나단이 사라진 것을 몰랐다.

적진에 다다른 요나단이 무기 당번에게 말했다. "저 할례받지 않은 이방인의 전초부대로 건너가자. 주님께서 도와주시면 승리를 거둘 수도 있다. 주님께서 허락하시는 승리는 군대의 수가 많고 적음에 달려 있지 않다."(사무엘상 14:6, 새번역) 두 사람은 블레셋 진영을 급습하여 20명가량 죽였다. "이때에 블레셋 군인들은, 진 안에 있는 군인들이나 싸움터에 있는 군인들이나 전초부대의 군인들이나 특공대의 군인들이나, 모두가 공포에 떨고 있었다. 땅마저 흔들렸다. 하느님이 보내신 그나큰 공포가 그들을 휘감았다."(사무엘상 14:15, 새번역) 블레셋 군인들은 공포심 속에서 자기들끼리 정신없이 쳐 죽였다.

이 모습을 본 사울은 준비하던 제사를 중지시킨 후 전군을 거느리고 적진으로 달려 갔다. 이제껏 블레셋 편에 서서 싸우던 '히브리인들'이 반란을 일으켜 사울과 요나단이 이끄는 이스라엘 군에 가담하여 싸웠다. 여기서 말하는 히브리인들은 이스라엘이 아니라, 그

동안 포로가 된 이스라엘인이나 오래전부터 블레셋에 살고 있던 히브리들, 곧 본래의 '히브리'의 의미인 '사회 최하층 천민'을 가리킨다. 그들은 이스라엘이 자기들과 같은 처지의 히브리들이라는 사실을 알고 있었기에 동질감을 느꼈을 것이다. 블레셋 군대 내에 히브리 용병 숫자가 상당했고, 그들은 '전초부대'로 총알받이가 되었다는 추측도 할 수 있다.

도망쳤던 이스라엘 병사들이 하나둘 합류해 블레셋을 해안까지 밀어냈다. 대승이었다. "그날 주님께서 이렇게 이스라엘을 구원하셨다."(사무엘상 14:23, 새번역) 요나단의 신앙이 하느님의 마음을 움직였던 것이다. 그 후 사울은 주변 나라들과 계속 전쟁을 치렀다. 그는 승승장구하며 "침략자들에게서 이스라엘을 건져내었다."(사무엘상 14:48, 새번역) 그리하여 그의 왕권은 점점 튼튼해졌고, 군대도 조직적으로 정비해 제법 상비군의 면모를 갖추었다. 그는 자신의 성공이, 하느님이 자신에게 내린 은총 덕분이라는 사실을 깨닫고 겸손해야 했다. 그러나 사울은 그 모든 것이 자기가 이룬 것이라고 믿었다.

이런 사울과 사무엘이 부딪힐 거라는 것은 불 보듯 뻔한 일이었다. 아말렉과 싸움을 앞둔 사울에게 사무엘이 하느님의 전언을 전했다. "아말렉 사람들이 이스라엘에게 한 짓, 즉 이집트에서 올라오는 이스라엘을 공격한 그 일 때문에 나는 그들에게 벌을 내리기로 하였다. 그러니 너는 당장에 가서 아말렉을 치고 그 재산을 사정 보지 말고 모조리 없애라. 남자와 여자, 아이와 젖먹이, 소떼와 양떼, 낙타와 나귀 할 것 없이 모조리 죽여야 한다."(사무엘상 15:2~3) 그러나 사울과 그의 군대는 "아각(아말렉 왕)뿐 아니라 양과 소 중에서도 좋은 놈, 기름진 짐승과 새끼 양들과 그밖에 모든 탐스러운 것들을 없애버리기가 아까워 그대로 살려두고 쓸모 없고 하찮은 것들만 없애

버렸다."(사무엘상 15:9)

이 일이 있은 후 하느님이 사무엘에게 "나는 사울을 왕으로 삼은 것을 후회한다. 그가 나에게 등을 돌렸고 내가 시키는 대로 하지 않았다."(사무엘상 15:11)라고 말했다. 그 말을 들은 사무엘은 괴로운 마음으로 밤새도록 하느님께 부르짖었다. 날이 밝는 대로 사울을 찾아간 사무엘은 하느님이 한 말을 전하며 사울을 꾸짖었다.

그대는 본래 자신을 하찮은 사람이라고 생각했었지만 야훼께서 그대에게 기름을 부어 이스라엘 위에 왕으로 세우시고 이스라엘 지파들의 우두머리로 삼으셨소. 야훼께서 그대를 출정시키시면서 무엇이라고 하셨소? "가서 저 못된 아말렉족을 없애버려라. 그들을 쳐서 하나도 남기지 말고 모조리 전멸시켜라." 하지 않으셨소? 그런데도 그대는 어찌하여 야훼의 말씀은 듣지 아니하고 전리품에만 덤벼들어 야훼의 눈에 거슬리는 일을 하였소?(사무엘상 15:17~19)

그러나 사울은, 자기는 하느님의 명령대로 했으며 단지 죽여 없애야 할 짐승 가운데서 하느님에게 바칠 번제물 몇 마리만을 잡아왔을 뿐이라고 변명했다. 사무엘은 그런 사울을 나무라며 또 다시 **폐위통보**를 했다.

야훼께서, 당신의 말씀을 따르는 것보다 번제나 친교제 바치는 것을 더 기뻐하실 것 같소? 순종하는 것이 제사 드리는 것보다 낫고, 그분 말씀을 명심하는 것이 염소의 기름기보다 낫소. 그분을 거역하는 것은 점쟁이 노릇만큼이나 죄가 되고 그분께 대드는 것은 우상을 위하는 것만큼이나 죄가 되오. 그대가 야훼의 말씀을 거역하였으

니, 야훼께서도 그대를 왕의 자리에서 파면시키실 것이오.(사무엘상 15:22~23)

사울은 그제서야 잘못을 깨닫고 용서를 빌었다. 그러나 사울은 "군인들이 무서워서 야훼의 명령과 선생의 말씀을 무시하고 그들이 하자는 대로 하였습니다."(사무엘상 15:24) 하며 자신의 잘못을 군인들에게 전가하는 커다란 실책을 저지르고 만다. 최고 지도자가 자기 책임을 아랫사람에게 돌리면, 영(令)이 서지 않는 것은 물론이고 권위와 신임을 잃어 자리를 보전하기조차 어려워진다.

거듭된 폐위 통보에 기가 꺾인 사울이 왕의 체통도 내던지고 사무엘에게 매달리다가, 그만 그의 옷자락을 찢고 말았다. 사무엘은 옷자락이 찢긴 것은 하느님이 이스라엘을 사울에게서 찢어 더 훌륭한 사람에게 주었다는 증거라고 말하며 돌아섰다. 사울이 백성과 장로들 앞에서 자기 체면을 한 번만 보아 달라고, 하느님에게 예배드릴 수 있도록 해 달라고 간청하자 사무엘은 하는 수 없이 그와 함께 가서 하느님에게 예배드렸다. 이를 마지막으로 사무엘은 "마음이 상하여, 죽는 날까지 다시는 사울을 만나지 않았고, 주님께서도 사울을 이스라엘의 왕으로 세우신 것을 후회하셨다."(사무엘상 15:35, 새번역) 사울도 신하들과 백성이 보는 앞에서 왕의 체면을 구겨 마음이 상한 것은 마찬가지였다. 두 지도자의 대립은 나라에 매우 불길한 일이었다.

하루하루 실의에 빠져 지내던 사무엘에게 하느님이 말했다. "내가 사울을 이스라엘 왕의 자리에서 파면시켰다고 해서 너는 언제까지 이렇게 슬퍼만 하고 있을 셈이냐? 기름을 뿔에 채워 가지고 길을 떠나거라. 내가 너를 베들레헴에 사는 이새라는 사람에게로 보낸다.

얀 빅토로스, 〈기름 부음을 받는 다윗〉, 1645(?).

그의 아들 가운데서 내가 왕으로 세울 사람을 하나 보아 두었다."(사무엘상 16:1) 사무엘이 사울이 자기를 죽일까 봐 두려워하자 하느님은 암송아지 한 마리를 끌고 제사를 드리러 왔다고 둘러댄 후 이새를 제사에 초청하라고 일렀다.

사무엘이 베들레헴에 다다르자 그 성읍의 장로들이 안절부절못하며 그를 맞았다. 예언자는 항상 불길한 소리와 책망만 하는 사람이었기 때문이다. 사무엘이 이새에게 일러 이새가 자기 아들들을 데리고 제사에 참석했다. 이새의 아들 일곱을 모두 살펴보았지만 그들 가운데는 하느님이 뽑은 사람이 없었다. 사무엘이 이새에게 또 다른 아들이 없냐고 묻자, 양을 치러 간 막내가 있다고 이새가 답했다. 사람을 보내 데려온 이새의 막내 아들은 볼이 붉고 눈이 반짝이는 잘생긴 아이였다. "바로 이 아이다. 어서 이 아이에게 기름을 부어라."(사무엘상 16:12) 하고 하느님이 말했다.

바로 그가 '다윗'(다비드, 사랑받는 자)이었다. 사무엘이 다윗에게 기름을 붓자, **"주님의 영이 그날부터 계속 다윗을 감동시켰다."**(사무엘상 16:13, 새번역) 물론 이 기름 부음은 비공식적인 일이었다. 백성들의 참여와 동의가 있어야 공식적으로 왕이 될 수 있었다. 기름 부음을 마친 사무엘은 집으로 돌아갔다.

그렇다면 사울에게는 어떤 일이 벌어졌을까? **"사울에게서는 주님의 영이 떠났고, 그 대신에 주님께서 보내신 악한 영이 사울을 괴롭혔다."**(사무엘상 16:14, 새번역) '악한 영'이란 고대 이스라엘 사람들이 사람과 동물을 미치게 하여 정신 질환을 일으킨다고 믿은 악령이다. 그들은 세상과 인간사의 모든 일을 하느님이 한다고 여겼기에[†] 정신

[†] 〈출애굽기〉 9장 12절에서 하느님이 파라오의 마음을 고집스럽게 한 일과 〈민수기〉 22장 8절에 등장하는 말하는 나귀를 생각해보라.

질환도 하느님이 보낸 악령 탓이라고 생각했다.

사울은 신하들과 백성들 앞에서 체면과 권위를 구기며 폐위 선고를 받은 데다가 국부(國父) 같은 존재인 사무엘에게서 버림받았다. 등을 돌린 사무엘이 반란을 일으키지는 않을까 두려웠고, 나라 밖에는 블레셋이 언제든 쳐들어올 태세로 압박하고 있으니 이래저래 의지할 곳이 없어져 정신 상태가 불안정해졌을 것이다.

왕이 울다가 웃다가 분노하며 도무지 갈피를 잡을 수 없게 행동한다면, 아랫사람들이 어떠하겠는가? 회의를 할 수 없는 건 물론이거나와 제대로 나라를 다스릴 수가 없다. 그러니 대책을 세워야만 했다. 신하들은 사울에게 "부디 소인들에게 명하여 수금(하프)을 잘 타는 사람을 구해 오도록 하십시오. 하느님께서 임금님께 악령을 내리실 때마다 그로 하여금 수금을 타게 하시면 마음이 개운해지실 것입니다."(사무엘상 16:16) 하고 말했다.[†] 사울은 그 말대로 수금을 잘 타는 사람을 데려오라고 명령했다. 신하들이 찾아 데려온 이가 바로 '다윗'이었다. 다윗은 이미 "수금을 잘 탈 뿐만 아니라 씩씩하고 날랜 용사로서 말도 잘하고 풍채도 좋은데다 야훼께서 함께 해주시는 사람"(사무엘상 16:18)으로 소문이 나 있었다. 사울에게 악한 영이 내릴 때마다 다윗은 수금을 탔다. 그러면 악령이 떠나고 사울은 제정신으로 돌아왔다. 사울은 다윗을 매우 사랑하여 그를 자기 무기를 들고 다니는 사람으로 삼았다.

[†] 이 제안을 한 신하가 사무엘이 심어놓은 끄나풀이었을 거라는 설은 무척 흥미롭다.

다윗과 골리앗†
돌팔매를 든 하느님의 천사

블레셋 군대가 전쟁을 일으키려고 이스라엘 땅에 진을 쳤다. 사울도 군을 집결하여 블레셋 군에 맞서 진을 쳤다. 블레셋 진영에서 '골리앗'이라는 장수 하나가 걸어와 싸움을 걸었다. "그는 키가 여섯 규빗 하고도 한 뼘이나 더 되었다."(사무엘상 17:4, 새번역) 1규빗이 45.5센티미터이고, 한 뼘을 약 20센티미터라고 치면 대략 3미터에 이르는 장신이다. 게다가 그가 걸친 놋 투구와 갑옷의 무게가 무려 60킬로그램이었고, 그가 들고 있는 "베틀 용두머리†만큼 굵은" 창은 7킬로그램이나 나갔다. 몸무게는 못해도 200킬로그램이 넘었을 것이다.

골리앗이 이스라엘 진영을 향해 고함을 질렀다. "전열을 갖추어 가지고 나오면 어쩌겠다는 말이냐? 너희 사울의 졸개들아, 이 불레

---

† 이 이야기는 다윗이 수금 켜는 사람으로 궁에 들어왔다는 앞선 이야기와 아귀가 맞지 않는다. 성서 저자들은 마치 '한편으로 이러한 이야기도 전해지는데……'라는 듯이 모순을 다듬지 않고 두 이야기를 그대로 두었다. 이 때문에 둘을 별개의 이야기로 보아야 한다고 주장하는 이들도 있다.

용두머리 베틀 앞다리 끝에 얹는 나무를 용두머리라고 하는데, 쉽게 예를 들자면 축구 골대 굵기이다.

셋 장수와 맞서 싸울 자를 골라 이리로 내려보내라. 만약 그자가 나한테 이겨서 나를 쳐 죽이면 우리가 너희 종이 될 터이나, 내가 이겨서 그자를 죽이면 너희가 우리의 종이 되어 우리를 섬겨야 한다."(사무엘상 17:8~9) 사울과 이스라엘 전군은 골리앗이 자기들에게 욕을 퍼붓는데도 겁에 질려 떨고만 있었다.

골리앗에게 모욕을 당한 지 어느새 40일이 흘렀다. 아무도 나서려는 자가 없었지만, 전장에 나간 형의 안부를 알기 위해 이스라엘 진지로 온 유다 지파 이새의 아들 다윗만은 예외였다. 이스라엘을 향해 욕을 퍼붓는 골리앗을 본 다윗이 곁에 있는 병사에게 물었다. "저 할례도 받지 않은 블레셋 녀석이 무엇이기에, 살아 계시는 하느님을 섬기는 군인들을 이렇게 모욕하는 것입니까?"(사무엘상 17:26, 새번역) 병사들은 저자를 죽이는 사람에게 왕이 많은 상을 내리고, 사위로 삼는다는 말을 해주었다. 그 모습을 본 다윗의 큰형이 얼른 고향으로 돌아가 양이나 돌보라며 꾸짖었지만, 어느새 다윗이 한 말이 사울의 귀에까지 들어갔다.

사울이 다윗을 불러들이자 다윗은 자신이 나가 골리앗과 싸우겠다고 말했다. 그러나 사울은 '아직 어린 소년'인 다윗을 말렸다. 그런데도 다윗은 양을 치면서 사자나 곰을 물리친 무용담을 늘어놓으며 "사자와 곰으로부터 소인을 살려내신 야훼께서 저 블레셋 놈에게서도 소인을 살려내실 것입니다."(사무엘상 17:37)라고 말하자, 사울이 허락했다. 사울은 자기 투구와 갑옷과 칼을 내주었다. 그러나 다윗은 무장을 해본 적이 없었으므로 몸을 제대로 움직일 수가 없었다. 다윗은 결국 무장을 모두 벗어버리고 자기가 양을 칠 때 쓰는 지팡이와 자갈 다섯 개를 골라 챙기고, 무릿매†를 손에 들고 골리앗에게 걸어갔다.

조반니 프란체스코 나글리, 〈다윗과 골리앗〉, 1638(?).

그때까지 고함을 지르며 법석을 피우고 있던 골리앗도 방패를 든 사람을 앞세우고 다윗에게 다가왔다. 다윗을 보고 어린 소년이란 사실을 안 골리앗은 한바탕 비웃고는, "어서 나오너라. 네 살점을 하늘의 새와 들짐승의 밥으로 만들어주마."(사무엘상 17:44) 하고 위협했다. 다윗은 전혀 겁먹지 않고 맞받아쳤다.

네가 칼을 차고 창과 표창을 잡고 나왔다만, 나는 만군의 야훼의 이름을 믿고 나왔다. 네가 욕지거리를 퍼붓는 이스라엘 군대의 하느님의 이름을 믿고 나왔다. 오늘 야훼께서 너를 내 손아귀에 넣어주셨다. 나야말로 네놈을 쳐서 목을 떨어뜨리고 네 시체와 불레셋 전 군의 시체를 하늘의 새와 들짐승의 밥으로 만들어주리라. 그리하여 이스라엘이 모시는 하느님이 어떤 분이신지 천하에 알리리라. 여기 모인 모든 사람은 이제 야훼께서는 칼이나 창 따위를 써서 구원하시는 것이 아니라는 사실을 알게 되리라.(사무엘상 17:46~47)

골리앗이 지축을 울리며 다가오자, 다윗이 재빠르게 달려나가 주머니에 넣어 둔 돌 하나를 꺼내 무릿매로 던져 골리앗의 이마를 맞혔다. 그는 비명을 지를 새도 없이 통나무처럼 쓰러졌다. 다윗은 칼도 없이 돌 하나로 골리앗을 무찌른 것이다. 다윗은 달려가 골리앗을 밟고 서서 그의 칼집에서 칼을 빼어 목을 쳤다. 블레셋 군은 그 모습을 보고 모두 달아났다. 이스라엘 군은 때를 놓치지 않고 도망치는 블레셋을 추격해 닥치는 대로 그들을 칼로 쳤다. 그리하여 블레셋 사람의 주검이 온 들판에 널렸다.

무릿매 작은 돌을 헝겊에 싸 양쪽에 끈을 맨 후 양 끝을 잡고 휘두르다가 한쪽 끝을 놓아 돌을 표적을 향해 던지는 물건을 가리킨다.

골리앗의 목을 들고 돌아온 다윗에게 사울이 찾아와 이름을 묻고는, 그를 집으로 보내지 않고 곁에 두었다. 그날로 다윗은 일약 '국민 영웅'이 되었다. 사울의 아들 요나단은 "다윗에게 마음이 끌려 그를 자기 목숨처럼 사랑하게 되었다."(사무엘상 18:1) 요나단은 다윗과 영혼의 우정을 맺고, 자기가 입고 있는 겉옷과 칼과 활과 허리띠까지 그에게 주었다. 이들의 강한 우정은 훗날 '다윗과 요나단'이라는 깊은 우정을 가리키는 관용어까지 탄생시켰다.

이후에 치른 몇 번의 전투에서도 다윗은 패한 적이 없었다. 사울은 그런 다윗을 군사령관으로 임명했다. 온 백성은 물론 신하들까지도 그 일을 마땅하게 여겼다. 블레셋과 전쟁을 끝낸 다윗이 군인들과 함께 돌아오자 이스라엘 모든 성읍에서 여인들이 소구와 꽹과리를 치면서, 노래하고 춤추고 환호성을 지르면서 사울 왕과 군대를 환영했다. 여인들은 덩실거리며 노래를 주고받았다. **"사울은 수천을 치셨고, 다윗은 수만을 치셨다네!"**(사무엘상 18:7)

사울은 여인들의 노래를 듣고 몹시 언짢았다. 처음에는 사울도 그 칭찬의 노래를 듣고 기뻐했다. 그간 잃었던 신망을 회복하고, 왕으로서 권위와 위엄과 지도력을 드러낼 절호의 기회였다. 군의 승리는 그들을 이끌고 전투를 치른 왕의 영광으로 돌아가는 게 당시에는 당연했기 때문이다.

그러나 사울은 생각할수록 화가 치밀었다. 사울은 "'사람들이 다윗에게는 수만 명을 돌리고, 나에게는 수천 명만을 돌렸으니, **이제 그에게 더 돌아갈 것은 이 왕의 자리밖에 없겠군!'** 하고 투덜거렸다. **그날부터 사울은 다윗을 시기하고 의심하기 시작하였다.**"(사무엘상 18:9~9, 새번역)

사실 다음 왕이 요나단이든 다윗이든, 사울이 개입할 사안은 아니었다. 왜냐하면 왕을 결정하는 일은 하느님 소관이지, 왕위가 세습되는 건 아니었기 때문이다. 그런데 사울의 마음에는 자기의 왕위를 아들 요나단에게 물려주려는 생각이 진작부터 자리 잡고 있었다. 사울이 요나단에게 "이새의 아들놈(다윗)이 땅 위에 살아 있는 한 너와 네 왕관은 안전하지 못하리라."(사무엘상 20:31) 하고 말한 대목에서 그 사실을 확인할 수 있다.

사울의 마음에 다윗을 향한 시기심이 피어오른 그 다음날, 사울에게 악령이 내리 덮쳐 사울이 발작을 일으키자 다윗이 전처럼 수금을 뜯었다. 사울이 갑자기 손에 들고 있던 창을 다윗에게 던졌다. 이젠 음악도 소용없었다. 날이 갈수록 질투와 불안과 두려움이 자라나 마치 송충이처럼 그의 내면을 야금야금 갉아먹기 시작했다. 다윗이 창을 두 번이나 피하자, **"주님께서 자기를 떠나 다윗과 함께 계시는 것을 안 사울은, 다윗이 두려워졌다."**(사무엘상 18:12, 새번역)

그리하여 사울은 다윗을 천부장(1천 명을 거느리는 군대의 지휘관)으로 임명하여 자기 곁에서 떠나게 했다. 전장에서 다윗을 죽게 할 심산이었다. 그러나 다윗은 "야훼께서 함께하셨으므로" 언제나 승리를 거두었다. 사울은 다윗이 번번이 대승을 거두는 것을 보고 더욱 겁을 먹었다. 사울은, 남의 손을 빌려 다윗을 죽이려던 일이 자꾸만 실패로 돌아가자 더 흉폭해졌다. 자기 딸 미갈마저 다윗을 사랑한다는 것을 안 사울은 다윗을 평생 원수로 여기게 되었다.(그러니 다윗이 사울이 내건 조건들을 훌륭히 완수했기 때문에 사울은 어쩔 수 없이 다윗을 사위로 받아들인다.)

사울은 심지어 신하들과 요나단이 듣는 자리에서까지 다윗을 죽이겠다고 공언했다. 다윗을 매우 좋아했던 요나단은 그가 블레셋의 장수를 물리치고, 전쟁을 모두 승리로 이끌었다는 사실을 아버지 사울

구에르치노, 〈다윗을 공격하는 사울〉, 1646.

에게 상기시켰다. 그 말을 들은 사울은 "야훼께서 살아 계시는 한 다윗을 죽이지 않겠다."(사무엘상 19:6) 하고 맹세했다. 그러나 그 말과 달리 사울은 부하들을 다윗의 집으로 보내 그를 죽이라고 명령했다.

이 사실을 안 아내 미갈이 미리 일러주어 다윗은 사울의 부하들이 들이닥치기 전에 무사히 도망칠 수 있었다. 미갈은 다윗이 무사히 도망친 것을 확인하고는 집 안에 있던 나무 우상을 침대에 누이고 사람처럼 보이게 꾸몄다. 사울의 부하들이 집으로 들이닥쳤을 때 미갈은 다윗이 병이 들어 누웠다고 둘러대 부하들을 돌려보냈다. 사울은 성과 없이 돌아온 부하들에게 침대째 들고 오라고 호통을 쳤고, 다시 다윗의 집으로 간 부하들은 그제야 침대에 누운 것이 나무 우상이라는 사실을 눈치챘다. 미갈은 다윗을 빠져 나가지 못하게 했으면 그가 자신을 죽였을 거라고 아버지 사울에게 둘러댔다.

한편, 몸을 피한 다윗은 곧장 '사무엘'을 찾아가 그동안 사울이 자기에게 한 일을 모두 말했다. 그러자 사무엘은 다윗을 안전한 곳에 숨겨주었다. 하지만 이 소식은 금세 사울의 귀에 들어갔고 사울은 직접 다윗을 치기 위해 그가 있는 곳으로 향했다. 다윗은 그곳에서 도망쳐 요나단을 찾아가 항의했다. "내가 무슨 못할 짓을 했는가? 자네 아버님께 무슨 잘못을 저질렀기에 이렇게 내 목숨을 노리신단 말인가?"(사무엘상 20:1) 요나단은 다윗을 숨겨주었다.

그 사실을 눈치챈 사울이 화를 내며 소리쳤다. "**이 패역무도한 계집의 자식아**, 네가 이새의 아들과 단짝이 된 것을 내가 모를 줄 알았더냐? 그런 녀석과 단짝이 되다니, 너에게도 부끄러운 일이고 너를 낳은 네 어미를 발가벗기는 망신이 될 뿐이다. …… 빨리 가서 그 녀석을 당장 끌어 오너라. 그 녀석은 죽어야 마땅하다."(사무엘상 20:30~31, 새번역) 그 말을 듣고도 요나단이 다윗을 두둔하며 아버지에게 항의하자 사울은 창을 뽑아 들고 요나단을 죽이려 했다. 요나단은 그제야 아버지가 다윗을 정말로 죽이려 한다는 것을 알아차렸다.

요나단은 그길로 숨어 있는 다윗을 찾아가 그가 멀리 도망치게 했다. 다윗은 요나단을 향해 "얼굴을 땅에 대면서 세 번 큰 절을 하였다. 그리고 그들은 서로 끌어안고 함께 울었는데, 다윗이 더 서럽게 울었다."(사무엘상 20:41, 새번역) 그러자 요나단이 "가보게. 잘되기를 빌겠네. 우리는 서로 야훼의 이름으로 맹세한 몸이 아닌가! 그러니 야훼께서 자네와 나, 자네 후손과 내 후손 사이에 언제까지나 서주실 것일세."(사무엘상 20:24) 하며 다윗을 위로했다. 서로를 목숨처럼 아끼는 두 친구는 그렇게 헤어졌다. 그들의 우정은 신분을 뛰어넘은 진정한 우정이었다. 그 후 왕이 된 다윗은 요나단과 맺은 약속을 지켜, 그의 아들을 궁으로 데려와 자식처럼 돌봐주었다.

무작정 도망쳐 나온 다윗은 갈 곳이 없었다. 다시 사무엘을 찾아갈 수는 없었다. 그랬다가는 사무엘이 위험에 빠질 것이 분명했기 때문이다. 사울의 체포령 때문에 모두들 겁을 먹어, 다윗을 도와주려는 사람은 하나도 없었다. 그러다 다윗은 제사장 '아히멜렉'을 찾아갔다(그는 엘리의 자손이다). 설사 이 사실이 발각된다 하더라도 왕이 제사장을 해치지는 못할 거라고 생각했다. 자신의 방문에 당황한 아히멜렉에게 다윗은 사울 왕의 은밀한 임무를 수행하는 중이라 적당히 둘러대고서 먹을 것을 청했다. 아히멜렉은 사울이 내린 체포령 때문에 두려웠지만 다윗에게 하느님의 제단에 차려놓은 '거룩한 빵(혹은 떡)'을 주었다. 다른 빵이 달리 없었기 때문이다.

그런데 바로 그때에 사울의 신하 가운데 한 사람이 그곳에 있었다. '도엑'이라는 자인데, 그는 에돔 사람이었고 사울의 목자 가운데서 우두머리였다. 아마 사울의 군대에서 사용하는 말 따위를 기르고 훈련시키는 일을 했을 것이다. 도엑이라는 이름은 '소심하다'라는 뜻인데, 나중에 그가 한 짓을 보면 이름과는 전혀 딴판인 자다.

　마음이 급해진 다윗은 그날로 그곳을 떠나 갓(가드) 왕 '아기스'에게로 갔다. 아기스의 신하들은 "그 나라의 왕 다윗임에 틀림없습니다. 사람들이 춤추며, '사울은 수천을 치셨고, 다윗은 수만을 치셨다네.' 하며 찬양하던 바로 그 사람입니다."(사무엘상 21:12) 하고 왕에게 보고했다. 이 말을 듣고 가슴이 뜨끔해진 다윗은 아기스가 자신을 죽일지도 모른다는 생각에 사람들 앞에서 일부러 **미친 시늉**을 했다. 성문짝에 글자를 되는 대로 써 갈기거나 수염에 침을 흘리기도 했다. 그러자 아기스가 신하들에게 소리쳤다. "미친놈이 아니냐? 어쩌자고 이런 자를 나에게 끌어 왔느냐?"(사무엘상 21:15) 그곳에서 빠져나온 다윗은 산 속의 굴로 몸을 숨겼다. 작은 몸뚱이 하나 편히 둘 곳이 없었다. 다윗은 그 비참한 심경을 시로 남겼다.†

　　　나는 야훼께 부르짖습니다.
　　　나는 야훼께 애원합니다.
　　　나의 애타는 마음을 고백합니다.
　　　이 괴로움을 아뢰옵니다.
　　　내가 숨이 넘어갈 듯 허덕일 때, 당신은 나의 앞길을 보살피십니다.
　　　사람들은 나를 잡으려고 내가 가는 길에 덫을 놓았습니다.
　　　오른쪽을 살펴보소서.

---

† 구약성서 〈시편〉에는 다윗이 썼다고 알려진 시들이 몇 편 실려 있으며, 솔로몬과 모세 같은 유명한 이들의 이름으로 남겨진 시도 있다. 〈시편〉에는 찬양, 좌절, 희망, 탄원, 환희, 심지어 적에 대한 복수까지 히브리 신앙의 모든 측면에 관한 시와 노래가 담겨 있다.

걱정해주는 사람 하나 없사옵니다.

도망칠 길마저 모두 막혔는데, 내 목숨을 근심해주는 사람 하나 없사옵니다.

야훼여, 당신 향하여 소리 지릅니다.

"당신은 나의 피난처 이 세상에서 당신은 나의 모든 것."

나는 너무나도 비참하게 되었습니다.

이 부르짖는 소리를 귀담아들어 주소서.

나를 핍박하는 자들에게서 이 몸을 건져주소서.

그들은 나보다 강합니다.

이 감옥에서 나를 살려내주소서.

당신 이름 불러 감사 노래 부르리이다.

나에게 입혀주신 당신 은덕으로 이 몸이 의인들에게 둘러싸이리이다. (시편 142장)

다윗의 소식을 들은 형들과 온 집안이 다윗이 숨어 있는 굴로 찾아왔다. 사울이 다윗의 집안이나 친인척은 물론, 그와 깊은 관계를 맺고 있던 여러 사람들까지 박해했던 것으로 보인다. 그들뿐만이 아니라, **"압제를 받는 사람들과 빚에 시달리는 사람들과 원통하고 억울한 일을 당한 사람들"**도 모두 다윗의 주변으로 몰려들었다. 이렇게 해서 다윗은 그들의 우두머리가 되었는데, 400여 명이나 되는 사람들이 그를 따랐다.

그때부터 온갖 밑바닥 사람들(히브리들)이 몰려들어 수백 수천의 다윗이 생겨났고, 시간이 지날수록 세력이 커졌다. 민심은 이미 사울을 떠난 지 오래였다. 그렇게 하여 다윗은 오래전 히브리 조상들처럼 '유랑의 무리'가 되어 밑바닥에서부터 인생의 온갖 간난신고를 맛보며 진정한 사람의 덕을 길러야 했다.

사울은 다윗과 그 무리에 관한 보고를 받고서 둘러서 있던 신하들을 꾸짖었다. "이 베냐민 녀석들아, 내 말을 들어봐라. 네놈들이 이새의 아들한테 밭이나 포도원이라도 받을 성싶으냐, 아니면 그가 너희들을 천인대장이나 백인대장이라도 시켜줄 듯싶으냐? 모두들 한통속이 되어 나를 뒤엎기라도 할 작정이냐?"(사무엘상 22:7~8) 사울의 눈에는 사방이 온통 적으로 보였다. 언제 어디에서나 늘 전투 태세를 갖추고 있었다. 그는 이제 있지도 않은 음모니 반역이니 하고 떠들 정도로, 온갖 상상과 망상이 만들어낸 의심과 두려움과 공포와 불안에 완전히 지배당했다.

그때 에돔 사람 도엑이 앞으로 나와 다윗이 아히멜렉을 만나는 것을 본 적이 있으며 아히멜렉이 다윗에게 먹을 것도 챙겨주었다고 말했다. 사울은 곧장 그리로 가서 아히멜렉과 그의 집안 제사장들을 모두 불러 모아 "너는 어찌하여 이새의 아들놈하고 한통속이 되어 나를 뒤엎으려고 하느냐?"(사무엘상 22:13) 하고 호통쳤다. 아히멜렉이 항변했지만 사울은 아히멜렉과 그 일가를 몰살하라는 명령을 내렸다. "썩 나서서 이 야훼의 사제들을 죽여라. 다윗과 손을 잡고 그가 도망해 다니는 것을 알면서도 나에게 귀띔해주지 않은 놈들이다."(사무엘상 22:17) 그러나 부하들이 감히 제사장에게 손을 대지 못하자, 왕은 도엑에게 제사장들을 죽이라고 명령했다. 그 말이 떨어지자마자 도엑이 서슴없이 달려들어 모조리 쳐 죽였다. 그날 그의 손에 죽은 제사장이 무려 85명이었다.

사울의 광기는 여기에서 그치지 않았다. 아히멜렉이 살던 마을의 주민들까지 전부 칼로 쳐 죽였다. 남자, 여자, 아이들, 젖먹이, 소, 나귀, 양까지 가리지 않고 닥치는 대로 죽였다. 사울은 이미 사람의 마음을 잃어버렸다. 이 와중에 아히멜렉의 아들 '에비아달(아비아달)'이 사지(死地)를 빠져나와 다윗에게 이 끔찍한 일을 전했다. 다윗은 모든 게 자신의 책임이라고 말하며 에비아달을 보살펴주겠다고 약속했다.

다윗은 망명 시절 내내 고통을 겪는 사람들에게 넉넉한 마음과 책임감과 동지애를 보여주었다. 다윗은 이스라엘 민중들에게 커다란 피난처가 되어주었다. 자연히 민심이 점점 더 다윗에게 기울 수밖에 없었다. 결국 10여 년의 망명 생활은 다윗이 진정한 군왕의 길을 닦는 값진 체험이 되었다. 왕이 되더라도 그때의 겸손한 마음을 잃지 않아야 할 것이었다.

그동안 다윗은 자기를 추격하던 사울을 죽일 수 있는 기회가 여러 번 있었지만, 번번이 **"주님께서 기름 부어 세우신 분"**이라고 하면서 그를 살려주었다. 그때마다 사울은 다윗의 은덕에 고마워하며 눈물 흘리고 자신의 행동을 후회했다. 다시는 그러지 않겠다는 맹세도 덧붙였다. 하지만 그러다가도 정신이 이상해지면 나랏일을 제쳐 두고 다윗을 추격하곤 했다.

그들이 쫓고 쫓기는 와중에 최초의 예언자 사무엘이 세상을 떠났다. 온 이스라엘이 그의 죽음을 슬퍼했다. 그는 라마에 있는 자신의 집에 안장되었다. 다윗은 이스라엘에 있다가는 언제고 사울의 손에 죽을 거라는 걸 직감했다. 사울에게서 벗어나려면 이스라엘을 떠나야 한다는 것도 알았다. 광야를 떠돌며 고난받는 백성을 구원하던 다윗은 자신과 생사를 함께했던 600명의 부하를 거느리고 갓으로 망명했다. 아기스 왕은 지난번과 달리 부하들을 이끌고 온 다윗을 흔쾌히 받아주었을 뿐 아니라, 그날로 시글락 지방을 다윗에게 식읍으로 주었다. 사울은 다윗이 갓으로 망명했다는 말을 듣고 다시는 그를 찾지 않았다.

　다윗은 그 블레셋 땅에서 1년 4개월 동안 살았는데, 아기스 왕 몰래 이스라엘을 괴롭히는 주변 무리들을 소탕했다. 아기스는 그런 줄도 모르고 "다윗이 제 동족 이스라엘에게서 미움을 사고는 이제 아주 내 종이 되었구나."(사무엘상 27:12) 하며 다윗을 철석같이 믿었다.

엔도르의 무녀

사울 왕의 비극적인 최후

이스라엘과 대치 중이던 블레셋은 지금이 자기들이 승기를 잡을 기회라고 생각했다. 다윗의 출신 지파라는 이유로 사울에게 홀대당한 유다 지파와 아히멜렉 사건을 지켜본 제사장들이 사울에게 좋지 않은 감정이 있었기 때문에 내부에 분열이 생겼던 것이다. 블레셋은 이스라엘을 치려고 모든 부대를 집결해 진을 쳤다.

그 모습을 본 사울은 몹시 겁에 질렸다. "그래서 사울은 야훼께 어떻게 하면 좋겠는가 여쭈어보았다. 그러나 야훼께서는 꿈으로도, 우림†으로도, 예언자로도 대답해주지 않으셨다."(사무엘상 28:6) 비록 사이가 틀어지긴 했지만 분명 도움을 줄 사무엘은 이미 죽고 없었다. 사울은 **"혼백을 불러내는 무당"**을 수소문해 아무도 자기를 알아보지 못하게 옷을 갈아 입고는 밤에 무당이 사는 엔도르(엔돌)를 찾았다.

'엔도르의 무녀'라고 잘 알려진 이 여인에게 사울은 혼백을 불러달라고 청했다. 고대 이스라엘에는 천국과 지옥 개념이 없었기에, 이

---

† **우림** 일종의 주사위. 제사장이 하느님의 뜻을 물을 때 사용한 도구이다.

스라엘 사람들은 사람이 죽으면 육체는 흙으로 돌아가고 혼령은 지하 세계인 '스올'에 들어가 산다고 믿었다. 이스라엘 사람이 "스올로 내려간다."라거나 "모든 사람이 가는 길로 간다."라고 말하는 건 곧 죽는다는 뜻이다. 스올은, 천국과 지옥의 중간 대기실인 그리스 신화의 '림보'나 중세 가톨릭에서 말하는 '연옥'과도 비슷한 개념이기는 하지만 천국도 지옥도 아닌, 그저 어두컴컴한 땅속 세계일 뿐이다. '죽음' 그 자체와 비슷한 개념이라고 이해하는 게 좋겠다. 유대인들은 스올로 들어가면 다시는 돌아오지 못한다고 생각했지만, 하느님만은 스올에서 구해줄 수 있다고 생각했다(사무엘상 2:6, 시편 49:15).

무녀는 사무엘의 혼백이 올라오는 것을 보고 그제야 혼백을 부르라 청한 이가 사울 왕임을 알았다. 깜짝 놀란 무녀에게 사울은 "두려워 마라. 무엇이 보이는지 말만 하여라." 하고 말했다. 여인이 "한 노인이 올라오는데, 겉옷(제사장이 에봇 위에 입거나, 보통 사람들이 겉에 입었던 망토같이 생긴 옷)을 걸치고 있습니다." 하고 대답하자, 사울은 그가 사무엘인 것을 알아차리고 얼굴이 땅에 닿도록 엎드려 절을 했다. 사무엘의 혼백이 "무슨 일로 나를 불러내어 성가시게 구느냐?" 하고 묻자, 사울이 대답했다. "매우 **어려운 일**이 생겼습니다. 불레셋 군이 저를 치려고 진을 쳤는데, 하느님께서는 저를 떠나셨는지 예언자로도, 꿈으로도 저의 물음에 대답해 주시지 않으십니다. 그래서 어떻게 하면 좋을지 몰라 말씀을 듣고자 선생을 모신 것입니다."(사무엘상 28:12~15)

매순간 어려운 상황에 처해 있었건만, 사울은 그것을 깨닫지 못하고 살았을 뿐이다. "오랫동안 현인과 함께 있으면 잘못이 없어진다."고 했거늘, 그 모든 좋은 기회를 스스로 내팽개쳐버리고, "행복

드미트리 니키포로비치 마르티노바, 〈엔도르의 무녀〉, 1857.

은 깃털보다 가벼워도 담을 줄을 모르고, 불행은 땅보다 무거워도 피할 줄을 모르고" 살아온 게 그간 사울의 삶이었다. 그러니 이제 "그만두게, 그만둬." 하고 말해줘야 한다.[7] 사울의 말을 들은 사무엘이 그를 책망했다.

> 야훼께서 이미 너를 떠나 네 원수가 되셨는데 어쩌자고 나에게 묻느냐? 너는 야훼의 말씀을 듣지 않았느냐? 야훼께서는 이미 그대로 하셨다. 이미 이 나라를 네 손에서 빼앗아 동족인 다윗에게 주셨다. …… 야훼께서는 너는 물론이요 이스라엘까지도 전부 불레셋 군의 손에 부치셨다. **내일이면 너와 네 아들들이 나와 함께 있게 되리라.** 게다가 야훼께서는 이스라엘 군대도 불레셋 군의 손에 부치실 것이다.(사무엘상 28:16~19)

혹시나 하고 기대했던 사울은 사무엘의 참혹한 예언을 듣고 그 자리에서 혼절하고 말았다. 사울은 불레셋과 싸움을 하기도 전에 깊은 절망에 빠졌다. 불레셋은 파죽지세로 이스라엘을 몰아붙였다. 다윗은 불레셋 군과 함께 싸우겠다고 자청했지만, 아기스 왕을 제외한 불레셋의 여러 지도자들이 "그가 싸움터에서 돌아설지도 모르므로" 함께하기를 반대했다. 다윗은 시글락으로 돌아올 수밖에 없었다.(성서 저자들은 다윗이 이스라엘을 치는 데 참여하지 않았다는 사실을 강조하려는 듯 보인다.)

한편 이스라엘은 불레셋을 피해 도망치다가 길보아 산에서 떼죽음을 당했다. 불레셋은 사울과 그의 아들들을 바싹 추격하여, 요나단을 비롯한 두 아들을 죽였다. 전세가 이미 기울어진 판에 사울마저 적의 화살을 맞아 부상당하고 말았다. 사울은 자기의 무기 담당 병사에게 일렀다. "네 칼을 뽑아서 나를 찔러라. 저 할례받지 못한 이방인들이 와서 나를 찌르고 능욕하지 못하도록 하여라."(사무엘상 31:4, 새번역) 그러나 병사는 감히 칼을 뽑지 못하고 망설였다. 그러자 사울은 손수 칼을 뽑아 자결했다. 사울이 죽는 것을 보고는 무기 담당 병사도 사울의 뒤를 따랐다. 그날 사울과 사울의 세 아들과 부하들이 모두 죽었다. 이렇게 되자, 이스라엘 병사들이 모두 도망쳤고 이스라엘 사람들도 저희의 성읍을 버리고 도망쳤다.

이튿날, 블레셋 사람들이 죽은 사람들의 옷을 약탈하러 왔다가, 사울과 그의 세 아들이 쓰러져 있는 것을 발견했다. 그들은 사울의 목을 자르고 갑옷을 벗겨 블레셋 땅 곳곳에 보내 승리의 소식을 전했다. 그러고 나서 그가 입었던 갑옷은 아스다롯 신당에 보관하고 시체는 벳산 성벽에 못박아 달아놓았다. '야베스 길르앗'의 사람들이 이 이야기를 듣고는, 밤새도록 걸어 벳산에 이르러 사울 부자의 시체를 거두어 야베스 길르앗으로 돌아와 화장했다. 그 뼈를 묻어주고 이레 동안 금식하며 슬퍼했다.

이스라엘 초대 왕 사울은 그렇게 파란만장한 삶을 마감했다. 아버지가 잃어버린 나귀를 찾으러 나섰다가 엉겁결에 왕으로 뽑혀, 잠시 영광을 누리다 숱한 실수를 저지르고 죽도록 마음고생 하며 제대로 왕 노릇 한번 해보지도 못하고 자식들과 함께 비극적인 최후를 맞이했다. 평생 양이나 키우고 농사를 지으며 행복하게 살아야 할 순박한 농부가 덜컥 왕이 되어 그런 고생을 한 것이었다. 그것으로도 모자라 백성들마저 사지로 몰아넣고 말았다. 다윗은 사울 부자가 죽었다는 소식을 사흘 후에나 들었다. 다윗은 사울과 요나단의 죽음을 슬퍼하며 조가를 지어 불렀다.

이스라엘아, 우리의 지도자들이 산 위에서 죽었다.

가장 용감한 우리의 군인들이 언덕에서 쓰러졌다.

이 소식이 가드(갓)에 전해지지 않게 하여라.

이 소식이 아스글론의 모든 거리에도 전해지지 않게 하여라.

블레셋 사람의 딸들이 듣고서 기뻐할라.

저 할례받지 못한 자들의 딸들이 환호성을 올릴라.

……

사울과 요나단은 살아 있을 때에도 그렇게 서로 사랑하며 다정하더니,

죽을 때에도 서로 떨어지지 않았구나!

독수리보다도 더 재빠르고, 사자보다도 더 힘이 세더니!

……

요나단, 어쩌다가 산 위에서 죽어 있는가?

나의 형 요나단, 형 생각에 나의 마음이 아프오.

형이 나를 그렇게도 아껴주더니,

나를 끔찍이 아껴주던 형의 사랑은 여인의 사랑보다도 더 진한 것이었소.

어쩌다가 두 용사가 엎드러졌으며, 무기들이 버려져서, 쓸모없이 되었는가?

(사무엘하 1:19~27, 새번역)

둘도 없는 친구의 죽음과 쓸쓸히 지는 조국 앞에서 다윗은 눈물을 멈출 수 없었고, 백성들도 함께 울었다.

내전 승리

이스라엘 통일과 다윗 왕의 치세

사울 왕이 죽은 뒤, 하느님은 다윗에게 '헤브론'으로 가라고 일러 주었고, 다윗은 자신의 부하와 가족들까지도 모두 데리고 조상 아브라함이 살던 헤브론으로 가 그들을 곳곳에 자리 잡고 살게 했다. 이때, 유다 가문의 사람들이 그리로 찾아와 다윗에게 기름을 붓고 그를 유다 지파의 왕으로 삼았다. 기원전 1011년경의 일이다(처음 사무엘에게 기름 부음을 받은 때는 기원전 1026년이다). 성서에 다윗이 통일 왕국의 왕으로 등극하기 전까지 나오는 '이스라엘'이라는 용어는 다윗을 왕으로 삼은 유다 지파를 제외한 나머지 '열한 부족'을 가리킨다.

그런데 다윗이 유다 왕이 된 것은 누가 보기에도 성급한 일이었다. 왕과 왕자들이 전사한 국상(國喪) 중에 그렇게도 왕이 되고 싶었을까? 다윗은 왜 유다 지파의 행동을 막지 않았던 걸까? 거기에는 다음과 같은 이유가 있었던 것으로 보인다. 그들은 왕과 왕자들을 한꺼번에 잃은 이스라엘이 하느님의 지명이라는 공식적인 절차는 생각하지도 않고, 살아남은 왕자들 중에서 왕을 세울 것이 분명하다고 판단했을 것이다. 그러니 유다 지파 사람들은 먼저 다윗을 왕에 앉힘으로써, 오래전 사무엘이 하느님의 명을 받아 다윗에게 기름을 부어 왕으로 세운 사실을 백성들에게 다시 한 번 각인해야 했다. 그리고 사울 왕가보다 정통성이 있다는 사실을 주장하면서 백성들의 지지를 선점해야만 했다. 하느님의 지명, 그것이야말로 정통성의 근본이었기 때문이다.

문제는 사울 왕가가 속한 베냐민 지파는 제외하더라도, 나머지 지파들이 다윗을 왕으로 인정하고 받아들일 것인가 하는 점이었다. 만일 사울 왕가가 남은 왕자들 중 누군가를 하느님이 왕으로 지명했다고 말하고, 제사장을 데려다가 기름을 부어 왕으로 선포한다면 어찌할 것인가? 그러지 않으리라 확신할 수 없었다. 사울 왕가가 그렇게 한다면, 나머지 지파들은 그 왕을 인정하고 따를 것이 틀림없었다.

결국 우려했던 일이 일어나고 말았다. 사울 군대의 사령관이었던 '아브넬'이 살아남은 사울의 넷째 아들 '이스보셋'을 데리고 요르단 강 너머에 있는 '마하나임'으로 가서 그를 유다 지파를 제외한 온 이스라엘의 왕으로 삼았다. 그들은 왜 베냐민 지파의 땅에서 왕을 세우지 않고, 요르단 강 너머 먼 곳까지 가서 왕을 세웠을까? 아마 그곳이 이스라엘 12지파의 시조인 야곱과 관련된 성지였기 때문일 것이다. 형 에서를 피해 하란으로 갔던 야곱이 고향으로 돌아오는 길에 하느님의 천사를 만났던 곳이다. 하느님의 천사를 알아본 야곱이 "이곳이 하느님의 진지구나."(창세기 32:3) 하며 그곳을 '마하나임'(하느님의 대군)이라고 이름 붙인 일이 있었다. 그날 밤 야곱은 하느님과 겨루어 이겨 '이스라엘'이라는 이름을 받았다. 마하나임이라면 이스라엘의 모든 지파에 조상의 전통을 이어받았다는 정통성을 주장할 수 있었고, 새로운 출발지로 삼기에도 안성맞춤이었다.

사울의 아들을 왕으로 앉힌 사람들은 하느님이 지명한 다윗을 무시하고, 여느 나라들처럼 왕위 세습을 통해 왕을 세웠다. 하느님의 지명이라는 절차는 이미 유명무실해졌다. 다윗의 경우에는 모든 백성의 동의와 인준이라는 마지막 절차를 치를 수 없었다. 미완성으로 남은 두 왕의 임명식은 앞으로 이스라엘이 겪을 비극의 시초였다.

이스라엘은 다윗이 다스리는 남부와 이스보셋이 다스리는 북부로 분단되고 말았다. 수백 년 동안 사이좋게 살아온 12부족 연합체 이스라엘이 왕의 권력 때문에 여느 나라들과 다를 바 없는 정권 투쟁에 돌입하여 내전이 일어날 위기에 처한 것이었다. 이 두 왕실 사이의 싸움은 2년 동안이나 이어졌다. 그러나 다윗은 갈수록 강해졌고 사울 왕가는 갈수록 약해졌다. 게다가 이스보셋과 아브넬의 관계가 틀어지면서 내분이 일어났다. 결국 아브넬은 베냐민 지파를 비롯한 다른 지파들을 설득해 다윗을 통일 이스라엘의 왕으로 앉히기로 했다.

이스라엘 여러 족속이 모두 헤브론으로 다윗을 찾아와 아뢰었다. "우리는 임금님과 한 골육입니다. 전에 사울이 우리의 왕이었을 때에도 우리 이스라엘을 거느리고 출전하신 것은 임금님이었습니다. 야훼께서도 임금님께 '너는 내 백성 이스라엘의 목자로서 이스라엘의 영도자가 되라.' 하지 않으셨습니까?" 이리하여 다윗 왕은 헤브론으로 찾아온 이스라엘의 모든 장로들을 맞아 야훼 앞에서 조약을 맺었고, 그들은 다윗에게 기름을 부어 이스라엘 왕으로 삼았다.(사무엘하 5:1~4)

나이 30살에 처음 왕이 된 다윗은 40년 6개월 동안 이스라엘을 다스렸다(기원전 1011~971년경). 헤브론에서 7년 6개월 동안 유다를 다스렸고, 이후 죽을 때까지 33년간 통일 이스라엘을 다스렸다. 이제 통일된 이스라엘의 수도를 새로 정하는 문제가 남아 있었다. 헤브론을 계속 수도로 두면 다른 지파들의 반발을 살지도 모른다. 그렇다고 완전히 다른 지파의 땅으로 수도를 옮기면 세력 기반인 유다를 잃을지도 모른다.

마침 유다와 이스라엘의 경계에 걸쳐 어느 쪽에도 속하지 않은 도시가 있었는데, 그곳이 바로 '예루살렘'(평화의 터전)이었다. 이곳을 수도로 삼으면 유다와 나머지 이스라엘 지파들을 모두 만족시킬 수 있을 것이었다. 다윗은 헤브론을 떠나 예루살렘으로 갔다. 그곳에는 여부스인들이 상당수 살고 있었다. 그때까지도 이스라엘은 가나안 땅을 완전히 정복하지 못한 상태였다. 여부스인들이 "너 같은 것이 이리로 쳐들어오다니, 어림도 없다. 소경이나 절름발이도 너쯤은 쫓아낼 수 있다."(사무엘하 5:6)라고 말하며 빈정거렸다. 여부스인들은 다윗이 감히 자신들을 치지는 못하리라고 생각했던 것이다. 그러나 다윗은 견고한 시온 성을 점령하고 '다윗 성'으로 이름을 바꾼 후 도성으로 삼았다. 예루살렘은 삼면이 산으로 둘러싸인 높은 바위 언덕 위에 있는 천연 요새이며, 남부 유다와 북부 이스라엘을 연결하는 요충지였다. 그제야 250년 전에 시작된, 이스라엘의 길고 길었던 가나안 정착이 완료되었다.

그 후 다윗은 이스라엘에 침입한 블레셋을 두 번이나 물리치고, 그들을 지중해 해변으로 완전히 밀어붙여 꼼짝도 못하게 했다. 다윗이 블레셋 사람들을 물리친 후 부른 승전가가 지금도 전해진다. "홍수가 모든 것을 휩쓸어버리듯이, 주님께서 나의 원수들을 내 앞에서 그렇게 휩쓸어버리셨다."(사무엘하 5:20, 새번역)

통일 이스라엘의 왕이 된 다윗이 가장 먼저 해야 할 일은 민족 통합이었다. 이스라엘은 겉으로는 통일된 듯 보였지만, 백성들의 마음에는 여전히 내전의 트라우마가 남아 있어서 온전히 하나가 될 수 없었다. 이스라엘 민족의 특성, 곧 그들의 마음과 생각과 삶의 중심을 차지하고 있는 게 무엇인지를 그 누구보다 잘 알았던 다윗은 민족 통합을 이룩하는 데 가장 좋은 방법이 바로 이스라엘의 종교를 활용하는 것이라는 걸 통찰했다.

마침 좋은 방법이 떠올랐다. 오래전 블레셋에게 빼앗겼다가 돌아와 민간에 맡겨진 하느님의 법궤(언약궤, 계약궤)를 예루살렘에 안치하는 것이었다. 이 방법은 다윗이라는 왕이 하느님을 얼마나 경건하게 모시는지를 보여주는 일이기도 했기에 왕권을 강화하는 데도 큰 역할을 할 것이었다. 다윗은 군인 3만 명을 징집하여 이들을 거느리고 언약궤가 있는 아비나답의 집으로 향했다.

언약궤는 하느님의 임재와 현존을 상징하는 신성한 보물이었다. 고대인들은 신의 임재를 매우 신성하고 강력한 힘의 상징으로 여겼고, 삶의 성공과 행복과 풍요, 나라의 안정을 모두 신의 선물로 이해했다. 이스라엘은 하느님의 임재인 '셰키나'를 하느님의 영광과 거룩함의 불꽃을 가리키면서 동시에 하느님과 동일시하기도 했다. 종교학자들은 이러한 신의 행위를 '신비스러운 힘'을 뜻하는 고대 라틴어 '누멘(Numen)'이라고 부른다.

종교가 중심인 이스라엘 민족에게 셰키나와 누멘의 구체적인 상징과 표현인 언약궤야말로 민족 통합과 국가 안정의 중심이자 기둥인 셈이었다. 특히 언약궤를 수도에 안치하는 것이 가장 빠르고 효과적으로 민족을 통합하는 지름길이었다.

다윗은 아비나답의 집에서 하느님의 궤를 수레에 싣고 나왔다. 언약궤 뒤로 온 이스라엘 백성이 늘어서서 따랐다. 그 행렬이 몇 킬로미터는 되었다. 그들은 수금과 거문고를 뜯고 소구와 꽹과리를 치면서 마음껏 노래 부르며 춤을 추었다. 다윗은 소와 양을 제물로 바치고 모시 에봇만을 걸친 채 하느님 앞에서 온 힘을 다하여 춤을 추었다. 다윗은 온 이스라엘 백성들과 함께 나팔을 불고 함성을 지르며 야훼의 궤를 가지고 예루살렘으로 '올라왔다.'

다윗이 바라던 대로 이루어지고 있었다. 좋은 뜻에서 백성의 심리를 백분 활용한 것이었다. 언약궤를 바라보면서 백성들은 그간 겪은 온갖 괴로움과 초대 왕과 왕자들의 죽음으로 인한 슬픔과 내전의 트라우마가 한꺼번에 치유되고, '신비스러움과 매혹'을 느끼며 마음이 시원하게 정화되었을 것이다. 이로써 백성들의 마음은 하나가 될 것이었다. 그리고 더 중요한 것은 다윗의 왕권이 비로소 드높은 권위와 위엄을 갖추게 된 것이었으리라.

'올라왔다'라는 표현은 예루살렘이 높고 널따란 고원 지대에 있었기 때문이기도 하지만, 그보다 하느님의 거룩한 궤를 안치할 곳이었기 때문에 신학적인 의미를 부여한 것이다. 구약성서에서 '올라가다'는 늘 상승, 희망, 승화, 성장, 번영, 승리, 생명 등의 긍정적인 의미로 쓰이고, '내려가다' 혹은 '떨어지다'는 언제나 악화, 침몰, 쇠락, 절망, 패배, 죽음 등의 부정적인 의미로 쓰인다. 단어 하나에도 깊은 신학적 의미가 들어 있는 것이다.

다윗은 미리 성막을 쳐서 마련해놓은 자리에 언약궤를 모셔놓고 야훼에게 번제와 친교제를 올렸다. "다윗은 만군의 야훼의 이름으로 백성들에게 복을 빌어주었다. 그리고 모여든 온 이스라엘 백성들에게 남녀를 가리지 않고 떡 한 개, 마른 대추야자 한 뭉치, 건포도떡 한 개씩을 나누어주었다."(사무엘하 6:18~19) 음식은 적었지만, 행복한 마음은 컸다.

그렇게 하여 이스라엘은 불운하고 쓸쓸하고 상처 많았던 과거를 잊고 새롭게 출발했다. 백성은 백성대로, 다윗은 다윗대로 목적을 이루었다. 이제 이스라엘에는 누구에게나 믿고 의지할 중심이란 것이 다시 생기게 되었다. 그것이 다윗이 이룬 이스라엘의 통합이었다. 임금이 모든 백성이 보는 앞에서 노래를 부르고 덩실덩실 춤을 추었고, 모든 백성도 기뻐하며 웃고 춤추며 행복에 젖었다. 아무 말 없이 어려운 과업을 이룬 것이다.

그러나 사울의 딸이자 다윗의 아내인 미갈은 야훼의 궤가 다윗의 도성에 들어올 때 다윗 왕이 야훼 앞에서 덩실덩실 춤추는 것을 창으로 내려다보고는 다윗을 나무랐다. "오늘 이스라엘의 임금으로서 체통이 참 볼 만하더군요. 건달처럼 신하들의 여편네들 보는 앞에서 몸을 온통 드러내시다니."(사무엘하 6:20) 이 말에 다윗이 대답했다.

야훼께서는 그대 아버지와 그대 집안을 다 제쳐놓으시고 나를 택하여 당신의 백성 이스라엘의 왕으로 세워주셨소. 나는 그 야훼 앞에서 춤을 추었소. 나는 앞으로도 야훼 앞에서 춤출 것이며 이번보다도 더 경망히 굴 것이오. 그대는 천하게 보겠지만 지금 말한 그 여편네들은 나를 더욱 우러를 것이오.(사무엘하 6:21~22)

"야훼께서 사면의 원수를 다 물리쳐주셨으므로 다윗 왕은 궁에서 마음놓고 살게 되었다."(사무엘하 7:1) 비로소 백성들이 들개 떼 같은 다른 민족들의 침입을 받지 않고 평화롭게 살았다는 뜻이다. 다윗은 블레셋과 모압 같은 이민족들이 다시는 쳐들어오지 못하게 확실하게 격퇴했다.

이런 평온함 속에서도 다윗의 마음에는 걸리는 문제가 하나 있었다. 번듯한 **성전**이 없다는 것이었다. 그래서 다윗은 예언자 나단에게 "내 말을 들으시오. 나는 이렇게 송백으로 지은 궁에서 사는데, 하느님의 궤는 아직도 휘장 안에 모셔 둔 채 그대로 있소." 하고 말하자, 나단은 "야훼께서 함께 계시니 무엇이든지 뜻대로 하십시오." 하고 대답했다(사무엘하 7:2~3).

'송백(백향목)'은 레바논 산악 지대에서만 자라는 귀하고 값비싼 향나무의 일종인데, 주로 왕궁이나 성전을 짓는 목재로만 쓰였다. 다윗이 예루살렘에 도성을 정했을 때, 페니키아 티레(띠로, 두로) 왕국의 왕 히람이 사절단과 함께 재목과 목수와 석수를 보내어 궁궐을 지어주었다.

예언자 나단은 전통적인 예언자라기보다는 다윗의 궁정 종교 고문이었다. 그는 후일 서출(庶出)인 솔로몬이 왕위에 오르는 데 결정적 역할을 한다. 그날 밤, 하느님이 나단에게 말했다.

너는 나의 종 다윗에게 가서 나 야훼의 말이라 하고 이렇게 일러라. …… 나는 양 떼를 따라다니던 너를 목장에서 데려내다가 내 백성 이스라엘의 영도자로 삼았다. 그리고 나는 네가 어디를 가든지 너와 함께 있으면서 모든 원수들을 네 앞에서 쳐 없애버렸다. 세상에서 이름난 어떤 위인 못지않게 네 이름을 떨치게 해주리라. 또 너는 내 백성 이스라엘이 머무를 곳을 정해주어 그곳에 뿌리를 박고 전처럼 악한들에게 억압당하는 일이 없이 안심하고 살게 하리라. …… 네가 살 만큼 다 살고 조상들 옆에 누워 잠든 다음, 네 몸에서 난 자식 하나를 후계자로 삼을 터이니 그가 국권을 튼튼히 하고 나에게 집을 지어 바쳐 나의 이름을 빛낼 것이며, 나는 그의 나라를 영원히 든든하

다윗의 통일 이스라엘

유프라테스 강

키프로스

시리아(아람)

지중해

다마스쿠스

이스라엘

예리코

예루살렘 사해

암몬

유다

모압

에돔

시나이 반도

아카바 만

게 다지리라.(사무엘하 7:5~13)

이것을 '다윗 계약'이라고 한다. 대대로 다윗의 자손들을 왕으로 앉혀 하나의 왕조를 이루고 번영하게 하리라는 약속이 주 내용이다. 따라서 이제부터 왕정 제도가 세습제로 변경된 것이다. 그런데 이제까지의 모든 계약(조약)처럼 역시 조건부 계약이다. 다윗과 그 후손들이 오직 하느님께 충성의 의무를 다해야만 계약이 유효하다는 것이다. 만약 조건을 지키지 않는다면 계약의 일부 또는 전부가 취소될 것이다.

그렇게 하여 다윗은 왕위 걱정을 덜었다. 남은 일은 외세에 맞서 국가를 안전하게 지키고 내정을 튼튼히 하여 백성들이 살기 좋은 나라를 만드는 것이었다. 그는 블레셋, 모압, 시리아, 에돔, 아말렉, 암몬 등 주변의 모든 나라들을 패퇴시켜 다시는 이스라엘을 침입하지 못하게 했다. 다윗은 언제나 '공평하고 의로운 법'으로 다스렸고, 또한 나라의 행정 제도와 신분 제도도 더 체계적으로 만들어 실시했다(사무엘하 8:15~18). 그제야 나라의 기틀이 잡히기 시작했다.

다윗은 친구 요나단을 기억하고, 살아남은 그의 자손들을 찾아오라 명령했다. 요나단의 아들 '므비보셋'이 다윗 앞에 나섰는데 그는 두 다리를 모두 절었다. 다윗은 므비보셋에게 사울의 유산인 농토를 주었고, 궁에서 함께 살게 했다. "므비보셋은 늘 왕과 한 식탁에서 먹으며 예루살렘에서 살았다."(사무엘하 9:13) 이 역시 관용과 포용을 통한 통합의 한 방식이었다. 사울 가문을 제대로 대우하지 않으면 정치하는 데 어려움이 생길 것이 틀림없었기 때문이다.

한편으로는 혹시 모를 반역을 사전에 차단하기 위해서였다는 주장도 있지만, 다윗을 그렇게까지 냉혹하게 바라볼 필요는 없다고 본다. 목숨과도 같았던 친구 요나단을 생각하는 순수한 마음에서 행한 일일 것이다.(그런데 훗날 므비보셋은 다윗이 아들의 반역으로 곤경에 처했을 때 반역의 마음을 내비치기도 했다.)

이렇게 이스라엘은 현명하고 용감한 임금 다윗의 통치로 순풍에 돛 단 듯 나아갔다. 경제가 발전하여 살림이 튼실해졌고, 관리들의 불의한 범죄도 없어 사회가 안정되었다. 가히 태평성대가 열렸다.

바쎄바

다른 이의 아내를 탐한 다윗

이제 이스라엘 영토에서 전쟁은 없었다. 나라 밖에서 전쟁이 벌어진다 해도 전쟁은 주로 정규 군대의 몫이었기 때문에 백성들은 전쟁이란 것을 모르고 살았다. 그런 평화의 세월이 20년이 넘었다. 이스라엘의 평화가 천년만년 이어지면 좋으련만 오랜 평화는 안일을 불러왔다.

"해가 바뀌는 때가 왕들이 싸움을 일으키는 때였다. 그때가 되자 다윗은 요압(총사령관)에게 자기 부하 장교들과 이스라엘 전 군을 맡겨 내보냈다. …… 그러나 다윗은 예루살렘에 남아 있었다."(사무엘하 11:1) '왕들이 싸움을 일으키는 때'란 고대 세계에서 지키던 일종의 진통이었는데, 겨울이 지나고 아빕(Aviv, 오늘의 역으로는 3월 중순부터 4월 중순까지를 말한다)월이 되면 두 나라의 군대가 서로 힘겨루기를 했다. 두 나라에서 군사들을 출동시키고 서로 대치하는 가운데 대표 선수 몇 명을 뽑아 겨루게 하거나, 서로 한 번씩 돌아가며 공방전을 벌여 승패를 결정하는 방법이었다. 일종의 스포츠 경기였다고 볼 수 있다.

예루살렘에 남아 있던 다윗은 궁전 옥상을 거닐다가 목욕을 하고 있는 아름다운 여인을 보게 되었다. 예루살렘의 높은 언덕에 있는 왕궁의 옥상으로 올라가면, 주변을 환히 볼 수 있었다.

　다윗은 신하를 보내 그 여인이 누구인지 알아보게 했다. 그 여인은 헷 사람 우리야의 아내 바쎄바(밧세바)였다. 첫눈에 반한 다윗은 신하에게 여인을 데려오라 한 뒤 정을 통하고는 돌려보냈다. 얼마 뒤에 바쎄바는 자기가 임신한 것을 알고 다윗에게 사람을 보내 그 사실을 알렸다.

　바쎄바의 임신 사실을 안 다윗은 전장에 있는 요압에게 사람을 보내어 우리야를 자기에게 보내라고 했다. 우리야가 다윗 앞에 이르자 다윗은 요압을 비롯한 병사들의 안부와 싸움터의 형편을 묻고는 집에 돌아가 푹 쉬라고 했다. 그러나 충직한 우리야는 집으로 가지 않고 대궐 문간에서 근위병들과 함께 잤다. 다음 날 다윗은 우리야가 자기 집으로 가지 않았다는 말을 듣고 우리야에게 그 이유를 물었다. 우리야가 대답하기를, "요압 장군과 임금님의 모든 신하가 벌판에서 진을 치고 있습니다. 그런데 어찌, 저만 홀로 집으로 돌아가서, 먹고 마시고, 나의 아내와 잠자리를 같이 할 수가 있겠습니까?"(사무엘하 11:11, 새번역)라고 했다.

　우리야에게 바쎄바의 임신을 덮어씌우려던 다윗의 계획은 우리야의 충직함 때문에 좌절되었다. 그러자 다윗은 요압에게 편지를 보냈다. "우리야를 가장 전투가 심한 곳에 앞세워 내보내고 너희는 뒤로 물러나서 그를 맞아죽게 하여라."(사무엘하 11:15) 결국 우리야는 전장에서 죽고 말았다. 다윗 역시 죄를 짓고 사는 인간에 불과했다. 그는 성인(聖人)이 아니었다. 시정잡배도 쉽게 하지 않을 비겁하고 간교한 짓을 하여 충직한 군인을 죽음에 이르게 했다. 우리야가 전사

아르테미시아 젠틸레스키, 〈바쎄바〉, 연도 미상.

했다는 전갈을 받고 그의 아내는 남편을 생각하며 슬피 울었다. 애도하는 기간이 지난 다음, 다윗은 예를 갖추어 그 여인을 궁으로 맞아들여 아내로 삼았다.

다윗의 마음에는 이미 하느님의 존재 따위는 없었다. 마음만 먹으면 무슨 짓이라도 할 수 있는 지상의 하느님이 되었다. 그렇게 하여 선악과에 손을 댔고 깡그리 먹어치웠다. "주님께서 보시기에 다윗이 한 이번 일은 아주 악하였다."(사무엘하 11:27, 새번역) '악하다'는 표현은 이스라엘이 바알과 아스다롯 여신을 숭배할 때마다 사용한 단어이다. 그런즉 그의 행위는 하느님을 버리고 바알 신을 숭배한 죄와 동일한 것이었다. 다윗도 점차 사울을 닮아 갔다. 자기 외부의 적들은 다 물리쳤으나 내부의 적은 물리치지 못했던 것이다.

다음 날 아침, 예언자 나단이 찾아와 이런 이야기를 했다.

> 어떤 성에 두 사람이 살고 있었는데, 한 사람은 부자였고 한 사람은 가난했습니다. 부자에게는 양도 소도 매우 많았지만, 가난한 이에게는 품삯으로 얻어 기르는 암컷 새끼 양 한 마리밖에 없었습니다. 그는 이 새끼 양을 제 자식들과 함께 키우며, 한 밥그릇에서 같이 먹이고 같은 잔으로 마시고 잘 때는 친딸이나 다를 바 없이 품에 안고 잤습니다. 그런데 하루는 부잣집에 손님이 하나 찾아왔습니다. 주인은 손님을 대접하는데 자기의 소나 양은 잡기가 아까워서, 그 가난한 집 새끼 양을 빼앗아 손님 대접을 했습니다.(사무엘하 12:1~4)

다윗은 "저런 죽일 놈! 세상에 그럴 수가 있느냐?" 하고 몹시 분개하여 그자에게 양 한마리를 네 배로 갚아주게 하라고 소리쳤다. 그때 나단이 다윗에게 "임금님이 바로 그 사람입니다."라고 말했다

(사무엘하 12:5~7). 다윗은 천 길 낭떠러지로 떨어지고 말았다. 뒤이어 나단은 하느님의 선고를 전했다.

나는 너를 사울의 손아귀에서 빼내어 기름을 붓고 이스라엘의 왕으로 삼았다. 나는 네 상전의 딸과 아내들까지 네 품에 안겨주었다. 나는 온 이스라엘과 유다의 딸들까지 너에게 주었다. 그래도 모자란다면 어떤 여자든지 더 주었을 것이다. 그런데 어찌하여 너는 나를 얕보며 내 눈에 거슬리는 짓을 했느냐? 너는 헷 사람 우리야를 칼로 쳐 죽였다. 암몬 군의 칼을 빌려 그를 죽이고 그의 아내를 빼앗아 네 아내로 삼았다. 네가 이렇게 나를 얕보고 헷 사람 우리야의 아내를 네 아내로 삼았으니, 너의 집안에는 칼부림이 가실 날이 없으리라. …… 네가 보는 앞에서 네 계집들을 끌어다가 딴 사내의 품에 안겨주리라. 밝은 대낮에 네 계집들은 욕을 당하리라. 너는 그 일을 쥐도 새도 모르게 했지만, 나는 이 일을 대낮에 온 이스라엘이 지켜보는 앞에서 이루리라.(사무엘하 12:7~12)

다윗은 그 자리에 무릎을 꿇고 죄를 고백했다. 나단은 "야훼께서 분명 임금님의 죄를 용서해주실 것입니다. 그리하여 임금님께서 죽지는 않으실 것입니다. 그러나 임금님께서 야훼를 얕보셨으니, 우리야의 아내가 낳게 될 아이는 죽을 것입니다."(사무엘하 12:13~14)라는 말을 남기고 돌아갔다. 다윗은 식음을 전폐하고 밤을 새우며 맨땅에 엎드려 하느님에게 애원했지만, 나단의 예언대로 아기는 7일을 앓다가 죽었다.

그 후, 다윗은 바쎄바를 위로하여 잠자리를 같이했고 그녀는 곧 아들을 낳았다. 다윗은 그 아이의 이름을 '평화롭다'라는 뜻의 '솔로몬'이라고 지었다. 평화와 안녕을 뜻하는 '샬롬'의 변형이다. 그러나 하느님은 아직 다윗을 용서한 게 아니었다. 두고두고 하느님을 얕본 대가를 치러야만 했다. 칼부림이 다윗의 집안을 떠나지 않을 것이었다.

아들의 반란

저무는 해 다윗과 국가의 분열

아버지가 나쁜 본을 보이자, 자식들이 고스란히 따라 했다. 다윗의 아들 '압살롬'(아버지의 평화)에게는 아직 결혼하지 않은 아름다운 누이 '다말'이 있었다. 압살롬의 배다른 형제 '암논'이 다말을 사랑했지만, 어찌하지 못하고 애만 태우다가 그만 병이 나고 말았다. 암논에게는 가깝게 지내던 요나답이라는 사촌(다윗의 형 시므아의 아들)이 있었는데, 그는 아주 교활한 인물이었다. 요나답은 암논이 병이 난 이유를 듣고는, 다말에게 병 수발을 들어 달라고 하라는 꾀를 냈다. 암논은 요나답이 제안한 대로 다윗에게 다말을 불러 달라고 했고, 다윗은 다말에게 사람을 보내어 오라비 암논에게 가서 입에 맞는 음식을 만들어주라고 일렀다.

암논은 자기를 간호하러 온 다말에게 끌어안고 같이 자자고 했다. 다말이 저항하고 애원했지만 암논은 억지로 그녀를 욕보였다. 그러고 나니 암논은 갑자기 다말이 몹시 미워졌다. 욕을 보이고 나니 마음이 변해서 전에 사랑하던 것만큼이나 싫어졌던 것이다. 암논은 다말에게 당장 나가라고 소리를 버럭 질렀다. 다말은 소매에 색

동으로 수를 놓은 긴 옷을 입고 있었는데 시집가지 않은 공주들이 입던 옷이었다. 다말은 색동 소매를 찢고 손으로 얼굴을 감싼 채 목을 놓아 울면서 떠나갔다. 압살롬은 그 사실을 알고, 조용히 자기 집에서 다말이 머무르게 했다.

다윗 왕은 이 이야기를 듣고 몹시 화가 났지만, 아무런 조치도 취하지 않았다. 암논은 사랑하는 맏아들이자 왕위 계승자였기 때문이다. 이 일은 다윗의 치명적 실책이었다. 장차 호미로 막을 것을 가래로도 막지 못할 사태가 터질 것이었다.

한편 압살롬은 암논과는 말을 하지 않았다. 누이동생 다말을 욕보인 일로 앙심을 품고 있었기 때문이다. 그로부터 2년이 지났다. 압살롬은 양털 깎는 절기를 맞아 암논을 비롯한 왕자들을 자기 영지에 초대했다. 압살롬은 부하들에게 미리 일러 두었다. "암논이 술에 취해 거나해지면 내가 치라고 할 터이니, 그때 암논을 쳐 죽여라. 내 명령이니 두려워하지 마라. 마음을 단단히 먹고 거침없이 해치워라."(사무엘하 13:28) 압살롬의 부하들은 그의 명령대로 암논을 해치웠다. 다른 왕자들은 모두 달아났다.

이 소식을 들은 다윗과 모든 신하가 통곡했다. 압살롬은 외할아버지 집으로 도망쳐, 그곳에서 3년 동안 머물렀다. 암논이 죽었을 때 받은 충격이 서서히 가라앉은 다윗은 오히려 압살롬이 보고 싶어졌다. 왕의 그리움을 눈치챈 총사령관 요압이 압살롬을 예루살렘으로 데려왔으나, 무슨 생각인지 다윗은 그를 만나주지 않았다. 압살롬은 아버지에게 인사도 못하고 자기 궁으로 물러가 살았다.

압살롬은 예루살렘에 돌아와서 2년을 지냈는데도 아버지를 한 번도 만나지 못했다. 답답한 마음에 압살롬이 요압을 불러 말했다. "장군을 임금님께 보내어서, 나를 왜 그술(외할아버지 집이 있는 곳)에서 돌아오게 하였는지, 여쭈어보고 싶었소. 여기에서 이렇게 살 바에야, 차라리 그곳에 그대로 있는 것이 더욱 좋을 뻔하였소. 이제 나는 임금님의 얼굴을 뵙고 싶소. 나에게 아직도 무슨 죄가 남아 있으면, 차라리 죽여 달라고 하더라고 말씀을 드려주시오."(사무엘하 14:32, 새번역)

마침내 압살롬은 아버지를 만날 수 있었다. 압살롬이 얼굴이 땅에 닿도록 절을 하자, 다윗이 압살롬에게 입을 맞추었다. 그 뒤에 압살롬은 자기가 탈 수레와 말을 갖추고 호위병 오십 명을 거느리게 되었다.

압살롬은 아침마다 일찍 일어나서 성문으로 통하는 길목에 서 있다가 소송할 일이 있어 왕을 찾아가는 사람이 있으면 불러 세우고, "그런 이야기가 왕의 귀에 들어가기나 할 것 같소? …… 내가 이 나라의 재판관이 된다면 소송할 일이 있어 재판을 받으려는 사람은 누구든지 내 앞에 와서 공정한 판결을 받을 것이오."(사무엘하 15:2~4)라고 말했다. 또 누가 앞에 와서 절이라도 하면 압살롬은 손을 내밀어 붙잡아 일으키며 입을 맞추어주었다.

압살롬은 왕에게 재판을 받으러 오는 이스라엘 백성을 만날 때마다 이렇게 하여 이스라엘 사람들의 환심을 샀다. 온 이스라엘에 압살롬만큼 발끝에서 머리끝까지 흠잡을 데 없이 잘생긴 사람은 없다고 칭찬이 자자했다. 백성들의 마음은 자연히 자기들의 억울한 사정을 자상하게 들어주고 배려해주는, 잘생기고 마음 따스한 왕자에게로 기울었다.

그렇게 4년이 흘렀다. 민심을 얻었으니 남은 것은 거사 장소와 방법이었다. 압살롬은 아버지 다윗을 찾아가, 예루살렘에 무사히 돌아온다면 하느님께 예배를 드리겠다고 서원했으니 '헤브론'에 가는 걸

허락해 달라고 청했다. 압살롬이 예루살렘으로 돌아온 것은 6년 전이었다. 그 서원은 이미 한참 전에 지켰어야 하는 서원이었다. 그런데도 다윗은 그 말을 듣고 아무런 의심을 하지 않았다.

압살롬은 모든 이스라엘 지파에 첩자를 보내, 나팔 소리가 나거든 "압살롬이 헤브론에서 왕이 되었다!"(사무엘하 15:10) 하고 외치라고 일렀다. 압살롬은 다윗의 참모였던 제사장 '아히도벨'도 끌어들였다. 이렇게 반란 세력이 점점 커지니 압살롬을 따르는 백성도 점점 더 많아졌다. 성지와 제사장과 민심까지 등에 업은 압살롬은 반란 준비를 모두 마쳤다.

이 소식을 들은 다윗은 정규군이 있는데도 반란군을 진압하지 않고 도성을 내주고 떠났다. 왜 그랬을까? 이는 두 가지 이유로 볼 수 있는데, 첫째는 민심의 흐름이다. 다윗은 이스라엘의 민심이 압살롬에게로 기울었다는 것을 알고 있었다. 둘째, 모든 일은 하느님이 하는 일이라는 걸 알았던 것이다. "만일 하느님께서 나를 보고 싶어 하지 않으신다면 어떤 처분을 내리시든지 받아야지요."(사무엘하 15:26) 바쎄바 사건 직후 예언자 나단이 말했던 '칼부림'이 이것이리라.

신하들은 임금의 결정에 따랐다. 왕은 왕궁을 지킬 후궁 10명만 남겨놓고, 온 왕실을 거느리고 피난길에 올랐다. 왕이 먼저 나아가자 '모든 백성'이 뒤따라 나섰다. '모든 백성'이란 이스라엘 전체를 가리키는 것이 아니라 주로 도성에 살던 다윗이 속한 유다 지파를 가리킨다. 그러니 실상 이것은 내전이었다. 다윗과 백성들은 광야 쪽으로 나아갔다. 다윗은 하느님의 언약궤를 멘 레위 사람을 보고는, "만일 내가 야훼께 은혜를 입는다면 다시 돌아와 제자리에 모신 이 궤를 보게 되지 않겠소?"(사무엘하 15:25)라며 말하며 다시 궤를 성으로 가지고 가라고 일렀다.

여기에서 제사장들과 다윗의 생각에 차이가 드러난다. 제사장들이 언약궤를 메고 온 것은 압살롬이 쿠데타에 성공하여 왕이 될지라도, 하느님의 궤가 없으면 백성들로부터 정통성을 인정받기 어렵다고 판단했기 때문이다. 이스라엘의 왕이 언약궤도 없이 무슨 통치를 하겠는가? 그러나 다윗은 하느님의 궤를 이용하여 왕으로 살 생각이 없었다. 다윗은 지금 일어나는 이 모든 일이 하느님이 하는 일이라고 판단했다. 그에게는 언약궤보다 하느님이 더 중요했다. 그러니 압살롬이 왕이 된다면 그 또한 하느님의 일이며, 하느님이 그를 싫어한다면 압살롬이 언약궤를 가지고 있다 해도 곧 무너질 것이라는 생각이었다.

다시금 고난을 당하자, 다윗은 제정신을 차리기 시작했다. 다윗은 어쩌다가 집안이 이 꼴이 되었는지, 모든 게 부끄러웠다. 자식이 아비를 죽이고 왕이 되겠다고 나섰으니, 온 백성의 손가락질을 받을 것이었다. 모두 자기 탓이라고 생각했다. 다윗은 머리를 가리고 울면서 맨발로 올리브 산(감람산) 등성이를 걸어 올라갔다. 백성들도 모두 머리를 가리고 울면서 뒤따랐다.

다윗이 산꼭대기에 이르자 '후새'가 슬픔에 못 이겨 겉옷을 찢고 머리에 흙을 뒤집어쓴 채로 그를 맞았다. 후새는 다윗의 친구이자 정치 고문이었다. 다윗은 후새에게 성으로 들어가 압살롬의 신하가 되어 제사장 아히도벨의 꾀를 뒤엎으라는 명을 내렸다. 후새는 명을 받들어 성으로 갔다.

다윗이 한 마을에 이르렀을 때, 한 사람이 돌을 던지며 입에 담지 못할 말을 퍼부었다. 그는 사울 왕의 친척인 '시므이'였다. "영영 가거라! 이 피비린내 나는 살인자야! 이 불한당 같은 자야! 네가 사울의 집안사람을 다 죽이고, 그의 나라를 차지하였으나, 이제는 주님께서 그 피 값을 모두 너에게 갚으신다. 이제는 주님께서 이 나라를 너의 아들 압살롬의 손에 넘겨주셨다. 이런 형벌은 너와 같은 살인 자가 마땅히 받아야 할 재앙이다."(사무엘하 16:7~8, 새번역)

보다못한 신하들이 그자의 목을 잘라버리겠다고 하자, 다윗은 "나의 핏줄에서 태어난 친자식마저 날 죽이려고 날뛰는 판에 베냐민 사람이야 더 말해 무엇하겠소? 야훼께서 시키신 일이니 욕하게 그 냥 내버려두시오."(사무엘하 16:11) 하고 신하들을 말렸다. 고난이 닥 쳐오자 다윗은 다시금 모든 일이 하느님의 뜻대로 일어나는 일이라 는, 광야 시절의 경건한 신앙을 새롭게 터득하고 있었다.

한편, 압살롬은 자기를 따르는 백성들을 데리고 예루살렘으로 입 성했다. 아히도벨도 함께 있었다. 천하에 이렇게 쉬운 쿠데타는 없 을 것이다. 압살롬은 피 한 방울 흘리지 않고 왕궁과 도성을 접수했 다. 왕궁과 도성에는 그를 환영하는 백성들만 있었다. 다윗의 군대 도, 저항하는 신하도 없었다. 다윗을 따르는 사람들은 유다 지파뿐 이었다. 압살롬의 군대는 단순히 반란자 몇 명 수준이 아니었다. 이 스라엘은 또 다시 분열되고 말았다.

그때 후새가 압살롬에게 나아가 "임금님 만세! 임금님 만세!" 하 고 외쳤다. 그러자 압살롬이 후새를 꾸짖었다. "그대의 충성심이 겨 우 이 정도요? 가깝게 모시던 이를 따라가지 않고 이렇게 남아 있다 니 될 말이오?" 그 말에 후새는 "지당하신 말씀이오나 소인은 야훼 께서 뽑으시고 이 백성과 온 이스라엘이 택해 세운 그런 분을 모시 기로 하였습니다. 여태껏 섬겨 오던 분의 아드님 말고 소인이 누구 를 섬기겠습니까? 전에 부왕을 섬겼듯이 소인은 이제 임금님을 섬기 겠습니다." 하고 대답했다(사무엘하 16:16~20)

물론 이는 거짓말이었다. 그러나 압살롬은 누구나 인정하는 훌륭한 정치 참모 후새의 전향을 의심 없이 받아들였다. 달변가이며 속임수에도 능했던 압살롬은 결국 자신도 속임수에 넘어가게 된 것이다. 압살롬 역시 감언이설과 아첨에 약한 본성을 지닌 인간에 불과했다. 후새를 받아들인 것이 훗날 압살롬의 결정적인 패인(敗因)이 되고 만다.

압살롬이 아히도벨에게 무슨 일부터 해야 하는지 물었다. 만사 제쳐두고 다윗을 추격하는 일이 우선이었지만, 아히도벨은 부왕의 후궁들과 동침하라고 조언했다. "임금님께서 친아버지마저 욕을 보였다는 소식이 온 이스라엘에 퍼지면 임금님을 받드는 사람들은 의기충천할 것"(사무엘하 16:21)이라는 납득하기 어려운 이유를 대면서 말이다. 지도자의 도덕적 타락을 권하는 정치 참모의 의견은 누가 봐도 이상한 것이었다. 그러나 압살롬은 그의 말대로 궁궐의 옥상에 천막을 쳐 신방을 마련한 다음, 온 이스라엘이 보는 앞에서 부왕의 후궁들과 관계를 했다.

예언자 나단의 예언을 되새겨보라. 결국 이 일조차 하느님이 시켜서 하게 된 것이었다. 하늘이 장차 누군가를 망하게 하려면 비정상적이고 해괴한 일을 벌이도록 한다고 하는데, 압살롬의 정치 참모나 그를 따르는 모든 11개 지파 사람들은 종교적으로 극단적인 망상에 휩싸여 아무것도 올바르게 판단할 줄 몰랐다.

그 일이 끝나자, 아히도벨은 나윗만 죽이면 그를 따라간 백성들은 모두 성으로 돌아올 것이니 자기에게 다윗을 뒤쫓을 병력을 달라고 압살롬에게 말했다. 압살롬만이 아니라, 이스라엘의 모든 장로도 이 말이 옳다고 생각했다. 그러나 압살롬은 후새의 의견도 한번 들어보자고 했다. 후새는 아히도벨의 의견은 좋지 않은 것 같다고 하며 그 까닭을 이렇게 말했다.

임금님께서 아시다시피 임금님의 아버님이나 그의 부하들은 용사들입니다. 사납기로 말하면 새끼를 빼앗긴 곰과도 같습니다. 더구나 임금님의 아버님은 전략에 뛰어난 분입니다. 결코 자기 군사들과 함께 자지는 않을 것입니다. 아마 지금쯤 그는 굴 같은 데 감쪽같이 숨어 있을 것입니다. 싸움은 이제 시작인데 임금님의 군사들이 죽기라도 해서 "압살롬을 따르던 군대가 패했다." 하는 소문이라도 나면 사자처럼 용맹스러운 용사들도 간담이 서늘해질 것입니다. …… 그러니 제 생각은 이렇습니다. 단에서 브엘세바에 이르기까지의 이스라엘에서 군인들을 바닷가의 모래알만큼 많이 모아들여 임금님께서 친히 거느리시고 진군하시는 것이 좋을 것입니다. 우리는 그가 있는 곳만 알아내면 땅에 이슬이 내리듯 덮쳐 그의 집안은 물론 그를 따르던 사람을 모조리 죽여 없앨 수 있을 것입니다.(사무엘하 17:8~12)

들고 보니 구구절절 옳은 말이었다. 압살롬과 모든 이스라엘 사람들은 아히도벨의 생각보다는 후새의 생각이 낫다고 결정을 내렸다. 그렇게 하여 후새는 다윗 일행이 충분히 도망칠 시간을 벌어주었다. 성서 저자는 후새의 계략이 먹혀든 것 역시 하늘의 뜻이었다고 말한다. "주님께서 이미 압살롬이 재앙을 당하게 하시려고, 아히도벨의 좋은 모략을 좌절시키셨기 때문이다."(사무엘하 17:14, 새번역)

시간을 번 후새는 다윗에게 사람을 보내어 "광야로 건너는 나루터에서 이 밤을 묵다가는 왕과 일행이 변을 당할 터이니, 곧 강을 건너시라."(사무엘 17:16)고 전했다. 지쳐서 쉬고 있던 다윗 일행은 그 전언을 듣고 곧바로 요르단 강을 건너 '마하나임'에 이르렀다. 그곳에 있던 이들이 나와 다윗을 맞으며, 이부자리, 주발, 물병, 밀, 보릿가루, 볶은 밀, 보리, 콩, 팥, 꿀, 엉긴 젖, 양고기, 쇠고기 등을 다윗 일행에게 먹으라고 내놓았다.

다윗이 그때까지 살아온 모든 나날보다 더 길고 슬프고 처참한 '백 년보다 긴 하루'가 지나갔다. 사방이 무덤처럼 고요했다. 다윗은 오래전, 광야에서 도피 생활을 할 때에도 그런 밤을 수없이 지냈다. 그러나 그 어떤 밤도 오늘 밤에 비교할 것이 아니었다. 그제야 다윗은 깨달았다. 밤이 와 잠이 들었다가 아침에 다시 깨어 일어나는 것조차 하느님의 은총이라는 사실을⋯⋯. 지금까지 당연한 일로만 여겨 왔다. 그러나 목숨이 경각에 달린 지금, 피로에 찌들고 공포에 휩싸여 밤을 지내고 새벽 햇살을 보게 되자, 그것이 얼마나 큰 은총인지를 깨닫게 되었다. 천만 대군에 포위되었다 하더라도, 하느님이 정한 때가 아니라면 죽지 않을 것이라는 확신이 생겼다.

한편 자기 계획대로 일이 이루어지지 않는 것을 본 아히도벨은 나귀를 타고 고향으로 돌아가 목을 매고 자살했다. 권력을 추구한 어리석은 종교인의 최후는 불행했다. 시간을 번 다윗은 전열을 정비하고 반격하여 반란을 진압하는 데 성공했다. 장군들에게 압살롬을 죽이지 말라고 했지만, 결국 압살롬은 요압 장군의 손에 죽고 말았다. 압살롬의 병사들은 뿔뿔이 흩어졌고, 그의 반란은 실패로 돌아가고 말았다.

유다 지파와 나머지 열한 지파의 내전과, 연이은 반란으로 민심은 흉흉하기 이를 데 없었다. 엎친 데 덮친 격으로 큰 가뭄까지 들었다. 3년간 이어진 긴 가뭄에 바짝 마를 대로 마른 지푸라기와 같은 민심은 누가 불씨 하나만 던져도 민란으로 타오를 기세였다. 고대 히브리인들은 자연재해도 하느님이 내리는 일이라 여겼고, 이런 재해들은 왕의 부덕에 대한 하느님의 심판이라고 생각했다.

그러다가 다윗 말년에 커다란 불상사가 생겼는데, 다시금 그 자신이 저지른 일이었다. 그런데 성서는 그 일을 매우 이상하게 말한다. **"주님께서 다시 이스라엘에게 진노하셔서, 백성을 치시려고, 다윗을 부추기셨다. '너는 이스라엘과 유다의 인구를 조사하여라.'"**(사무엘하 24:1, 새번역) 이 일로 전염병이 발생하여 수많은 백성이 죽었다. 그러나 앞뒤 어디를 봐도, 하느님이 진노할 이유가 없다. 그래서 자연히 이런 의혹이 일어난다. '이스라엘의 하느님은 아무 이유도 없이 툭하면 화를 내고 백성을 죽이는 잔혹한 신인가? 일을 하라고 시키고는 일한 사람을 심판하는 모순의 신이란 말인가?' 도대체 어찌된 일일까? 다음의 두 가지로 생각해볼 수 있다.

사고 체계와 언어 습관 : 이스라엘 사람들은 좋거나 흉하거나, 자연재해나 외적의 침입이나, 사람이 하거나 집단이 하거나, 심지어 사람의 마음속에서 일어나는 은밀한 생각도 다 하느님이 '부추기는', 곧 하느님이 하는 일이라고 여겼다. 그래서 실상 다윗의 머릿속에서 나온 인구 조사 계획도 하느님이 한 일이라고 말한 것이다. 그러니까 결과에 대한 원인 분석, 즉 다윗 시대에 일어난 거대한 재해를 죄에 대한 하느님의 심판으로 해석하는 신학적 원리와 이스라엘의 사고 체계에 맞추어 다윗이 저지른 죄 때문에 일어난 일로 기록한 것이라고 볼 수 있다.

다시 말해서, 다윗의 통치 기간에 발생한 전염병 때문에 수많은 백성이 죽은 사건을 성서 저자들은 하느님이 다윗 왕의 죄를 물어 심판한 사건으로 해석하고 그 원인을 인구 조사에서 찾았다는 뜻이다. 이스라엘 신학에 의하면 죄를 지으면 언제나 심판을 받는데, 따라서 심판은 곧 죄의 증명이다. 성서에는 이런 어법이 무수하게 나온다. 이렇게 이해하지 않으면, 하느님이 다윗으로 하여금 인구 조사를 부추기고 심판을 내리는 자기 모순적이고 심술궂고 독선적이고 자기 백성을 함부로 죽이는 나쁜 신이 되고 만다.

다윗의 교만에 대한 비판 : 따라서 위 문장은 뒤집어 읽어야 한다. "다윗이 인구 조사를 하자, 하느님이 진노하여 백성을 쳤다." 여기에서 핵심은 하느님의 심판이 아니라 **인구 조사**이다. 그러면 인구 조사가 왜 심판을 받아야 하는 일이며, 하느님은 왜 인구 조사에 민감한 반응을 보인 것일까?

왕의 인구 조사 목적은 세 가지이다. 세금 강화, 군대 강화, 왕권 강화. 결국 최종 목적은 왕권 강화이다. 그런데 이스라엘은 전통적으로 하느님이 자기들을 지켜준다는 선민 사상을 지녔다. 그 고전적 전거가 이집트 탈출 사건이다. 그리하여 전쟁 같은 절체절명의 위기 앞에서도 신앙이 해결책이었다. "군대가 많다고 해서 왕이 나라를 구하는 것은 아니며, 힘이 세다고 해서 용사가 제 목숨을 건지는 것은 아니다. 나라를 구하는 데 군마가 필요한 것은 아니며, 목숨을 건지는 데 많은 군대가 필요한 것은 아니다. 그렇다. 주님의 눈은 주님을 경외하는 사람들을 살펴보시며, 한결같은 사랑을 사모하는 사람들을 살펴보시고, 그들의 목숨을 죽을 자리에서 건져내시고, 굶주릴 때에 살려주신다."(시편 33:16~19, 새번역) 또한 다윗 자신이 골리앗과 대결할 무렵에 한 말로도 이스라엘의 이러한 사상을 확인할 수 있다. "주님께서는 칼이나 창 따위를 쓰셔서 구원하시는 것이 아니라는 것을, 여기에 모인 이 온 무리가 알게 하겠다. 전쟁에서 이기고 지는 것은 주님께 달린 것이다."(사무엘상 17:47, 새번역)

이런 신앙적 사고가 흐트러진 다윗은 세금을 걷고 군대를 강화해 국가의 안전과 왕권을 더욱 공고히 하려 했던 것이다. 따라서 그의 행위는 이스라엘에서 하느님을 제외해버린 것이다. 사무엘이 사울을 책망했던 말을 떠올려보라. "야훼께서, 당신의 말씀을 따르는 것보다 번제나 친교제 바치는 것을 더 기뻐하실 것 같소? 순종하는 것이 제사드리는 것보다 낫고, …… 그분을 거역하는 것은 점쟁이 노릇만큼이나 죄가 되고 그분께 대드는 것은 우상을 위하는 것만큼이나 죄가 되오."(사무엘상 15:22~23) 결국 다윗은 하느님을 불신하고 교만하여 악한 죄를 저지른 것이었다.

그런데 똑같은 장면을 기록한 〈역대기하〉는 하느님에게 누를 끼치지 않기 위하여 하느님이 아닌 '사탄'의 이름을 집어넣는 방식으로 처리했다. **"사탄이 이스라엘을 치려고 일어나서, 다윗을 부추겨, 이스라엘의 인구를 조사하게 하였다."**(역대기하 21:1) 물론 이는 다윗의 책임을 슬쩍 돌려서 말한 것이지만, 그렇다고 해서 문제가 해결되는 것은 아니다. 〈역대기〉 저자들의 논리에 따르면, 인간이 사탄의 노예란 말인가? 〈역대기〉는 바빌론 유수 시기에 이스라엘 사람들이 페르시아 제국의 조로아스터교에서 사탄 개념을 받아들인 후에 씌어진 책이다. 이스라엘 종교에는 본디 사탄 개념이 없다.

그렇다면 대체 누가 인구 조사를 시킨 것이란 말인가? 인간 다윗, 정치가 다윗이 한 것이다. 하느님이 시킨 일도 아니고, 사탄의 꾐에 빠진 것도 아니다. 이것을 〈사무엘상〉의 "주님께서 보내신 악한 영이 사울을 괴롭혔다."(사무엘상 16:14, 새번역)라는 부분과 비교해보면 확연히 알 수 있다. 사울의 모든 행위가 결국 사울이 행한 것이듯, 다윗의 행위도 다윗이 한 것이다.

왕은 총사령관 요압에게 명령을 내렸다. "단에서 브엘세바에 이르기까지 두루 다니며 이스라엘 각 족속의 병적을 조사해 오시오."(사무엘하 24:2) 그러자 요압이 반대하고 나섰다. "임금님의 하느님 야훼께서 민병의 수를 지금보다 백 배나 늘리시어 임금님께서 친히 눈으로 보게 되셨으면 합니다마는, **임금님께서는 어찌하여** 이런 일을 즐겨 하시렵니까?"(사무엘하 24:3) 인구 조사가 분명히 다윗의 계획이라는 것이 밝혀지는 대목이다. '어찌하여'라는 나무람의 말이, 인구 조사를 하느님을 반역하는 죄로 규정하는 이스라엘의 전통을 잘 보여준다. 비록 성서에는 왕이 인구 조사를 해서는 안 된다는 말은 없지만, 인구 조사는 세금 징수를 강화하고 전제 정치를 할 우려가 다분한 것이었다. 이스라엘은 하느님의 백성이지, 왕의 백성이 아니라는 것이 이스라엘의 사상이다. 요압 장군의 눈에는 다윗 왕이 세금 징수를 확대하여 왕실을 배불리려 하거나 전제 정치를 꾀하는 것으로 보였기에 반대했던 것이다. 어쩌면 다윗은 자기 사후에 일어날지도 모를 왕자들의 반란이나 그들을 등에 업은 다른 장군들의 반역을 미리 차단하기 위해 인구 조사를 벌인 것일지도 모른다.

요압을 비롯한 사령관들의 설득에도 다윗은 굽히지 않았다. 그들은 하는 수 없이 인구 조사를 하려고 떠났다. 그들은 온 이스라엘 땅을 두루 돌아다니며 '아홉 달 스무 날' 만에 예루살렘으로 돌아왔다. 요압은 백성의 수와 '칼을 빼서 다룰 수 있는 용사'의 수도 보고하였다. 바로 이것이었다. 다윗이 지은 죄의 실체는 세금을 징수하는 것과 동시에, 강력한 군대로 나라를 다스리고자 했던 것이다. 하느님은 안중에도 없었다.

이렇게 인구를 조사하고 난 다음에야 다윗은 자신이 무슨 짓을 저질렀는지 알아차렸지만, 이미 엎지른 물이었다. 그는 하느님께 죄를 고백하며 기도했다. "제가 이런 못할 일을 해서 큰 죄를 지었습니다. 저는 참으로 어리석었습니다. 야훼여, 이 종의 죄를 용서해주십시오."(사무엘하 24:10)

결국 이 일은 하느님이 진노해 이스라엘을 치려고 다윗을 부추긴 일이 아니었다. 그렇다고 해서 다윗이 백성들을 어찌했던 것은 아니다. 그저 인구 조사만 실시했을 뿐이다. 그러나 중요한 것은 다윗이 하느님을 제치고 불순한 의도를 품었다는 데 있다. 따라서 쉬이 용서받을 수 있는 일이 아니었다.

다음 날 아침, 예언자 '가드(갓)'에게 하느님의 말씀이 내렸다. 하느님은 다윗으로 하여금 세 가지 가운데 하나를 선택하게 했다. 가드가 하느님의 말을 다윗에게 전했다. "임금님의 영토 안에 삼 년 동안 기근이 들든가, 임금님께서 원수들에게 석 달 동안 쫓겨다니시든가, 임금님의 영토 안에 사흘 동안 전염병이 돌든가 할 것입니다. 그러니 잘 생각하셔서 결정을 내리십시오. 저를 보내신 분께 무엇이라고 대답해 올려야겠습니까?"(사무엘하 24:13)

여기에서 다윗이 진정한 군왕이라면, 두 번째를 택했어야 했다. 그런데 다윗은 가드에게 이렇게 대답했다. "괴롭기 짝이 없구려. 그러나 야훼께서는 그지없이 자비로우시니 이 몸을 야훼께 내맡기려오. 사람에게는 내맡기지 않겠소."(사무엘하 24:14) 이리하여 다윗은 전염병을 내려 달라고 했다. 다윗은 아마 전염병이 왕위를 지키는 데 가장 적은 타격을 줄 거라고 생각했으리라. 3년 동안 흉년이 들거나 왕이 세 달 동안 도피를 한다면 반란을 넘어 민란이 일어날 것이고, 그것으로 다윗 왕조도 끝장날 것이었다. 그러니 다윗에게 가장 안전한 것은 전염병이었다. 전염병 중에 반역을 꾀할 사람은 아무도 없을 것이기 때문이었다.

그러나 다윗이 생각하지 못한 것이 하나 있는데, 이전에 예언자 '나단'을 통해서 하느님이 한 약속이다. 분명히 하느님은 다윗의 아들이 성전을 짓게 할 것이며 자손 대대로 나라를 다스리게 해주겠고 약속했다(사무엘하 7:1~13). 그런데도 다윗은 권력욕에 눈이 멀어 백성들을 고통에 빠뜨리고 말았다.

"야훼께서 그날 아침부터 정해놓은 시간까지 이스라엘에 전염병을 내리셨다. 그래서 **단에서 브엘세바에 이르기까지 칠만 명이나 죽었다.**"(사무엘하 24:15) 순간의 잘못된 선택이 죄 없는 백성을 7만 명이나 죽게 했다. 당장 왕의 자리에서 물러나야 할 사안이었다. 이전의 공적이 아무리 화려하다 해도 모든 게 무효가 될 일이었다.

7만 명이나 죽어 나갔지만 전염병은 그 기세가 꺾이지 않았고, 마침내 예루살렘까지 들이닥쳤다. 그제서야 다윗은 자신의 선택이 가져온 참담한 결과에 경악했다. 하느님 앞에 엎드려, "바로 내가 죄를 지은 사람입니다. 바로 내가 이런 악을 저지른 사람입니다. 백성은 양 떼일 뿐입니다. 그들에게는 아무런 잘못도 없습니다. 나와 내 아버지의 집안을 쳐주십시오."(사무엘하 24:17, 새번역) 하고 애원했다.

다음 날 예언자 가드가 와서 제단을 쌓고 제사를 바치며 회개하라고 일렀다. 다윗은 가드가 전해준 지시에 따라 그리로 올라가 제단을 쌓고 번제와 친교제를 올렸다. "그제야 야훼께서는 **나라를 위하여** 비는 그의 기도를 들으시고 이스라엘에서 재앙을 거두셨다."(사무엘하 24:25)

이렇게 다윗의 중·후반기는 왕자들의 죄와 반목과 반란, 그리고 민란과 가뭄과 전염병이 만연한 어지러운 시대였다. 그 모든 것이 태평세월의 안일함이 불러들인 일이었다.

5장

열왕기

왕들의 시대

†

〈열왕기(列王記)〉는 이스라엘의 여러 왕들에 대한 기록이다. 다윗 왕 말기에서부터 민족 분단을 거쳐 북이스라엘과 남유다 왕조 시대에 이르기까지의 이야기를 다룬 책이며, 유다 왕국이 바빌로니아 제국의 침공을 받아 멸망하는 것으로 끝난다. 이 책에서는 여러 왕 중에서도 특히 중요하다고 생각되는 왕들과 국제 정세에 얽힌 부분을 다룰 것이다.

다윗의 후계자

아도니야인가, 솔로몬인가?

다윗은 늙고 지쳐 더는 국정을 수행할 수 없었다. 그런데도 다윗은 후계자를 세워놓지 않았다. 다윗에게는 여러 후궁과의 사이에서 낳은 아들만 19명이 있었다. 후계자를 지명하거나 왕위에 앉혀 섭정하게 해 왕자들 사이에 일어날 싸움을 사전에 차단했어야 했다. 아무런 조치를 취하지 않은 다윗의 행동이 이후 '왕자의 난'이라는 커다란 위기를 불렀다.

다윗의 아들 **아도니야**('야훼는 나의 주'라는 뜻)는 자기가 탈 병거와 말을 마련하고 기병과 호위병 50명을 데리고 마치 자기가 후계자인 양 행세하고 다녔다. 아도니야는 셋째 압살롬의 바로 아래 동생이었는데 둘은 어머니가 다른 형제였다. 암논과 압살롬을 포함한 위의 세 형들이 죽는 바람에 넷째인 아도니야가 왕위 계승 서열 1위였다. 다윗의 총사령관 요압과 엘리 가문의 마지막 제사장이자 이른바 아히멜렉 사건의 생존자인 에비아달이 아도니야를 지지하고 따랐다. 이렇게 모의를 꾸미는 것을 알면서도 다윗은 아도니야를 꾸짖거나 참견하지 않았다. 아마도 이런 일에 신경 쓸 만큼 여력이 없었거나 마음속으로 아도니야를 후계자로 생각하고 있었을지도 모른다.

그러나 예언자 나단과 제사장 사독, 다윗의 친위 대장인 브나야, 사울 왕가를 그리워하는 사울 계파의 대표 시므이(피난길의 다윗에게 욕설을 퍼붓던 인물)와 몇몇 장군들은 아도니야 편에 가담하지 않고 바쎄바의 아들 솔로몬을 후계자로 밀었다. 요압과 에비아달이 나이 들어 영향력이 줄어든 데 비해 이들은 떠오르는 신진 세력이었다. 두 왕자를 지지하는 두 세력은 첨예하게 대립했다.

당시 왕위에 오르려면 세 가지가 필요했다. 군대를 손에 넣을 것, 종교 세력과 손잡을 것, 여전히 열한 개 지파에 영향력을 행사하는 사울 계파를 끌어들일 것. 이 세 가지를 모두 손에 넣는 자가 왕이 될 것이었다. 군대는 권력을 보증하고, 종교는 정통성을 보증하고, 사울 계파의 참여는 지역 통합을 보증할 것이었다. 그러나 왕의 공식적인 임명이 없다면 이 모든 것은 의미 없는 일이었다. 현재 왕좌에 있는 왕의 선택을 받아야만 했다.

아도니야는 자기의 형제들, 왕자들, 유다의 모든 왕궁 관리들을 초대해 양과 소와 살진 송아지를 잡아 제사를 올렸다. 이 자리에 예언자 나단과 브나야, 솔로몬 편에 선 장군들, 그리고 자기의 동생인 솔로몬은 초대하지 않았다. 아도니야는 자기가 이 싸움에서 승리할 거라 자신했지만 가장 중요한 왕의 임명을 받지 못한 상태였다. 그런데도 미리부터 승리에 도취해 잔치를 벌인 것이다.

예언자 나단은 솔로몬의 어머니인 바쎄바에게 이러한 사실을 전하며 솔로몬과 그녀 자신의 목숨을 구할 계획을 알려주었다. 아도니야가 이대로 왕위에 오르면 솔로몬과 바쎄바는 물론이고 아도니야 편에 서지 않았던 사람들이 숙청되는 일은 정해진 수순이었기 때문이다. "당장 임금님께 들어가시어 이렇게 고하십시오. '임금님, 임금님께서는 일찍이 이 계집종에게 이 몸에서 난 아들 솔로몬이 임금님의 뒤를 이어 다스리며 왕위에 앉을 것이라고 맹세하시지 않으셨습니까? 그런데 어찌하여 아도니야가 왕이 되었습니까?'"(열왕기상 1:13)

사실 나단의 이 말은 사실이 아니었다. 아도니야는 아직 자기가 왕이라고 선포하지는 않았다. 그저 왕위를 이을 거라고 믿고 들떠 잔치를 벌였을 뿐이다. 나단은 아도니야를 반역자로 몰아가려는 것이었다. 나단이 바쎄바로 하여금 왕 앞에서 "아도니야가 왕이 되었다."라고 한다면 금시초문인 다윗은 분명히 분노할 것이리라. 게다가 다윗은 바쎄바에게 "솔로몬이 내 뒤를 이어 왕위에 앉을 것"이라고 말한 적이 없었다. 하느님이 다윗에게 한 약속은 "네 몸에서 난 자식 하나를 후계자로 삼을 터이니……"(사무엘하 7:12)라는 것이었지 '솔로몬'을 특정해서 가리킨 것은 아니었다. 그러나 늙고 기억이 가물가물한 다윗은 바쎄바가 말하는 것을 그대로 믿을 것이 분명했다. 게다가 바쎄바는 왕비와 수많은 후궁 가운데 다윗이 가장 사랑하는 여인이었다.

더불어 왕의 최고 종교 고문이었기에 아무 때나 왕 앞에 나아갈 수 있는 권한이 있었던 나단이 솔로몬 편에 선 것이 솔로몬에게는 행운이었다. 예언자의 말은 하느님이 내린 말이라고 여겨졌기 때문에 다윗 왕은 나단의 말을 분명히 새겨들을 것이었다. 바쎄바는 곧바로 다윗의 침실로 가 나단이 시킨 대로 말했다.

임금님, 임금님께서는 임금님을 도우시는 하느님 야훼를 두고 일찍이 이 계집종에게 맹세하셨습니다. 이 몸에서 난 솔로몬이 임금님을 이어 다스리고 왕위에 앉을 것이라고 맹세하셨습니다. 그런데 지금 아도니야가 왕이 되었는데도 임금님께서는 모르고 계십니다. 그는 왕자들 전부와 사제 에비아달, 그리고 군사령관 요압을 초대해놓고 소와 살진 송아지와 양을 많이 잡아 제사를 드렸습니다. 그러나 임금님의 종 솔로몬은 부르지 않았습니다.(열왕기상 1:17~19)

뒤이어 아도니야가 왕이 되면 자신과 솔로몬이 역적으로 몰리게 될 거라는 점을 강조했다. 다윗은 전혀 모르는 이야기였다. 자신도 모르게 아도니야가 왕이 되었다니, 반역이었다! 게다가 사랑하는 여인과 아들이 죽게 생겼다니 다윗은 더욱 분노했다. 그때 예언자 나단이 들어왔다. 예언자가 왜 왔겠는가? 하느님의 중대한 뜻(계시)을 전하러 온 것 아니겠는가? 나단의 등장은 결정타였다. 나단은 왕에게 크게 절을 하고는 바쎄바가 한 말을 똑같이 되풀이했다.

임금님께서는 아도니야가 임금님의 뒤를 이어 나라를 다스리고 임금님의 자리에 앉으리라고 하신 적이 있으시옵니까? 오늘 그가 내려가 모든 왕자들과 군사령관 요압과 사제 에비아달을 불러놓고 소와 살진 송아지와 양을 많이 잡아 제사를 드렸습니다. 그들이 지금 아도니야 앞에서 먹고 마시며 '아도니야 왕 만세!'를 외치고 있습니다. …… 임금님께서는 아직 저희 신하들에게 누가 임금님의 뒤를 이어 왕좌에 오를 것인지 말씀하지 않으셨습니다. 과연 이런 일이 임금님의 뜻에 따른 일이옵니까?(열왕기상 1:24~27)

결정타를 맞은 다윗은 바쎄바에게 솔로몬이 왕좌를 이어받을 거라고 하느님 앞에서 맹세했다. 그런 다음, 제사장 사독과 친위 대장 브나야를 불러 명령을 내렸다. "사독 사제와 나단 예언자는 그(솔로몬)를 이스라엘의 왕으로 기름 부어 세우시오. 그런 다음 나팔을 불며 '솔로몬 왕 만세!'를 외치시오. …… 내가 그를 이스라엘과 유다의 통치자로 임명하였소."(열왕기상 1:34~35) 브나야 장군이 "아멘, …… 주님께서 임금님과 함께 계신 것처럼, 솔로몬과도 함께 계셔서, 그의 자리가 우리 다윗 임금님의 자리보다 더 높게 되기를 바랍니다."(열왕기상 1:36~37, 새번역) 하고 명을 받들었다. 솔로몬은 기름 부음을 받고 즉위했다. 모든 백성이 크게 환영했는데 그 소리에 세상이 떠나갈 듯했다.

히브리어를 음역한 '아멘(Amen)'은 '확실한, 확고한, 신실한, 진실한'을 뜻하는데, '확실하다, 신실하다, 진실하다'를 뜻하는 동사 '아만(Aman)'에서 유래했다. 보통은 잘 알려진 대로 기도 끝에 붙이는데 이때는 '그렇게 되게 하소서'라는 간청의 뜻으로 쓰인다. 부사로 쓸 때는 '확실히, 진실로'라는 뜻이며, 문장의 종결에서는 '그러하다, 그러할지어다'라는 뜻으로 쓴다. 유대교와 그리스도교와 이슬람교 3개 종교에서 기도 말미에 덧붙인다. 다만 이슬람교에서는 '아민(Amin)'이라고 한다.

한편, 아도니야와 초청받은 이들은 잔치가 끝나갈 때쯤 다윗 왕이 솔로몬을 왕으로 삼았다는 소식을 들었다. 아도니야의 모든 손님들이 황급히 일어나 모두 제 갈 길로 가버렸다. 살아 있는 자들은 어서 빨리 도망치거나 재빨리 솔로몬에게 줄을 서야만 목숨을 보전할 것이었다. 홀로 남은 아도니야는 솔로몬이 두려워서 제단으로 달려가 뿔을 붙잡았다. 죄를 지은 자가 제단 네 귀퉁이에 있는 뿔을 잡으면 당장의 죽음은 면할 수 있었다. 물론 이후에 조사를 거쳐 죄가 드러나면 끌어내어 처형했다. 이는 억울한 죽음을 막기 위한 장치였다(신명기 19:1~14).

사람들이 솔로몬에게 아도니야가 제단의 뿔을 잡은 채 떨고 있다고 전했다. 솔로몬은 "그가 충신이면, 그의 머리카락 하나도 땅에 떨어지지 않을 것이다."(열왕기상 1:52)라고 말하고는 사람을 보내 그를 제단에서 끌어내렸다. 솔로몬은 아도니야가 자기에게 와서 경의를 표하자 그를 집으로 돌려보냈다. 솔로몬은 다윗의 열 번째 아들이었는데, 한참 아래 동생에게 아도니야는 굴욕을 당하고 말았다.

세상을 떠날 날이 가까워진 다윗은 솔로몬을 불러 유언을 했다. "나는 이제 세상 모든 사람이 가는 길로 가야 할 것 같다. 힘을 내어 사내 대장부가 되어라. 야훼 네 하느님의 명령을 지키고 그분이 보여주신 길을 따라가며 또 모세법에 기록된 대로 하느님의 법도와 계명, 율례와 가르침을 지켜라. 네가 어디로 가든지 무엇을 하든지 성공할 것이다."(열왕기상 2:2~3)

솔로몬은 아버지의 말을 주의 깊게 들어야 할 것이었다. 하느님의 계약이란 전적으로 조건부이기 때문이다. 조건을 따를 때에만 하느님은 계약을 지킨다. 왕이든 백성이든 이스라엘의 모든 사람은 언제나 순종과 불순종의 경계에 놓여 있었다. 이 점이 '모세법'의 핵심이었다.

다윗이 죽고 솔로몬이 다윗의 왕좌에 앉았다. 다윗은 이스라엘 역사에 '메시아(구원자)'의 표상으로 새겨졌다. 그는 이스라엘의 모든 임금 중에서 가장 백성을 사랑했으며, 겸손하고 다정다감했다. 왕국을 튼튼하게 하여 주변의 모든 외적을 물리치고 고난에 빠진 백성을 구원했다. 유부녀인 바쎄바를 범하고 우리야를 죽인 사건과 자식들 사이에 일어난 비극, 아들의 반란과 몇 번의 내란, 인구 조사의 죗값으로 받은 전염병 등 숱한 사건이 있었지만, 그가 통치한 40년은 이스라엘에 **구원**으로 남았다. 이스라엘은 그를 민족의 해방과 통합, 그리고 안정을 가져온 임금으로 기억했다. 그래서 죽은 지 천 년이 지난 예수 시대에 이르기까지 다윗은 이스라엘 민족에게 '다시 올 구원자'의 본보기였다.

솔로몬은 그의 아버지 다윗이 앉았던 자리에 앉아서 이스라엘을 아주 튼튼하게 세웠다. 어느 날 아도니야가 바쎄바를 찾아와, 아버지 다윗의 후궁이었던 여인과 결혼할 수 있게 자기 대신 솔로몬 왕에게 청하여 달라고 말했다. 그리하여 바쎄바가 솔로몬을 찾아가 아도니야의 결혼을 청했다. 그 청을 듣고 분노한 솔로몬은 "그는 나의 형이니, 차라리 그에게 임금의 자리까지 내주라고 하시지 그러십니까? 또 아도니야만을 생각하여서 청하실 것이 아니라, 그를 편든 아비아달(에비아달) 제사장과 스루야의 아들 요압을 생각하여서도 그렇게 하시지 그러십니까?"(열왕기상 2:22, 새번역) 하고 쏘아붙였다. 그러고는 곧장 브나야 장군을 보내 아도니야를 죽였다. 어리석은 자는 스스로 죽음을 자청했다.

뒤이어 에비아달을 유배하고, 요압을 숙청했다. 사울 계파 시므이에게는 예루살렘을 벗어나지 말라고 주거를 제한했고, 시므이가 예루살렘을 벗어나자마자 그 일을 빌미로 삼아 그를 처형했다.[†] 군사령관이었던 요압의 자리에 브나야를 임명하고 제사장 에비아달의 자리에 사독을 앉혔다. 솔로몬은 권력을 완전히 장악했다.

[†] 왕자들의 후계자 싸움에서 시므이는 솔로몬의 편에 섰지만, 솔로몬은 다윗 왕의 유지를 받들어 그를 처형한 것이다. "그(시므이)는 내가 마하나임에 갔을 때에 나에게 심한 악담을 퍼부었던 자이다. 그런데 그가 요르단으로 나를 마중나왔을 때 나는 그를 칼로 죽이지 않겠다고 야훼를 두고 맹세하였다. 그러나 그런 자를 무죄한 자로 그냥 두지는 마라. 너는 슬기로우니 그를 어떻게 다루어야 할는지 잘 알 것이다. 그런 자는 백발이 되어서도 피를 흘리며 지하로 내려가게 해야 한다."(열왕기상 2:8~9)

솔로몬

지혜와 교만 사이 위태로운 줄타기

"솔로몬은, 이집트 왕 바로(파라오)와 혼인 관계를 맺고, 바로의 딸을 아내로 맞았다."(열왕기상 3:1, 새번역) 그리고 블레셋 땅이었던 게젤(게셀)을 결혼 지참금으로 받았다. 이스라엘 사람들에게 금기시된 일을, 모범을 보여야 할 왕의 자리에 오르자마자 저지르고 만 것이다. 모세의 법은 이스라엘이 다시는 이집트와 관계를 맺어서는 안된다고 못 박았다(신명기 4:15~40, 17:14~20). 출(出)이집트, 반(反)이집트, 탈(脫)이집트, 절(絶)이집트, 이것이 이스라엘 정신의 핵심이었다. 야훼 하느님은 철저히 이집트 체제와 문화의 대척점에 서 있는 존재였다.

그런데 성서 지자들은 이 부분을 정확히 지적하지 않고 어물쩍 넘긴다. 아마 〈열왕기〉의 저자들이 다윗 왕가(유다 지파)의 사람이었기 때문일 것이다.[1] 만일 유다 지파 출신이 아닌 왕이 그랬다면, 지금까지 숱하게 보아 왔듯이, 분명히 저주를 퍼부으며 바알과 아스다롯을 숭배하는 '악한 일'로 규정하고 성토했을 것이다. 솔로몬의 행위는 이스라엘 전통에 비추어볼 때, 매우 불순하고 악한 일이었다. 이 점은 이후 솔로몬 정치와 이스라엘 역사를 이해하는 데 결정적인 사항이다.

하느님의 성전이 그때까지도 건축되지 않았으므로 백성들은 여러 곳에 있는 산당에서 제사를 드렸다. 솔로몬은 하느님을 사랑했고 아버지 다윗의 법도를 따라 살았다. 솔로몬도 백성들처럼 산당에서 제사하고 향을 피웠다. 기브온에는 큰 산당이 하나 있었는데 솔로몬은 늘 그리로 가서 제사를 지냈다. 솔로몬이 그때까지 제단에 바친 번 제물은 천 마리가 넘을 것이다. 여느 날처럼 솔로몬이 제사를 드렸는데 그날 밤, 솔로몬의 꿈에 하느님이 나타났다. 하느님이 솔로몬에게 "내가 너에게 무엇을 해주면 좋겠느냐?" 하고 묻자, 그가 대답했다.

나의 하느님 야훼여, 당신께서는 소인을 제 아버지 다윗을 이어 왕으로 삼으셨습니다만 저는 어린아이에 지나지 않으므로 어떻게 처신하여야 할지를 알지 못합니다. 그런데 소인은 수도 헤아릴 수 없이 많은 당신의 백성 가운데서 살고 있는 몸입니다. 그러하오니 소인에게 명석한 머리를 주시어 당신의 백성을 다스릴 수 있고 흑백을 잘 가려낼 수 있게 해주십시오."(열왕기상 3:7~9)

하느님은 "장수나 부귀나 원수 갚는 것을 청하지 아니하고 이렇게 옳은 것을 가려내는 머리를 달라"(열왕기상 3:11)는 솔로몬의 대답이 마음에 들었다. 그래서 솔로몬에게 지혜를 주었다. 그뿐만 아니라 솔로몬이 청하지 않은 부귀와 명예도 주었다. 솔로몬이 깨어보니 꿈이었다. 그는 하느님의 언약궤 앞에 나아가 번제와 친교제를 드리고 또 모든 신하들에게 잔치를 베풀어주었다.

니콜라이 니콜라예비치 게, 〈솔로몬 왕의 판결〉, 1854.

하루는 두 여인이 아이 하나를 데려와 아이의 엄마가 누구인지 가려 달라고 청했다. 한 집에 사는 두 여인은 비슷한 시기에 아이를 낳았는데 둘 중 한 명이 실수로 아이를 죽이고는 산 아이와 바꿔치기를 했다는 것이었다. 솔로몬은 좋은 수가 떠올랐다. 그는 신하들에게 칼을 가져오라고 한 후 아이를 둘로 나누어 두 여자에게 반쪽씩 나누어주라고 명령했다.

그러자 아이의 진짜 어머니는 아들에 대한 모정이 불타 올라 애원했다. "임금님, 산 아이를 저 여자에게 주시고 아이를 죽이지만은 마십시오."(열왕기상 3:26) 그러나 다른 여자는 어차피 누구의 아이도 아니니 나누어 갖자고 말했다. 솔로몬은 아이를 양보한 여인이 친어머니이니 산 아이를 죽이지 말고 그녀에게 주라고 명령을 내렸다. 온 이스라엘이 왕의 이 판결 소식을 들었다. 백성들은 "왕이 재판할 때에 하느님께서 주시는 지혜로 공정하게 판단한다는 것을 알고, 왕을 두려워하였다."(열왕기상 3:28)

〈열왕기상〉 4장은 솔로몬이 즉위한 당시에 그가 거느린 고급 관리들을 적고 있는데, 솔로몬이 왕이 되는 데 기여한 사람들이 주로 고위직을 차지하였다. 솔로몬 즉위의 일등 공신인 예언자 나단의 두 아들은 각각 관리를 지휘하는 장관과 제사장 겸 왕의 개인 자문관이 되었고, 제사장 사독의 아들은 아버지의 뒤를 이어 제사장이 되었다. 솔로몬은 지파별로 나뉘어 있던 지방을 효과적으로 통제하려고 전국의 행정 체계를 개편했다. 영토를 열두 지역으로 나누고 각 영토에 장관을 두어 왕과 왕실에 양식을 대도록 했는데, 한 사람이 1년에 1달씩 왕실의 양식을 책임졌다. 이렇게 솔로몬은 강력한 중앙 집권 체제를 중심으로 하여 통일 왕국의 기틀을 잡았다. "유다와 이스라엘은 바다의 모래알처럼 인구가 불어났지만 먹고 마시는 일에 아쉬움을 모르며 잘 지냈다. 솔로몬은 유프라테스로부터 불레셋 땅을 지나 이집트 국경에 이르는 지역 안의 모든 왕국을 지배하였다. 그들은 솔로몬이 살아 있는 동안 조공을 바치며 섬겼다. 이렇게 솔로몬이 다스리는 동안, 유다와 이스라엘은 단에서 브엘세바에 이르기까지 마음놓고 살면서 저마다 자기의 포도나무와 무화과나무 아래에서 두 발 뻗고 잘 수 있었다."(열왕기상 4:20~5:5)

솔로몬은 전차를 끄는 말을 두는 마구간 4만 칸과 군마 1만 2천 필을 가지고 있었다. 솔로몬의 관리들은 각자 자기가 책임진 달에, 솔로몬 왕과 솔로몬 왕의 식탁에 참석하는 모든 사람이 부족하지 않게 먹을 수 있도록 먹을거리를 조달했다. 그들은 또 전차를 끄는 말과 짐 나르는 짐승들에게 먹일 보리와 밀짚을 자기 분담량에 따라서 지정한 곳으로 가져왔다. 물질도 풍요했지만, "하느님께서 솔로몬에게 지혜와 슬기를 한없이 주셨으므로 그의 박식하기가 바다의 모래 벌판 같았다. 솔로몬의 지혜는 동방의 어떤 사람도 따를 수 없었고 지혜 있다는 이집트의 누구도 따를 수 없었다."(열왕기상 5:9~10) 솔로몬의 지혜에 관한 소문을 들은 지상의 모든 백성과 모든 왕이 솔로몬의 지혜를 들으려고 몰려 왔다.

다윗을 좋아했던 티레의 히람 왕은 솔로몬이 다윗의 뒤를 이어 왕이 되었다는 소식을 듣고 솔로몬에게 자기 신하들을 보냈다. 히람은 다윗의 성을 지어 주었던 바로 그 왕이다. 솔로몬은 히람에게 사람을 보내어 회답하며, 이스라엘에는 나무를 자를 줄 아는 사람이 없으므로 하느님의 성전을 지을 레바논산 송백나무를 베어서 주기를 요청했다. 그러면서 "나의 종들이 임금님(히람)의 종들과 함께 일을 할 것"(열왕기상 5:6, 새번역)이라고 덧붙였다. 솔로몬은 '나의 종'

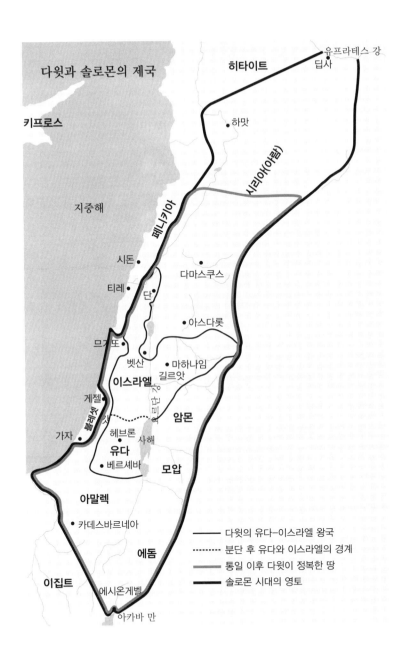

다윗과 솔로몬의 제국

히타이트

유프라테스 강

딥사

키프로스

하맛

시리아(아람)

지중해

페니키아

시돈

다마스쿠스

티레

단

아스다롯

므깃또

벳산

마하나임

길르앗

이스라엘

게젤

요단 강

암몬

가자

헤브론

사해

유다

베르셰바

모압

아말렉

카데스바르네아

에돔

이집트

에시온게벨

아카바 만

——— 다윗의 유다-이스라엘 왕국
·········· 분단 후 유다와 이스라엘의 경계
——— 통일 이후 다윗이 정복한 땅
——— 솔로몬 시대의 영토

솔로몬 223

이라고 말해서는 안 됐다. 왜냐하면 백성들은 하느님의 종이지 왕의 종이 아니기 때문이다. 왕은 그저 양 떼인 백성을 돌보는 목자일 뿐이다. 백성들을 종으로 생각했던 솔로몬의 사고방식이 드러나는 부분이다.

히람은 솔로몬의 전갈을 듣고 매우 흡족해하며, 솔로몬이 요구한 송백나무뿐만 아니라 전나무까지 제공했다. 솔로몬은 그 대가로 히람 왕실에 밀 2만 섬과 짜낸 기름 20섬을 해마다 보내주었다. 히람과 솔로몬은 사이가 좋았고 그 둘은 조약을 맺었다.

"솔로몬 왕은 이스라엘 전국에서 **노무자**를 불러 모았는데, 그 수는 삼만 명이나 되었다."(열왕기상 5:13, 새번역) 솔로몬은 이들을 한 달에 만 명씩 번갈아 레바논으로 보내 나무를 베는 일을 돕도록 했다. 또 벤 나무를 옮기는 이와 돌을 깨는 이도 각각 7만 명과 8만 명을 두었는데, 이 노무자들을 감독하는 관리의 수만 3천3백 명에 달했다. 이렇게 솔로몬과 히람 사람들이 신전을 지을 재목과 돌을 다 듬어 마련했다.

과연 솔로몬 성전이 이렇게 많은 노동력이 필요할 만큼 거대한 건물이었을까? 언뜻 바티칸의 성 베드로 성당이나 프랑스 노트르담 성당 같은 크기를 떠올렸을 테지만 솔로몬 성전은 대략 길이는 27미터이며 폭은 9미터, 높이는 13.5미터에 불과했다. 바티칸 성당과 비교하면 6분의 1 정도밖에 안 되는 소규모 성전이다.

새번역 성경은 동원된 이들을 '노무자'라고 옮기고, 공동번역은 '**근로소집령에 응한 자**', 개역개정은 '**역군(役軍)**'으로 자발적이거나 삯을 받는 노동자인 것처럼 모호하게 옮겼지만, 실제로 이들은 강제노동에 동원된 것이었다. 영어 성서 새개역표준성서(NRSV)를 보면, 'forced labor(강제 노동)'로 정확히 적고 있을뿐더러, 영어 성서까지 가지 않더라도 같은 책 9장 15절에서 "솔로몬 왕이 **강제 노역꾼**을 동원할 수밖에 없었던 까닭은 주님의 성전과 자기의 궁전과 밀로 궁과 예루살렘 성벽을 쌓고, 하솔과 므깃도와 게셀의 성을 재건하는 데, 필요하였기 때문이다."(새번역)라고 기록하고 있다. 공동번역 역시 '**강제 노역**'으로 옮겼다.

그런데 성서는 곧바로 "이스라엘 자손이 아닌 아모리 사람과 헷 사람과 브리스 사람과 히위 사람과 여부스 사람 가운데서 살아남은 백성이 있었다. …… 솔로몬은 그들을 강제 노역에 동원시켰다. …… 솔로몬은 이스라엘 백성 중에서는 한 사람도 강제 노역에 동원시키지 않았다."(열왕기상 9:20~22)라고 말한다. 무슨 이야기일까? 유다 지파를 제외한 다른 열한 지파들에 가혹하게 세금을 물리고 강제로 노역에 동원한 일이 백성들의 반감을 샀고, 이 일이 이스라엘 남북 분단의 계기가 되었다는 점으로 미루어볼 때 성서가 말하는 '이스라엘 백성'은 유다 지파만을 가리키는 듯하다. 여러 정황상 동원된 이들이 품삯을 받는 노동자가 아니라 강제 노동을 했다는 것은 확실하다.

"솔로몬이 성전을 건축하는 데는 일곱 해가 걸렸다."(열왕기상 6:38, 새번역) 강제 노동으로 솔로몬의 성전과 궁을 짓는 장면은 이스라엘의 조상이 이집트에서 강제 노동하던 장면을 떠오르게 한다. 탈이집트라는 이스라엘 정신은 사라지고 이집트처럼 되고 말았다. 그렇더라도 솔로몬의 성전이 이스라엘을 하나로 모으는 구심점 역할을 했다는 점은 부정할 수 없다. 이스라엘은 이스라엘 역사상 최초로 돌로 지은 이 성전을 대대로 '예루살렘 성전'이라 부르며 민족의 성소로 삼았다. 비단 종교적인 상징성뿐만 아니라 민족의 통합이라는 정치적 상징성도 매우 컸다.

솔로몬은 다윗 성에 있는 하느님의 궤를 예루살렘 성전으로 옮겨 왔다. 온 이스라엘이 궤 앞에 모여 헤아릴 수 없이 많은 양과 소를 잡아 바치며 봉헌식을 거행했다. 야훼의 영광이 야훼의 전에 가득 찬 가운데 솔로몬이 입을 열었다. "이 집은 주님께서 영원히 계실 곳입니다."(열왕기상 8:13, 새번역) 그런 다음에 온 이스라엘 회중을 둘러보며 그들에게 복을 빌어주었다. "야훼는 찬양을 받으실 분이십니다. 당신께서는 약속하신 대로 자기의 백성 이스라엘에게 안식을 주셨습니다. 야훼께서는 당신의 종 모세를 시켜 약속하신 복을 하나도 빠뜨리지 아니하시고 이루어주셨습니다. 우리 선조들과 함께 계셨던 우리 하느님 야훼께서 우리와 함께 계시기를 빕니다. 우리를 떠나시지도 아니하시고 버리시지도 않으시기를 빕니다. 우리의 마음을 당신께로 향하게 하시어 당신께서 보여주신 길을 따르고 당신의 명령과 법과 의식을 준수하게 해주시기를 빕니다."(열왕기상 8:57~58)

온 이스라엘은 열나흘 동안 절기를 지켰다. 축제가 끝나고 보름째 되는 날, 하느님이 그의 종 다윗과 그 백성 이스라엘에 베푼 온갖 은혜에 진심으로 기뻐하며 흐뭇한 마음으로 각자 자기의 집으로 돌아갔다. 성전 건축을 끝낸 솔로몬은 이어 자기의 궁을 지었는데 완공까지 13년이 걸렸다. 솔로몬의 비뚤어진 마음을 보여주는 대목이기도 하다. 자기가 살 궁전을 짓는 데 온 백성을 위한 성전을 짓는 세월의 두 배를 들였다. 크기도 성전의 두 배였다. 솔로몬은 또 이집트인 아내를 위해서도 궁을 지어 주었다. 전국에 수많은 요새도 지었다. 계획한 일을 모두 끝내는 데 20년이 걸렸다.

솔로몬은 건축 외에도 교역에 관심이 많았는데, 솔로몬 시대에 이스라엘 왕국은 아시리아, 이집트, 지중해 지역을 연결하는 주요 교역로가 모두 지나는 곳이었다. 이 덕분에 왕궁에는 상인들이 내는 통행세가 엄청나게 쏟아졌다. 솔로몬은 통행료를 받는 것에 그치지 않고 이스라엘이 중개인이자 교역 상대국으로서 입지를 굳힐 수 있도록 해상 교역에 투자했다. 히람 왕의 도움을 받아 배를 제작하고, 그의 노련한 선원들의 힘도 빌렸다. 이렇게 아카바 만을 건너 아프리카에 도착한 솔로몬은 그곳에서 오빌 금광을 찾아냈다. 〈열왕기상〉 10장 14절에 따르면 오빌 광산에서 솔로몬 왕은 한 해에 666달란트나 되는 금을 실어 갔다고 한다. 1달란트는 약 34킬로그램이다. 즉 23톤에 달하는 양이며 현재 시세로 따지면 1조가 훌쩍 넘는 금액이다.

지방에서 거두어 들이는 세금과 교역을 통해 벌어들인 재물 덕에 "솔로몬 왕은 땅 위의 어느 왕도 따를 수 없을 만큼 부유하고 지혜로웠다."(열왕기상 10:23) 그리하여 솔로몬의 지혜로운 생각을 듣고자 세계 각처에서 사람들이 솔로몬을 찾아왔다. 세바(스바, 지금의 예멘으로 추정된다)라는 곳의 여왕이 솔로몬의 소문을 듣고 그를 시험하려고 아주 어려운 문제들을 준비해 솔로몬을 방문했다. 여왕은 솔로몬에게 미리 준비해 온 문제들을 물어보았는데 솔로몬은 막힘 없이 모두 대답해주었다. 여왕은 솔로몬이 모든 지혜를 갖추고 있는 것을 알고 또 그가 세운 성전을 보고는 넋을 잃을 정도로 감탄하여 많은 금과 향료와 보석을 선물하고 돌아갔다고 한다.

솔로몬 시대는 이스라엘 역사상 가장 풍요한 시대였으나 모든 백성이 풍요하게 살았던 것은 아니다. 주로 유다 지파에게만 국한된 일이었고, 나머지 지파는 사실상 솔로몬의 노예나 다름없었다. 자유롭고 평등한 하느님의 백성임을 강조하는 이스라엘에서 있을 수 없는 일이었다. 아무리 '민족의 성전'이라는 좋은 명분이 있었다고 해도, 강제 노동을 통해서 성전을 건축할 수는 없는 일이었다. 모세의

피에로 델라 프란체스카, 〈솔로몬 왕과 세바 여왕의 만남〉, 1464.

율법이나 이스라엘의 전통은 하느님께 어떤 제물을 바치든, 자발적으로 바칠 것을 규정하고 있다. 강제 노동은 그 어떤 명분을 내세우더라도 받아들일 수 없는 일이었다. 그것은 이집트의 파라오나 하는 일이었다.

구약성서학자 월터 브루그만(Walter Brueggemann)은 솔로몬 시대의 특징을 세 가지로 요약한다. "1) 복지와 풍요의 달성, 2) 억압적인 정치와 사회 정책, 3) 왕권에 대한 무조건적인 재가를 보증하는 내재의 종교. 솔로몬은 풍요의 경제로 평등의 경제에 맞섰고, 억압의 정치로 정의의 정치에 맞섰고, 하느님의 접근성(내재성)의 종교(성전의 종교)로 하느님의 자유의 종교에 맞섰다."[2] 결국 그 체제는 솔로몬이 강력한 통치를 하지 못하게 되는 날이 오면, 걷잡을 수 없이 무너지고 말 것이었다.

앞서 이야기했듯이 솔로몬은 파라오의 딸과 혼인했다. 그뿐 아니라 모압 여인, 암몬 여인, 에돔 여인, 시돈 여인, 헷 여인 등 외국 여인들을 후궁으로 맞아들였다. "솔로몬 왕은 외국 여자들을 좋아하였다."(열왕기상 11:1, 새번역) 물론 고대에는 다른 나라와 결혼을 통해 정치적 동맹을 맺고 안전과 평화를 보장받는 일이 흔했다. 그러나 이스라엘 역사를 생각해볼 때, 나라와 민족의 안보를 이민족과의 결혼으로 보장받으려 하고 더군다나 그 상대가 이스라엘 조상이 노예 생활을 하며 고난을 겪었던 이집트라는 점은 분명히 하느님을 반역하는 행위였다. 다윗이 인구 조사를 통해 군대를 강화하여 안전을 보장받으려다가 치른 참사를 떠올려보라.

솔로몬은 이스라엘 모든 왕의 장점과 결점을 한데 뭉쳐놓은, 참으로 복합적이고 기묘하고 모순되고 부조리한 인물이었다. 하느님은 일찍이 이스라엘 백성들에게 "너희는 외국 여자를 아내로 삼지 말고 외국 남자를 남편으로 삼지 마라. 그들이 반드시 너희 마음을 꾀어 그들의 신에게 너희를 유인해 가겠기 때문이다."(열왕기상 11:2) 하고 이민족과 결혼하는 것을 금지하고 경고했다. 그런데도 솔로몬은 무려 700명이나 되는 후궁을 거느렸다. 성서 저자의 표현을 빌리자면 솔로몬은 '악한 일'을 저지른 것이었다.

왕부터 나서서 '악한 일'을 저지르니, 삽시간에 온 나라가 나태와 타락과 방탕과 무질서와 혼란으로 가득해진 것은 보지 않아도 뻔한 일이다. 그중에서도 특히 유다 지파의 타락이 심했는데, 그들이 당시에 부를 거의 독점하다시피 했기 때문이다.

솔로몬은 시돈인들의 여신 아스다롯을 섬겼고 암몬인들의 우상 밀곰을 숭배했다. 솔로몬은 선왕 다윗만큼 하느님을 따르지 못했을 뿐 아니라, 예루살렘 동편 산 위에 모압의 우상 그모스의 신당과 암몬의 우상 몰록의 신당을 지었다. 심지어 외국 왕비들이 하자는 대로 그들이 섬기는 신들에게 분향하고 제물까지 바쳤다(열왕기상 11:4~8). 그들의 종교는 모두 풍요와 다산을 비는 가나안의 종교였고, 성창(聖娼)들이 신전에 있었다는 점을 기억하라. 또 그모스와 몰록은 자식까지 불태워 바치기를 원하는 신들이었으니, 어쩌면 솔로몬도 많은 자식 중에서 누군가를 그렇게 했을지도 모를 일이다. 솔로몬이 저지른 이 '악한 일'은 500년 후에도 이스라엘 사람들의 뇌리에 박혀 회자될 만큼(느헤미아 13:26) 최악의 죄였다.

고대 이스라엘에서 이방 여인과 결혼하는 것은 두 집안의 문제가 아니라 두 나라와 종교와 문화의 관계를 의미했기에, 이방 종교와 문화가 들어오지 않을 수 없었다. 물론 〈룻기〉에서처럼 이방 여자를 맞이했더라도, 그가 이스라엘의 종교와 문화에 완전히 동화된다면 아무런 문제가 없다. 그러나 솔로몬은 외국 여인들의 꾐에 넘어가 다른 신들을 섬기게 되었다. 이스라엘은 외국 종교와 문화에 물들었고, 삽시간에 이스라엘인지 외국 땅인지 구별하기조차 어려울 만큼 혼란스러운 나라가 되고 말았다. 이스라엘의 하느님은 그 한 귀퉁이로 내몰렸고, 예루살렘 성전은 있으나 마나 한 것이 되고 말았다.

마침내 하느님이 솔로몬에게 선고를 내렸다. "계약을 맺으면서 일러 둔 법들을 지키지 않았으니 내가 반드시 이 나라를 너에게서 쪼개어 너의 신하에게 주리라. 그러나 너의 아비 다윗을 보아서 네 생전에는 그렇게 하지 않겠고 너의 아들의 대에 가서 이 나라를 쪼개리라."(열왕기상 11:11~12)

성서는 하느님이 에돔 사람 하닷과 다마스쿠스 왕 르손을 일으켜 솔로몬에게 반기를 들게 했다고 말한다. 하닷과 르손은 모두 다윗 시대에 다윗의 영토 확장을 피해 다른 나라로 망명했던 이들이었다. 아마 긴 태평성대에 사람들이 나태해지고, 무리한 건축 사업으로 인해 이스라엘의 재정 상태가 좋지 않았을 것이다. 그런데도 관리들과 유다 지파의 사치스러운 생활은 날로 심해졌을 것이다. 솔로몬의 강압적인 정책과 지역 차별은 불평등을 구조화했고, 결국 민란으로 번졌을 것이다. 이런 혼란을 틈 타 다윗 시대에 가나안 땅에서 쫓겨난 이들이 세력을 규합해 이스라엘에 쳐들어 왔을 것이다.

반기를 든 이들 중에는 에브라임 지파의 '여로보암'도 있었는데, 그는 이전에 신전을 지을 때 강제 노동에 동원된 요셉 지파 사람들을 관리하던 감독관이었다. 솔로몬의 신임을 받았던 그가 왜 반기를 들었을까? 여로보암이 부역 감독관으로 지낼 때의 일이다. 예언자 아히야가 그에게 하느님의 말을 전했다.

솔로몬은 나를 버리고, 시돈 사람의 여신인 아스다롯과 모압의 신

그모스와 암몬 자손의 신 밀곰에게 절하며, 그의 아버지 다윗과는 달리, 내 앞에서 바르게 살지도 않고, 법도와 율례를 지키지도 않았지만. 내가 택한 나의 종 다윗이 내 명령과 법규를 지킨 것을 생각해서, 솔로몬이 살아 있는 동안에는, 그 온 왕국을 그의 손에서 빼앗지 아니하고, 그가 계속해서 통치하도록 할 것이다. 그렇지만 그의 아들 대에 가서는, 내가 그 나라를 빼앗아서, 그 가운데서 열 지파를 너에게 주고, 한 지파는 솔로몬의 아들에게 주어서 다스리게 할 것이다. 그러면 그가, 내 이름을 기리도록 내가 선택한 도성 예루살렘에서 다스릴 것이고, 내 종 다윗에게 준 불씨가 꺼지지 않을 것이다. 여로보암아, 내가 너를 이스라엘의 왕으로 삼겠다. 너는 네가 원하는 모든 지역을 다스릴 것이다. 네가, 나의 종 다윗이 한 것과 같이, 내가 명령한 모든 것을 따르고, 내가 가르친 대로 살며, 내 율례와 명령을 지켜서, 내가 보는 앞에서 바르게 살면, 내가 너와 함께 있을 것이며, 내가 다윗 왕조를 견고하게 세운 것 같이, 네 왕조도 견고하게 세워서, 이스라엘을 너에게 맡기겠다.(열왕기상 11:33~38, 새번역)

하느님이 여로보암을 왕으로 세운 것은 전적으로 **솔로몬을 심판하기 위해서**였다. 여로보암에게도 다윗처럼 바르게 살아야 한다는 명령이 계약의 조건으로 주어졌다. 이 소식을 들은 솔로몬이 가만히 있을 리 없었다. 당장 여로보암을 찾아 죽이려 했다. 여로보암은 이집트로 망명해 솔로몬이 죽을 때까지 그곳에 머물렀다.

돌로 쪼개진 이스라엘
북이스라엘과 남유다

40년간 이스라엘을 다스렸던 솔로몬이 세상을 떠났다. 이스라엘 역사상 최고로 지혜로운 자, "온갖 영화를 누린"(마태복음 6:29) 자가 최악의 정치를 하고는 사라졌다. 도대체 그 지혜란 것이 무엇을 말하는지 모를 만큼 몰상식의 극치였다. 하느님을 철저히 배반하고, 야훼 종교를 압살하여 이스라엘을 이교화하고, 자유로운 백성을 노예화하고, 차별적 정치로 불평등을 심화했다. 솔로몬은 자기 아버지 다윗이 어렵사리 이루어놓은 통일 왕국을 두 쪽으로 갈라놓을 불씨를 남기고는 역사의 무대에서 퇴장했다.

분단된 두 이스라엘은 솔로몬이 저지른 악정의 폐해를 바로잡지 못한 채 서로 끊임없이 대립하다가 끝내는 강대국에 차례차례 멸망당하고 만다. 그렇기에 솔로몬이야말로 이스라엘 멸망의 장본인이었다고 말한들 지나친 말은 아닐 것이다.

솔로몬의 뒤를 이어 아들 르호보암이 왕위에 올랐다. 그가 정녕 일말의 상식이라도 있다면, 제 아버지의 억압과 착취의 길을 좇아서는 안 될 것이었다. "**온 이스라엘**이 르호보암을 왕으로 세우려고 세

겜에 모였으므로, 르호보암도 세겜으로 갔다."(열왕기상 12:1, 새번역)
이 소식을 듣고 여로보암이 '온 이스라엘 회중'을 거느리고 르호보암
에게 갔다.

여기에서 양쪽 모두 '온 이스라엘'이라는 단어를 썼는데, 르호보
암을 지지하는 이들은 솔로몬 왕이 속한 유다 지파의 사람들을 가리
키고 여로보암을 지지하는 이들은 나머지 열한 지파의 사람들을 가
리킨다. 여로보암과 북쪽의 열한 지파 사람들이 르호보암 왕에게 통
합을 위한 요구 조건을 전달하기 위해 온 것이었다.

여로보암이 말했다. **"임금님의 부왕은 우리에게 무거운 멍에를 메
웠습니다. 이제 임금님께서는 부왕이 메웠던 이 무거운 멍에를 가볍게
해주시고 심한 일을 덜어주십시오. 그래야만 우리는 임금님을 받들어
섬기겠습니다."**(열왕기상 12:4) 북쪽 지파 사람들은 솔로몬식의 정치
를 더 견딜 수 없었다. 이스라엘의 정체성과 전통의 근간을 무너뜨
리는 정치였기 때문이다. 그들은 솔로몬의 정치를 '무거운 멍에'와
'심한 일'로 규정했다. 솔로몬이 백성을 소처럼 여기고 멍에를 지워
부렸다는 말이었다. 이 요구를 들어준다면 임금으로 섬기겠다는 것
이었으니, 선정(善政)을 펼쳐 달라는 정당한 요구였다.

르호보암은 사흘의 말미를 달라고 하며 즉답을 피했다. 르호보암
은 솔로몬이 살아 있을 때 그를 섬기던 원로들을 불러 이 일을 의논
했다. 원로들은 "그들에게 좋은 말씀으로 대답해주십시오. 이 백성이
영원히 임금을 섬길 것입니다."(열왕기상 12:7)라고 말했지만 르호보
암은 그 충고를 받아들이지 않았다. 대신 '자기와 함께 자란' 젊은 신
하들과 다시 의논했다. 왕과 함께 자란 젊은이들은 이렇게 대답했다.

백성들이, 선왕께서 메워주신 멍에가 무거우니 그것을 가볍게 해

달라고 요구하더라도 임금님께서는 이렇게 대답하십시오. "나의 새끼손가락이 부왕의 허리보다 굵다. 너희는 부왕께서 매워주신 멍에가 무겁다고 한다마는, 나는 그보다 더 무거운 멍에를 너희에게 지우리라. 부왕께서는 너희를 가죽채찍으로 치셨으나 나는 쇠채찍으로 다스리리라."(열왕기상 12:10~11)

솔로몬 시대의 경제적 풍요만을 겪은 젊은 신하들은 솔로몬보다 더 억압적인 정치를 하라고 부추겼다. 약속한 사흘이 지나 여로보암은 온 백성을 거느리고 다시 르호보암을 찾아왔다. 르호보암은 원로들의 충고를 끝내 외면하고 젊은 신하들이 알려준 가혹한 말을 내뱉었다. 왕은 끝내 백성들의 요구를 들어주지 않았다.

모든 이스라엘 백성들은 왕이 자신들의 요구를 듣지 않음을 알고 **"우리가 다윗에게서 받을 몫이 어디 있느냐? 이새의 아들에게서 받을 것이 없구나. 이스라엘아, 모두 자기 집으로 돌아가자. 다윗이여, 이제 네 집안이나 돌보아라."**(열왕기상 12:16)라고 외치고는 각자 집으로 돌아갔다. 그렇게 하여 여호수아 시대부터 이어져 내려온 연합국가 이스라엘이 280여 년 만에 분단되고 말았다.

그런데도 르호보암은 정신을 못 차리고, 강제 노동 감독관을 북쪽 지파에 보냈다. 분노한 북쪽 지파 사람들은 감독관을 돌로 쳐 죽였다. 겁이 난 르호보암은 급히 예루살렘으로 도망쳤다. 성서 저자는 이 대목에서 다음같이 말한다. "이렇게 이스라엘은 다윗 왕조에 반역하여 오늘에 이르렀다."(열왕기상 12:19) 성서 저자가 쓴 '반역'이라는 단어는, 이 책을 유다 지파 사람이 썼다는 것을 여실히 드러낸다. 똑같은 용어라도 누가 사용하느냐에 따라 그 의미가 달라진다. 실상은 솔로몬과 르호보암이 하느님과 전 이스라엘 백성들에게 반

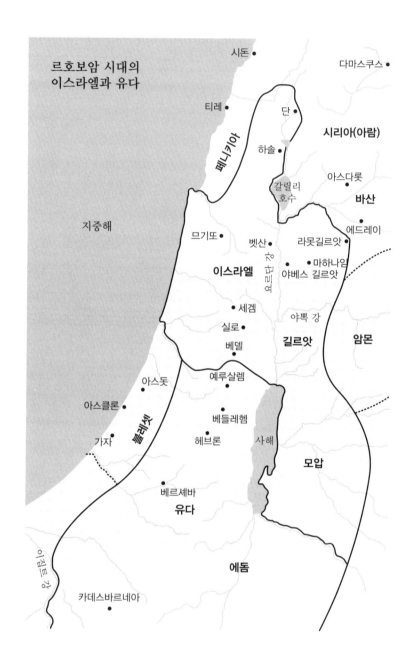

르호보암 시대의
이스라엘과 유다

시돈 •

다마스쿠스 •

티레 •

단 •

시리아(아람)

하솔 •

페니키아

갈릴리
호수

아스다롯 •

바산

지중해

므기또 •

벳산 •

라못길르앗 •

에드레이 •

이스라엘

요단 강

마하나임 •
야베스 길르앗

세겜 •

야뽁 강

실로 •

베델 •

길르앗

암몬

예루살렘 •

아스돗 •

블레셋

아스클론 •

베들레헴 •

가자 •

헤브론 •

사해

모압

베르셰바 •

유다

에돔

이집트 강

카데스바르네아 •

역을 저지른 것이었다. 만일 르호보암이 원로들의 의견에 귀를 기울였더라면 나라가 두 쪽으로 갈라질 일도 없었다. 그렇게 하여 르호보암은 솔로몬에게 내린 하느님의 경고를 필연으로 만들어버렸다.

한편, 유다 지파를 제외한 열한 개 지파는 여로보암을 왕으로 추대했다. "유다 지파를 제외하고는 다윗의 왕조를 따르는 지파는 하나도 없었다."(열왕기상 12:20) 그리하여 유다 왕국은 남쪽의 조그마한 땅덩어리에 갇혀서 살아가게 되었다. 이때가 **기원전 931년**이었다. 사울 가문, 즉 베냐민 지파는 곧 유다 쪽에 붙었다. 그래서 이스라엘은 열 개 지파로 이루어진 '북이스라엘'과 베냐민과 유다 지파의 '남유다'로 갈라졌다.

분단의 역사가 전개되면서, 성서는 남북 왕들의 통치를 번갈아 적고 있다. 북이스라엘 왕국은 기원전 931년부터 기원전 721년까지 210년 동안 존속하다가 아시리아 제국에게 멸망당하고, 남유다 왕국은 기원전 931년부터 기원전 586년까지 345년 동안 존속하다가 바빌로니아 제국에게 멸망당했다.

북이스라엘의 왕이 된 여로보암 1세는 백성들이 예루살렘에 있는 하느님의 성전으로 제사를 드리려고 갔다가, 그들의 마음이 유다 왕 르호보암에게로 돌아서게 될지도 모른다는 생각이 들었다. 여로보암 왕은 궁리 끝에 금송아지 둘을 만들어 각각 베델과 단에 두었다. 그러고는 백성들에게 이렇게 선포했다. "예루살렘에 제사하러 올라가기란 번거로운 일이다. 이스라엘 백성들아, 너희를 이집트에서 구해주신 신이 여기에 있다."(열왕기상 12:28~29)

여로보암 1세는 이집트에 망명했을 때 이집트의 문화를 보고 배웠을 것이다. 그는 여러 높은 곳에 산당을 짓고 레위 지파가 아닌 다른 가문에서 제사장을 뽑았다. 심지어 절기조차 멋대로 정했다. "여로보암 왕가는 이런 일로 죄를 얻어 결국 지상에서 자취도 없이 사라지게 된 것이다."(열왕기상 13:34)

유다 백성도 역시 악한 일을 저질렀다. 그들도 높은 언덕과 우거진 나무 아래마다 산당을 짓고 거기에다 돌로 남신을 만들고 나무로 여신을 만들어 세웠다. 게다가 신전에는 남창들도 있었다. "이스라엘 백성은 야훼께서 자기들 면전에서 쫓아내신 원주민들의 온갖 추악한 폐습을 이렇게 본받았던 것이다."(열왕기상 14:24) 르호보암 왕 제5년에 남유다 왕국은 이집트의 침공을 받아 성전과 왕궁의 보물을 모두 빼앗겼다. 성서는 말을 아꼈지만 악한 일에 대한 죗값을 치른 거라고 생각해볼 수 있다.

여로보암 1세는 22년, 르호보암은 17년 동안 왕위에 있었는데, 이들 사이에 전쟁이 끊이지 않았다. 두 사람의 이름은 똑같이 '백성이 많다'라는 뜻인데 숱한 내전과 외적의 침입으로 오히려 백성이 줄어들었으니 이런 역설이 또 있을까. 그 후 북이스라엘에서는 연거푸 쿠데타가 터져 정권이 바뀌는 일이 유행처럼 되었고, 남유다는 르호보암의 아들 아비얌(아비야)이 뒤를 이어 왕위에 올랐다. 결국 남북이 동시에 그릇된 정치를 펴는 바람에 백성의 삶은 쑥대밭이 되어 갔다.

이스라엘 왕의 연대표

통일 이스라엘 왕국	
사울(기원전 1030~기원전 1011)	
다윗(기원전 1011~기원전 971)	
솔로몬(기원전 971~기원전 931)	

남북 분단(기원전 931)	
북이스라엘 왕국	남유다 왕국
여로보암 1세(기원전 931~기원전 910)	르호보암(기원전 931~기원전 913)
나답(기원전 910~기원전 909)	아비야(기원전 913~기원전 911)
바아사(기원전 909~기원전 887)	아사(기원전 911~기원전 870)
엘라(기원전 887~기원전 885)	여호사밧(기원전 873~기원전 848)
시므리(기원전 885)	여호람(기원전 853~기원전 841)
오므리(기원전 885~기원전 874)	아하지야(기원전 841~기원전 840)
아합(기원전 874~기원전 853)	아달리야(기원전 840~기원전 835)
아하지야(기원전 853~기원전 852)	요아스(기원전 835~기원전 796)
요람(기원전 852~기원전 841)	아마지야(기원전 796~기원전 767)
예후(기원전 841~기원전 814)	우찌야(기원전 790~기원전 737)
여호아하즈(기원전 814~기원전 798)	요담(기원전 759~기원전 743)
여호아스(기원전 798~기원전 782)	아하즈(기원전 743~기원전 727)
여로보암 2세(기원전 791~기원전 751)	히즈키야(기원전 727~기원전 698)
즈가리야(기원전 751)	므나쎄(기원전 698~기원전 642)
살룸(기원전 750)	아몬(기원전 642~기원전 640)
므나헴(기원전 750~기원전 740)	요시야(기원전 640~기원전 608)
브가히야(기원전 740~기원전 738)	여호아하즈(기원전 608)
베가(기원전 750~기원전 730)	여호야킴(기원전 608~기원전 597)
호세아(기원전 730~기원전 721)	여호야긴(기원전 597)
	시드키야(기원전 597~기원전 586)

* 성서의 기록이 완전하지 않으므로 성서를 해석하는 학자에 따라 각 왕의 재위 연대는 수년씩 차이 난다. 선왕과 기간이 겹치는 왕의 연대는 섭정 기간이거나 서로 다른 성읍을 통치한 것이다. 이를테면, 기원전 750년에는 므나헴과 베가가 각각 사마리아와 길르앗 지방을 다스렸다고 한다.

엘리야

야훼 신앙과 바알 신앙의 대결

여로보암 1세 사후부터 오므리까지

여로보암 1세 사후에 그의 아들 나답이 후계자가 되어 왕위에 올랐으나 2년 만에 이싸갈 출신의 바아사가 반기를 들었다. 바아사는 나답을 죽이고 왕의 자리에 오른 후 여로보암 가문을 몰살했다. "이일은 여로보암이 스스로 죄를 지었을 뿐 아니라 이스라엘까지도 같은 죄에 빠지게 함으로써 이스라엘의 하느님 야훼의 분노를 샀기 때문에 일어난 것이다."(열왕기상 15:30)

바아사는 24년간 북이스라엘을 통치했으나 여로보암 1세가 세운 금송아지를 숭배하는 등 여로보암과 같은 길을 걸으며 같은 죄를 지었다. 하느님은 분노하여, "내가 바아사와 그의 가문을 모조리 쓸어버리리니, 네 가문은 느밧의 아들 여로보암의 가문과 같은 운명에 떨어지리라."(열왕기상 16:3) 하고 선고를 내렸다. 바아사가 죽은 후 그의 아들 엘라가 뒤이어 왕이 되지만, 고작 2년 만에 병거 부대를 지휘하는 지므리(시므리) 장군에게 처단당하고 만다. 스스로 왕이 된 지므리는 왕위에 오르자마자 바아사 가문을 몰살시켰다. "바아사의 일가친척이나 친구 가운데 남자는 단 하나도 살아남지 못하였다." (열왕기상 16:11) 하느님이 선고한 대로 바아사는 여로보암처럼 파멸을 맞고 말았다.

그러나 우습게도 지므리 왕정은 '일 주일 천하'로 끝나고 말았다. 전장에서 싸우던 이스라엘 군이 지므리가 반란을 일으켜 엘라 왕을 죽였다는 소식을 듣자마자 바로 그날로 이스라엘 군 총사령관인 오므리를 이스라엘의 왕으로 받들어 세웠다. 지므리는 오므리와 그의 군대가 자신을 포위하고 압박하자 스스로 궁에 불을 지르고 그 불길에 뛰어들어 타 죽었다.

그렇다면 북이스라엘의 6대 왕으로 추대된 오므리의 통치는 어땠을까? "오므리는 어떤 선왕들보다 훨씬 더 야훼의 눈에 거슬리는 일을 하였다. 그는 느밧의 아들 여로보암이 걸었던 길을 그대로 밟아 같은 죄를 지었고, 그리하여 이스라엘 백성까지 죄에 빠뜨려 우상을 섬기게 하였으므로 야훼를 크게 노하시게 하였다."(열왕기 16:25~26) 나답부터 오므리에 이르기까지 모두가 여로보암을 고스란히 답습했다. 이들은 앞선 왕이 저지른 죄와 그로 인한 비극을 마주했으면서도 악한 일을 반복했고, 하느님은 그때마다 가문의 멸망이라는 심판을 내렸다.

아합(기원전 874~기원전 853년)과 이세벨

오므리가 죽고 왕위에 오른 이는 그의 아들 아합이었다. 남유다에서 한 명의 왕(아사 왕)이 다스리는 동안 북이스라엘은 여섯 번이나 왕이 바뀌었다. 아합 왕 시대에 우상 숭배가 정점에 달했다. 갈수록 태산이다. "그는 느밧의 아들 여로보암이 걸었던 죄의 길을 따라가는 정도가 아니었다. 그는 시돈 왕 에드바알의 딸 이세벨과 결혼하였을 뿐만 아니라 바알에게 가서 그를 숭배하기까지 하였다. 그는 사마리아(북이스라엘의 수도)에 바알 산당을 짓고 그 안에 바알 제단을 세웠다. 또 아합은 아세라 목상도 만들었다. **그는 선대의 어느 이스라엘 왕들보다도 이스라엘의 하느님 야훼의 속을 더욱 썩여드렸다.**"(열왕기상 16:31~33) 이렇듯 성서는 아합이 북이스라엘 왕국의 왕 중에서 최악의 인물이었다고 기록한다.

아합은 애처가이면서도 공처가, 우유부단하면서도 과감한 독사, 어린애 같으면서도 잔혹한 맹수, 용감하면서도 비겁한 졸장부, 지극히 감성적이면서도 차가운 냉혈한, 고집불통이면서도 유약한 겁쟁이, 착하면서도 악한 불한당, 도대체 여느 보통 인간의 개념으로는 규정하기 어려운 불가해한 별종 인간이었다. 그 어떤 인간의 유형에도 맞지 않았다. 그는 사악하기도 하고 천진스럽기도 하고, 밉기도 하고 코믹하기도 하고, 용의주도하기도 하고 허술하기도 한, 본성적으로나 무의식적으로 이중적인 사람이었다. 그의 이야기는 굉장히 잘 알려진 예언자 '엘리야'와 활동 시기가 겹쳐 있기에 함께 이야기하지 않을 수 없다.

아합이 이민족인 시돈의 공주를 아내로 삼았다는 것부터 이스라엘 전통과 어긋나는 악한 일이었다. 물론 아합이 이세벨과 결혼한 것은 시돈과 동맹을 맺기 위한 이유도 있었다. 시돈은 티레, 비블로스(현재 레바논 해안 지대에 있는 페니키아의 고대 도시)와 함께 "기원전 12세기에 페니키아인들에 의해 재건된 강력한 도시 국가의 하나였고, 지중해 서부로 나아가 키프로스나 사르디니아(샤르데냐) 같은 여러 섬을 비롯하여 에스파냐와 북아프리카까지 진출하여 곳곳에 식민지를 건설한 해상 강국이었다."³ 페니키아는 오늘날 영어 알파벳의 기원이 된 문자를 창안한 민족이며, 후에 지중해 패권을 놓고 로마 제국과 대결하기도 했다. 이런 강대국과 동맹을 맺으면 금전적 이득을 볼 수 있기도 했고, 시리아와 메소포타미아라는 공동의 적을 방어하기도 쉬웠다.

그런데 문제는 결혼이 아니라 바로 종교에 있었다. 페니키아는 주로 험난한 바다를 터전 삼아 살았던 해상 민족이었기에 이스라엘만큼이나 자기들의 신앙에 투철했다. 가나안의 여느 민족들처럼 바알과 아스다롯 여신을 숭배했지만, 그들과는 비교할 수 없을 정도로 열광적이었다. 아합은 왕비 이세벨이 시키는 대로 바알 신앙에 귀의해 열렬히 신봉했고, 나아가 백성들까지 하느님을 버리고 바알을 따르도록 열심히 전파했다. 이세벨은 권력에 대한 야망도 드러냈는데, 아합을 쥐락펴락하며 야훼의 예언자를 박해하는 등 수많은 악한 일을 저질렀다.

결국 이스라엘에서 하느님에 대한 믿음은 모습을 감추었고 이방의 신들이 그 자리를 채웠다. 이스라엘 역사에 커다란 정신적 시련과 위기가 닥친 것이다.

야훼 종교를 믿는 예언자들과 제사장들은 아합에게 죽임을 당하거나 대부분 산골짜기로 들어가 숨어 지냈다. 이런 상황에서 홀로 맞선 이가 있었는데, 그가 바로 예언자 **엘리야**('야훼는 나의 하느님'이라는 뜻이다)였다. 아합과 이세벨의 폭정을 보다 못한 그가 아합 왕을 찾아가 말했다. "내가 섬기는 이스라엘의 하느님 야훼께서 살아 계심을 두고 맹세합니다. 내가 다시 입을 열기 전에는 앞으로 몇 해 동안 비는 물론 이슬도 한 방울 이 땅에 내리지 않을 것이오."(열왕기상 17:1)

어느 날 바람같이 동쪽에서 온 사람, 어두운 시대에 혜성같이 나타난 사람, 신비의 베일에 싸인 인물, 시대를 넘어 민족의 등불과 좌표가 되어준 사람, '참으로 궁핍한 시대'에 느닷없이 출현하여 폭풍처럼 활동하다가 무덤 하나 남기지 않고 마치 천사처럼 역사에서 곧바로 전설과 신화가 된 사람, 그렇게 하여 예언자의 전형이 된 사람, 엘리야는 어둠의 시대 한복판에서 활활 타오르는 불꽃이었다. 등대처럼 민족의 바다에 우뚝 서서, 북이스라엘이라는 배가 난파당하지 않게 비추는 빛이었다. 또 어둡고 참혹한 시대에 하느님의 입이 되어 의(義)를 선언하도록 내려진 사람이었다. 엘리야의 언어는 불이었다. 그는 나라 안의 모든 쓰레기를 태워 없앨 듯, 장중하고도 거친 언어를 토해냈다.

엘리야는 완벽하게 야훼에게 사로잡힌 예언자, 철저한 야훼 신봉자였다. 하지만 성서는 그의 부모가 누구인지, 어떻게 성장했는지, 나이가 몇인지에 관해서는 침묵한다. 그가 지냈던 곳으로 봐서는 가드 지파 출신으로 추측되지만 정확한 것은 알 수 없다. 그저 광야에서 홀로 수행하며 하느님의 말에만 귀를 기울이던 이였다. 어두운 시대가 그런 횃불 같은 인물을 낳았다. 엘리야는 곧 나라와 민족의 희망이 되었다. 숨죽이고 살던 백성들은 엘리야의 출현에 열광하면서도 드러내놓고 기쁨을 표할 수 없었다. 야훼 신봉자들이 어떻게 치단당했는지 너무도 잘 알았기 때문이다. 그러나 그의 존재만으로도 백성들은 헤아릴 수 없는 위로와 용기를 얻었다.

엘리야는 아합 왕에게 일갈하고는 홀연히 사라졌다. 그러고는 하느님이 일러준 대로 요르단 강 동편에 있는 그릿 개울로 가서 살았다. 그곳은 사람 그림자라고는 찾아볼 수 없이 황량한 곳이었다. 하느님이 약속한 대로 까마귀들이 아침저녁으로 떡과 고기를 날라다

주었다. 엘리야의 예언대로 온 땅에는 몇 달째 비가 한 방울도 내리지 않았다. 마침내 엘리야가 지내던 그릿 개울까지 말라버렸다.

다시 하느님이 명령을 내렸다. "여기를 떠나 시돈 지방의 사렙다로 가서 그곳에서 살도록 하여라. 거기에 한 과부가 살고 있는데 내가 그 과부로 하여금 너에게 음식을 주도록 해놓았다."(열왕기상 17:9) 그러나 막상 과부의 집에 도착해보니 너무나 궁핍하고 가난하여 당장 자기들의 끼니도 해결하지 못하고 있었다. "저에게 있는 것이라고는 뒤주에 밀가루 한 줌과 병에 기름 몇 방울이 있을 뿐입니다. 저는 지금 땔감을 조금 주워다가 저희 모자가 죽기 전에 마지막으로 있는 것이나 모두 먹을 작정이었습니다."(열왕기상 17:12)

아합과 이세벨의 악정의 결과였다. 악정과 오랜 가뭄, 다시 말해 여기서 나타나는 자연재해의 상관 관계는 죄 → 하느님의 심판 → 백성의 고난으로 이어지는 이스라엘의 신학 사상을 그대로 보여준다. 과부 한 사람의 고난을 말하는 게 아니라, 당시 북이스라엘 백성들의 고난을 말하는 것이다. 엘리야가 과부의 식량이 떨어지지 않게 해주고 그녀의 죽은 아들을 다시 살려냈다는 비현실적인 이야기는 그가 참혹한 시대의 등불이 되어, 백성들에게 위로와 희망이 되어주었다는 뜻 정도로 읽어야 할 것이다.

엘리야가 아합에게 경고의 말을 전한 지 3년이 지났다. 엘리야는 하느님의 명을 받아 아합을 만나러 갔다. 가면서 보니 사마리아에 기근이 매우 심했다.

도성조차 그러했으니, 지방은 말할 것도 없었다. 엘리야는 곳곳에서 참상을 마주했다. 굶어 죽은 백성들의 시체가 널려 있었고, 죽어가는 자식을 붙들고 하늘에 하소연하는 넋 나간 어미의 모습도 보았다. 악한 정치가 백성을 죽음의 땅으로 내몰고 있었다.

한편, 아합은 궁내 대신 오바댜(오바디야)를 불렀다. 궁내 대신 오바댜는 야훼를 경외하는 사람이었다. 왕후 이세벨이 야훼의 예언자들을 학살할 때 몰래 예언자들을 동굴에 숨기고 먹을 것과 물을 날라다준 사람이었다. 아합은 오바댜에게 "그대는 나와 둘이서 전국을 다녀보자. 어쩌다가 풀이 있는 곳을 만날지도 모르니 모든 샘과 계곡을 샅샅이 뒤져보자. 어떻게든 말과 노새를 살려야지 그냥 죽일 수는 없지 않겠느냐?"(열왕기상 18:5) 하고 말했다. 백성이 죽어 나가는 와중에도 제 짐승 걱정뿐이었다. 백성을 짐승만도 못하게 취급했다.

두 사람은 각자 국토의 절반씩을 맡아 돌아보기로 했다. 그러다 오바댜는 엘리야와 마주쳤다. 그는 엘리야를 알아보고 그 앞에 엎드려 인사를 했다. 엘리야는 오바댜에게 "가서 왕에게 엘리야가 여기에 와 있다고 전하시오."(열왕기상 18:8) 하고 말했다. 오바댜는 그길로 아합을 찾아 이 소식을 전했고, 아합이 엘리야를 만나러 왔다. 엘리야를 보자마자 아합은 대뜸 "그대가 이스라엘을 망치는 장본인인가?"(열왕기상 19:17) 하고 말을 건넸다. 그러자 엘리야가 대답했다.

내가 이스라엘을 망치는 것이 아닙니다. 이스라엘을 망하게 하는 사람은 바로 왕 자신과 왕의 가문입니다. 왕께서는 야훼의 계명을 버리고 바알을 받들어 섬겼습니다. 이제 온 이스라엘 백성을 가르멜 산으로 모이게 하여 나에게 보내십시오. 그리고 이세벨 왕비에게서 녹을 받아 살고 있는 바알의 예언자 사백오십 명과 아세라의 예언자 사백 명도 함께 모아주십시오.(열왕기상 19:18~20)

'가르멜 산(갈멜 산)'은 이스라엘 북부 지중해 가까운 곳에 있는 해발 540미터의 야트막한 산이다. 산 중턱에는 넓고 평평한 고원 지대가 있으며, 남동쪽으로는 이스라엘에서 가장 비옥한 에스드렐론(이즈르엘) 평야가 펼쳐져 있다. 그곳에서 이스라엘 역사상 가장 신비하고도 역사적인 대결이 벌어질 참이었다. 신들의 싸움과 종교 전쟁, 이른바 '가르멜 산의 대결'이다. 이 대결은 야훼 종교와 가나안 바알 종교의 대결, 이스라엘의 정신과 가나안 정신의 전쟁이었다. 단지 종교 문제에 국한된 일이 아니라, 이스라엘의 정체성과 전통과 미래의 사활이 걸린 중대한 문제였다. 다시 말해 진리와 거짓, 정의와 불의의 싸움이었다.

왕과 왕비의 협박에 못 이긴 백성들이 바알 종교의 신도가 된 마당에, 홀로 야훼 종교를 지켜내려는 예언자 엘리야는 이스라엘 정신의 상징이었다. 이후에 등장하는 예언자들도 그러했다. 아무리 잔혹하게 박해받는다 할지라도, 설사 죽을지언정 결코 굴복하지 않는 자유와 독립의 정신, 그것이 이스라엘의 예언자 정신이었다.

가르멜 산에 모인 온 이스라엘을 향해 엘리야가 입을 열었다. **"여러분은 언제까지 양다리를 걸치고 있을 작정입니까? 만일 야훼가 하느님이라면 그를 따르고 바알이 하느님이라면 그를 따르시오."**(열왕기상 18:21) 그러나 백성들은 아무런 대답도 하지 않았다. 백성들이 양다리를 걸치고 있었던 이유는 야훼와 바알을 구별할 줄 몰랐기 때문이다. 그 원인은 신을 부르는 호칭 때문이었는데, 가나안과 이스라엘 양쪽에서 모두 하느님을 '엘(El)'이라고 불렀다. 백성들이 볼 때에는 가나안의 신과 이스라엘의 신이 같았던 것이다. 게다가 가나안 땅의 다신교적 요소에 영향을 받은 이스라엘과 이스라엘에 흡수된 가나안 땅의 히브리 후손들은 좀처럼 야훼 종교에 익숙해지지 못했다.

그러면 야훼를 따르면 무엇이 좋으며, 바알을 따르면 무엇이 나쁜

가? 바알 종교에는 온통 나쁜 것만 있는 것인가? 왜 엘리야는 그처럼 종교 투쟁을 벌였을까? 그것은 이스라엘의 출발과 정체성이 이집트에서 자기들을 해방한 야훼 하느님의 사건에 있었기 때문이다. 이스라엘은 야훼 하느님이 이집트 노예였던 자기들을 찾아와 자비를 베풀어 선택하고 선민으로 살아야 할 종교와 윤리를 주었다고 믿었다. 이 점은 죽어도 포기하지 못할 이스라엘만의 정신이었다.

그리고 세속주의와 정신주의에도 차이가 있었다. 즉, 바알 종교는 오로지 물질적 소유와 풍요만 갈망하여 진리와 정의, 평화를 중시하는 차원 높은 윤리 의식이 없었다. 그래서 특히 모세의 법과 전통에 충실한 보수주의자이면서 동시에 진보주의자인 예언자들은 바알 종교를 따르면, 사회와 나라와 민족이 혼란해지고 무질서해져 끝내는 망한다고 보았다.

예언자들이 목숨까지 바치면서 지키려고 했던 것은, 단순한 종교 그 자체를 뛰어넘어 그것이 내포한 자유와 해방, 진리와 정의의 정신, 그리고 평등하고 평화로운 공동체와 진실한 역사를 지향하는 사회 이념과 윤리 체계였다. 즉, 야훼 종교는 탈이집트에 관한 모든 것이었다. 야훼는 이스라엘이 이런 윤리적 가치 체계를 삶의 우선순위에 두고 살아갈 때 안전과 생활과 미래를 보장해주겠다고 약속했지만 백성들은 이런 계약 관계를 이해하지 못했고, 윤리적 차원의 요구가 없는 바알 종교를 쉽고 편안하게 생각했다. 이것이 문제의 핵심이었다.

두 종교의 차이점을 이해할 때에, 비로소 이스라엘 역사와 구약성서와 예언자들을 이해할 수 있다. 그리고 그러한 이스라엘의 사상은 시대를 내려오면서 표현만 바뀌었을 뿐, 본질은 그대로 유지한 채 전승되었다. 탈이집트라는 종교적 이념은 후대에 가면서 탈바빌로니아, 탈페르시아, 탈그리스, 탈로마의 형식으로 바뀌고, 예수와 신약성서에서도 그대로 반영된다. 결국 이 세상에서 살면서 이 세상에 물들지 말아야 할 탈세상의 가치 체계가 되었다.

엘리야의 말은 이러한 종교적·사상적 배경에서 나온 것이었다. 백성들이 야훼와 바알 사이에서 어정쩡하게 양다리를 걸치고 있었던 또 다른 이유는 아합과 이세벨의 잔혹한 박해로 인한 두려움 때문이었다. 엘리야를 제외한 야훼의 예언자는 모두 처형당했고, 백성들은 이 일을 모두 지켜보았을 것이다.

엘리야는 어느 쪽이 진짜 하느님인지 가려낼 방법을 제안했다. "야훼의 예언자로서 살아남은 사람은 나 하나요. 그러나 바알의 예언자는 사백오십 명이나 있습니다. 이제 우리에게 황소 두 마리를 끌어다 주시오. 그들에게 한 마리를 잡아 장작 위에 올려놓고 불을 붙이지 않은 채 그냥 두게 합시다. 나도 한 마리를 잡아 장작 위에 올려놓고 불을 붙이지 않겠습니다. 당신들은 당신들이 섬기는 신의 이름을 부르시오. 나는 나의 하느님 야훼의 이름을 부르겠소. 어느 쪽이든지 불을 내려 응답하는 신이 참 하느님입니다."(열왕기상 18:22~24)

바알과 아세라의 예언자들이 먼저 의식을 시작했다. 그들은 준비한 황소를 잡아놓고는 아침부터 한낮까지 바알의 이름만 불러댔다. "오, 바알이여, 대답하소서." 그러나 대답은커녕 아무런 소리도 들리지 않았다. 그들은 곧이어 제단 주위를 돌면서 춤을 추었다. 여전히 정적만 흘렀다. 엘리야가 그들을 조롱하며 말했다. "바알은 신이니까, 더 크게 불러보아라. 깊은 사색에 빠져 계신지도 모르지. 외출 중인지 아니면 여행 중인지 혹은 잠이 드셨는지도 모르니 어서 깨워보아라." 그들은 더 크게 소리쳤다. 심지어 그들의 예배 관습에 따라

칼과 창으로 피가 흐르도록 자기 몸을 찔렀다(열왕기상 18:26~28).

고대부터 오늘날까지 거의 모든 종교에는 가학적인 방법의 의식이 있다. 가볍게는 금식에서부터 고행, 심지어 자학하기도 한다. 고행이 철저할수록 그것을 신앙심의 척도, 거룩함의 증거, 신에게 가까이 있는 자의 모습으로 보았고, 극단적으로 수행하는 사람을 성인(聖人)으로 대접하기도 한다.

그러나 야훼 종교는 결코 고행을 종교 의식이라 말하지 않는다. 성서나 신학자들이나 종교학자들은 진정한 종교성은 '중용'에 있다고 말한다. 중용은 절충주의나 혼합주의를 말하는 게 아니라, 하나의 신이나 신념 체계에 기초하여 양극단 사이에서 조화와 절제와 균형을 도모하는 방식이다. 즉, 신앙과 이성, 신뢰와 사고, 감정과 오성, 기도와 이해, 묵상과 생활, 이론과 실천, 정(靜)과 동(動), 지성과 영성, 깨달음과 실천 사이에서, 그 어느 쪽으로도 치우치지 않고, 중간의 절제와 조화와 균형을 지키며 나아가는 수행 방식이다.

저녁 제사를 지낼 시간이 될 때까지 바알과 아세라의 예언자들이 미친 듯이 날뛰었지만 아무런 소리도 없었고, 아무런 대답도 없었고, 아무런 기적도 없었다. 그러자 엘리야가 앞으로 나서며 백성들에게 가까이 다가오라고 말했다. 그는 상대편 예언자들이 종일 뛰는 바람에 무너진 제단을 다시 고쳐 쌓고 제단 주위에 곡식 두 가마가 들어갈 만큼 큰 도랑을 팠다. 그리고 장작을 쌓은 다음 그 위에 송아지를 올려놓았다. 그러고 나서 물을 네 동이 가득 채워다가 번제물과 장작 위에 부었다. 이렇게 두 번을 더 하자, 물이 제단 주위로 넘쳐흘러 도랑에 가득 찼다.

엘리야가 앞으로 나서서 기도했다. "오, 아브라함과 이사악과 이스라엘의 하느님 야훼여, 이제 당신께서 이스라엘의 하느님이시고 제가 당신의 종이며 제가 한 모든 일이 당신의 말씀을 좇아 한 것임을 모든 사람으로 하여금 알게 하여주십시오. 응답해주십시오. 야훼여, 저에게 응답해주십시오. 그리하여 이 백성으로 하여금 야훼께서 하느님이심을 깨닫고 그들의 마음을 돌이키게 하신 분이 당신이심을 알게 하여주십시오."(열왕기상 18:36~37)

그러자 야훼의 불길이 내려와 제물과 나무와 돌과 흙을 모두 태웠고 도랑에 괴어 있던 물도 남기지 않고 말려버렸다. 온 백성이 이 광경을 보고 땅에 엎드려서 부르짖었다. "야훼께서 하느님이십니다. 야훼께서 하느님이십니다."(열왕기상 18:39) 곧바로 엘리야는 백성들과 함께 바알과 아세라의 예언자들을 모조리 잡아 처단했다.

이 순간 아합은 어떤 표정을 짓고 있을까? 그는 이 모든 장면을 보고서 얼이 빠져, 엘리야가 무참한 살육을 끝내고 돌아올 때까지 우두커니 눈만 멀뚱거리고 앉아 있었다. 엘리야가 가까이 다가온 순간 아합은 아주 순한 어린 양이 되었다. 엘리야는 아합에게 곧 비가 올 터이니, 어서 음식을 먹고 궁으로 돌아가라고 말했다. 아합이 궁으로 돌아가는데 하늘이 구름으로 덮여 이내 캄캄해지고 바람이 일기 시작하더니 마침내 큰비가 쏟아지기 시작했다. 3년 만에 내리는 비였다. 엘리야가 아합을 죽이지 않은 이유는 그래도 그는 한 나라의 왕이고, 하느님을 향한 그의 믿음을 일깨울 수 있다고 생각했기 때문일 것이다. 아합도 하느님이 쓰는 역사의 한 과정에서 필요한 도구이기 때문이었다.

이 이야기는 이스라엘 역사 내내 벌어진 야훼 신과 바알 신의 대결의 역사를 압축하고 있다. 그 대결의 성격은 자유와 물질적 풍요, 정의와 안정, 진리와 향락적 생활, 공평(평등)과 부의 독점, 공감과 이기주의, 자비와 불의 사이에서 무엇을 더 소중한 가치로 여겨야 하는가를 놓고 벌인 싸움이었다. 이스라엘에서 볼 때, 야훼는 전자를 의미하고, 바알은 후자를 의미했다. 그러나 통합적인 관점에서 보면, 야훼는 그 모든 것을 보장하고 복으로 내려준다는 것이 예언자들이나 구약성서의 관점이다.

한편, 아합은 궁에 도착하자마자 엘리야가 어떤 일을 했는지 어떻게 예언자들을 모조리 죽였는지 낱낱이 이세벨에게 말해주었다. 격노한 이세벨은 "네가 예언자들을 죽였으니 이번에는 내가 너를 내일 이맘때까지 반드시 죽이리라. 그렇지 아니하면 천벌 아니라 그 이상이라도 내가 받으리라."(열왕기상 19:2)라는 내용의 전갈을 엘리야에게 보냈다.

그러자 엘리야는 두려워 떨며 목숨을 구하려고 급히 도망쳤다. 죽음 앞에서 의연하던 이제까지의 모습과는 전혀 다른 행동이다. 오래도록 홀로 투쟁하며 지내는 동안, 마음에 파고든 시린 절망이 어느덧 그를 갉아먹어 연약하게 만든 것이다. 그 절망은 백성들의 마음에 하느님을 일깨우는 일이 한번에 이루어지는 일이 아니라는 사실을 깨달은 데서 온 것이었다. 하느님의 기적을 행해도, 사람들의 마음을 점령하고 있는 바알을 몰아내는 일은 개개인에게 내적 변화가 일어나야만 가능한 일이었다. 그런데 엘리야 자신이 무슨 힘으로 그 일을 해낼 것인가?

엘리야는 유다의 '브엘세바(베르세바)'로 가서 홀로 광야로 들어갔다. 싸리나무(로템나무) 아래 앉아 죽기를 간청하며 기도했다. "오, 야훼여, 이제 다 끝났습니다. 저의 목숨을 거두어주십시오. 선조들보다 나을 것 없는 못난 놈입니다."(열왕기상 19:4)

그 역시 인간이었다. 이스라엘 예언자들은 누구나 초인적 강골(強

페르디난트 볼, 〈천사에게 음식을 받은 엘리야〉, 1660(?).

骨)이기는 했지만 목석이 아닌, 누구보다도 깊고 강렬하게 느끼고 생각하고 행동한 펄펄 살아 뛰는 인간이었기에 감정적 기복도 그만큼 컸다. 후일 등장하는 예언자 '예레미야'도 외롭고 힘들어 중간에 모든 것을 그만두고 낙향하려고 한 적이 있었다(예레미야 15:19). 그들이 겪었을 고뇌와 번민이 그대로 느껴진다.

그러다가 지쳐 쓰러진 엘리야는 그대로 잠이 들었다. 그때 하늘의 천사가 나타나 "일어나서 먹어라." 하고 엘리야를 흔들어 깨웠다. 그가 깨어보니 머리맡에 불에 달군 돌에 구워낸 과자와 물 한 병이 놓여 있었다. 엘리야는 음식과 물을 마시고는 다시 누워 잠이 들었다. 야훼의 천사가 다시 와서 엘리야를 흔들어 깨우면서 "갈 길이 고될 터이니 일어나서 먹어라." 하고 말했다. 엘리야는 음식을 먹고 기운을 차려 40일을 밤낮으로 걸어 '하느님의 산 호렙(시나이 산)'에 이르렀다(열왕기상 19:5~8). 이세벨의 칼날을 피해 도착한 호렙 산은 그 옛날 이스라엘의 구원자 '모세'가 민족을 위해 엎드려 울며 빌었던 곳이었다.

엘리야가 호렙의 한 동굴에 이르러 그곳에서 밤을 지내는데 갑자기 야훼의 말씀이 들려왔다. **"엘리야야, 네가 여기에서 무엇을 하고 있느냐?"**(열왕기상 19:9) 이는 "너 어디 있느냐?"(창세기 3:9)와 같은 실존적인 질문이었다. 나는 누구인지, 하느님 앞에서 어떤 존재로 살 것인지를 묻는 것이었다. '나'가 누구인지를 알면, 무엇을 해야 하는지도 알 것이었다. 그런데 자신을 알고자 하면, 반드시 하느님을 알아야 한다. 구약성서에 따르면, 인간은 궁극적 실재인 하느님 앞에서 자기를 규정할 때에만 자기에 관하여 정직한 대답을 얻을 수 있다. 인간은 결코 이 세계의 형식들, 곧 정치와 경제와 소유와 직업을 통해서 자신을 규정할 수 없다. 현대 유대교 신학자인 아브라함 헤셸(Abraham J. Heschel)은 "인간은 하느님과 관계하여서만 자신을 물을 수 있을 뿐이다."[4]라고 말한다.

또 히틀러 치하에서 순교한 독일의 신학자 디트리히 본회퍼(Dietrich Bonhoeffer)는 사형당하기 전 감옥에서 이런 물음을 던졌다. "나는 누구인가? 이것이 나인가, 저것이 나인가? 오늘은 이 사람이고 내일은 저 사람인가? 둘 다인가? …… 으스스한 물음이 나를 조롱합니다. 내가 누구인지 당신은 아시오니, 나는 당신의 것입니다. 오, 하느님!"[5]

엘리야가 하느님의 물음에 답했다. "저는 이스라엘 백성들이 당신과 맺은 계약을 저버리는 것을 보고 만군의 하느님 야훼를 생각하여 가슴에 불이 붙고 있습니다. 이 백성은 당신의 제단을 헐었을 뿐 아니라 당신의 예언자들을 칼로 쳐 죽였습니다. 이제 예언자라고는 저 하나 남았는데 그들이 저마저 죽이려고 찾고 있습니다."(열왕기상 19:10) 무한한 열정으로 나섰지만 가시적인 결과가 거의 없자, 이내 좌절의 벽에 부딪쳤던 것이다.

엘리야의 체념과 절망은 백성들의 배반과 무너진 제단, 하느님의 예언자들의 죽음, 백성들의 침묵과 냉담함으로부터 오는 것이었다. 그러나 엘리야가 알아야 할 것은 자기 행위의 충분한 결과를 바라는 것조차 포기해야 한다는 것이었다. 그가 해야 할 일은 오로지 자기가 맡은 일을 충실히 해내는 것이었다. 다시 하느님의 음성이 들려왔다.

"앞으로 나가서 야훼 앞에 있는 산 위에 서 있거라." 그리고 야훼께서 지나가시는데 크고 강한 바람 한 줄기가 일어 산을 뒤흔들고 야훼 앞에 있는 바위를 산산조각 내었다. 그러나 야훼께서는 바람 가운데 계시지 않았다. 바람이 지나간 다음에 지진이 일어났다. 그러나 야훼께서는 지진 가운데도 계시지 않았다. 지진 다음에 불이 일어났다. 그러나 야훼께서는 불길 가운데도 계시지 않았다. 불길이 지나간 다음, 조용하고 여린 소리가 들려왔다.(열왕기상 19:11~12)

그랬다. 하느님은 기적 같은 일 가운데 계시는 게 아니었다. 크고 강한 바람이 아니라 살랑이는 바람결에 존재한다. 한없이 '조용하고 여린 소리' 같은 하느님의 현존 앞에 선 엘리야는 하느님이 있는 듯 없는 듯 일하는 분이라는 것을 깨달았다. 그를 불러낸 하느님은 하늘처럼 말이 없고, 땅처럼 굳세고, 이슬처럼 일하는 분이었다. 사람들은 기적을 보고 변하는 게 아니었다. 엘리야는 하느님의 조용하고 여린 소리처럼, 없는 듯 있고 있는 듯 없이 사람들의 마음을 움직이고 변화시켜야 할 것이었다.

그러자면 먼저 가시적인 결과에 대한 기대를 내려놓아야 했다. 하느님은 달팽이처럼 한없이 느린 분이기 때문이다. 그리고 혼자가 아니라는 사실을 기억해야만 했다. 여전히 이스라엘에는 바알에게 무릎을 꿇지 않은 사람들이 존재했다. 하느님이 제시한 방법은 조용한 가르침과 고요한 혁명에 관한 것이었다. 그것은 같은 사상과 이상과 신념을 지닌 사람들을 모아 사람을 길러내는 일이었다. 참되고 고귀한 사상과 이상을 가진 사람들을 길러내면, 그들이 백성들 속으로 들어가 점차 백성들을 변화시킬 것이었다.

그러므로 엘리야는 적들을 두려워하고 피해 살 것이 아니라, 숨어서 야훼 신앙을 고수하는 동지들을 모아야만 했다. 그들의 힘을 기르고, 그것을 하나의 조용하고도 강력한 운동의 차원으로 끌어올려야 할 것이었다.

그렇게 하여 부드럽고 새로운 종교적 체험이 엘리야에게 새로운 사상과 신념과 이상을 불러일으켜주었다. 이 사명은 자기가 죽더라도 제자가 이어받고, 또 그 제자의 제자가 이어받으면서 쉬지 않고 지속해 나갈 것이었다. 엘리야는 그것을 믿어야 한다.

그 후 엘리야는 시나이 산을 떠나 길을 가다가 하느님이 다음 예언자로 일러준 사밧의 아들 '엘리사'('하느님은 구원자이다'라는 뜻이다)를 만났다. 엘리사는 엘리야의 제자가 되어 그를 따라 나섰다. 엘리야는 부드럽고 조용하고 거룩한 영적 혁명을 일으키며, 오래도록 이스라엘의 정신적 스승 자리를 지켰다.

이세벨

악녀의 대명사가 된 왕비

나봇이라는 이즈르엘(이스르엘) 사람이 포도원을 하나 가지고 있었는데, 그 포도원은 아합의 별궁 근처에 있었다. 이즈르엘은 사마리아에서 북동쪽으로 40킬로미터 떨어진 곳에 있으며, 경관이 무척 뛰어난 곳이었다. 어느 날 아합 왕이 나봇을 찾아와 말했다. "그대의 포도원은 내 별궁 근처에 있으니 나에게 양도하게. 그것을 정원으로 만들고 싶네. 그 대신 그대에게는 더 좋은 포도원을 마련해주지. 만약 그대가 원한다면 그 값을 시가로 따져서 현금으로 계산해줄 수도 있네."(열왕기상 21:2)

그러나 나봇은 선조들에게 물려받은 포도원이기 때문에 이를 남에게 주는 일은 하느님이 규하는 불경한 짓이라고 말하며 왕의 요구를 거절했다.

이스라엘에서는 토지 매매가 원천적으로 봉쇄되어 있었고 지금도 토지 국유제를 실시한다. "땅을 아주 팔지는 못한다. 땅은 나의 것이다. 너희는 다만 나그네이며, 나에게 와서 사는 임시 거주자일 뿐이다."(레위기 25:23, 새번역)라는 구절에서도 볼 수 있듯이 모든 것이 하느님의 것이기 때문이다. 〈룻기〉에서도 이야기했던 것처럼 만약 가난 때문에 유산으로 받은 땅을 팔게 되면 가까운 친척이 그 땅을 사야만 한다. 그러니 아합의 요구는 나봇이 보기에 불경한 일이었다. 나봇이 단호하게 자기의 요구를 거절하자, "아합 왕은 침울한 심정이 되어 별궁으로 돌아가 자리에 누워 이불을 얼굴까지 뒤집어쓰고 음식도 들려고 하지 않았다."(열왕기상 21:4) 유약한 아합이 단단히 토라졌다. 그때 이세벨이 무슨 일로 마음이 상했는지 물었다. 아합은 마치 엄마에게 모든 것을 일러바치는 아이처럼 나봇과의 일을 낱낱이 전했다.

그러자 그의 아내 이세벨이 말했다. "당신은 현재 이스라엘을 다스리는 임금님이 아니십니까? 일어나셔서 음식을 드시고, 마음을 좋게 가지십시오. 내가 이스르엘 사람 나봇의 포도원을 임금님의 것으로 만들어드리겠습니다."(열왕기상 21:7, 새번역) 이 무서운 여인은 "제가 나봇을 한 번 만나보지요." 하는 게 아니라, "나봇의 포도원을 임금님의 것으로 만들어드리겠습니다."라고 선언했다. 그것으로 일은 다 끝난 것이었다. 아합은 반색하며 일어나 맛있게 밥을 먹었다. 잠시 기다리면 자기가 원하는 것을 손에 넣을 수 있을 것이다. 이세벨이 어떤 식으로 나봇의 포도원을 빼앗을지 짐작이 갔지만, 자신과는 상관없는 일이었다.

이세벨은 아합의 이름으로 편지를 써서 옥쇄로 봉인하고, 그 편지를 나봇이 살고 있는 성읍의 원로들과 귀족들에게 보냈다. 편지의 내용은 이러했다.

금식을 선포하고, 나봇을 백성 가운데 높이 앉게 하시오. 그리고 건달 두 사람을 그와 마주 앉게 하고, 나봇이 하느님과 임금님을 저

주하였다고 증언하게 한 뒤에, 그를 끌고 나가서, 돌로 쳐서 죽이시
오.(열왕기상 21:9~10, 새번역)

독부(毒婦)였다. 하느님도 법도 몰랐고, 양심도 인정도 없었다. 오
직 마음먹은 것은 무엇이든 해치우는 집념 하나만 있을 뿐이었다.
그녀는 꼭두각시 왕의 조종자였다. 모략의 밀서를 써서, 그것을 국
사(國事)에나 쓰는 옥쇄(玉碎)로 인봉하고, 두 사람 이상의 증인과
증언이 있어야 한다는 이스라엘의 법(신명기 19:15)에 따라 거짓 증
인까지 세워서 살인 지령을 내렸다.

이스라엘 법에 "야훼의 이름을 모욕한 자는 반드시 사형시켜야 한
다. 온 회중이 그를 돌로 쳐 죽여야 한다."(레위기 24:16)라는 규정이
있었다. 나봇이 법을 이용해 왕의 요구를 거절했으니, 똑같이 그 법
으로 복수를 하겠다는 것이었다. 나봇이 살고 있는 성읍의 원로와
귀족들은 이세벨이 편지에 쓴 대로 거짓 증인 두 사람을 세워 죄를
만들고, 그를 돌로 쳐 죽였다. 이세벨은 나봇이 돌에 맞아 죽었다는
보고를 받고 아합 왕에게 말했다. "일어나셔서 이즈르엘 사람 나봇
이 팔지 않겠다고 한 그 포도원을 차지하십시오. 나봇은 이제 이 세
상 사람이 아닙니다."(열왕기상 21:15) 그 말을 듣고 아합은 당장 포
도원을 차지하려고 내려갔다. 그러나 세상만사가 원하는 대로 되는
게 아니다. "사람들은 속여서 얻은 빵이 맛있다고 하지만, 훗날에 그
입에 모래가 가득 찰 것이다."(잠언 20:17, 새번역)

이때 엘리야에게 하느님의 말이 내렸다. "사마리아에 있는 이스
라엘 왕 아합에게 내려가거라. 그는 지금 나봇의 포도원을 차지하
려고 그곳에 내려가 있다. 가서 그에게 야훼의 말이라 하고 이렇게
전하여라. '네가 사람을 죽이고 그의 땅마저 빼앗는구나. …… 나

봇의 피를 핥던 개들이 같은 자리에서 네 피도 핥으리라.'"(열왕기상 21:18~19) 엘리야는 곧바로 아합에게 갔다. 아합은 엘리야를 보더니 "이 원수야, 또 나타났구나!" 하고 소리쳤지만, 엘리야는 아랑곳하지 않고 하느님의 말을 전했다.

> 나 이제 너에게 재앙을 내리리라. 나는 네 후손을 모조리 쓸어버리고 이스라엘에 있는 아합의 가문에 속한 사내는 자유인이든 종이든 씨도 없이 죽이리라. 나는 너의 왕조를 느밧의 아들 여로보암과 아히야의 아들 바아사의 왕조처럼 만들리라. 네가 이스라엘을 죄에 빠뜨려 그토록 내 속을 썩였는데 어찌 그냥 내버려두겠느냐? …… 개들이 이즈르엘 성 밖에서 이세벨을 찢으리라. 아합 가문에 속한 자가 성 안에서 죽으면 개들이 뜯어먹고 성 밖에서 죽으면 새들이 쪼아먹으리라.(열왕기상 21:21~24)

성서는 아합처럼 아내 이세벨의 농간에 빠져서 목숨을 내던져 가며 야훼의 눈에 거슬리는 일을 한 사람은 일찍이 없었다고 말한다. 아합은 야훼가 눈앞에서 쫓아낸 아모리 사람을 본받아서 우상을 숭배하는 참으로 못할 짓을 했다. 하느님의 선고를 들은 아합은 자기 옷을 찢고, 굵은 베옷을 걸치고 금식했으며, 누울 때에도 굵은 베옷을 입은 채로 눕고, 또 일어나서 거닐 때에도 슬픈 표정으로 힘없이 걸었다. 하느님이 자기 앞에서 얼굴도 들지 못하는 아합의 모습을 보고 그의 생전에는 재앙을 내리지 않고 그의 아들 대에 가서 재앙을 내리겠다고 말하며 아합을 용서했다. 참으로 알 수 없는 하느님이다. 하느님은, 악한 사람이라 하더라도 겸손하게 낮아져 용서를 빌면 용서해주는 분이었다. 3년 후 시리아 왕국과 벌어진 전쟁에서 아합은 전사했다. 사람들은 그를 사마리아에 안장했다. "그리고 왕의 병거와 무기를 사마리아의 연못에서 씻었는데 개들이 그 피를 핥았고 창녀들이 그 못에서 목욕하였다. 이와 같이 모든 것이 야훼께서 말씀하신 대로 되었다."(열왕기상 22:38)

아합의 왕위를 계승한 그의 아들 아하지야(아하시야)는 이스라엘을 죄에 빠뜨렸던 자신의 부모가 걸었던 길을 그대로 따라 하느님의 눈에 거슬리는 일을 하여 즉위 2년 만에 젊은 나이로 세상을 떠났다. 이방의 신을 숭배한 것으로도 모자라 자기의 잘못을 뉘우치지도 않았던 자의 말로였다.

한편, 엘리야는 하느님 곁으로 갈 때가 되어 요르단으로 향했다. 엘리사는 스승 곁을 떠날 수 없다며 그길에 함께 했다. 그들이 길을 가는데 난데없이 불말이 불수레를 끌고 나타나 둘 사이를 갈라놓더니 엘리야만 회오리바람에 실려 하늘로 올라갔다. 엘리야의 능력은 엘리사에게 전해졌다. 그 모습을 본 예언자 수련생들이 엘리사 앞에 엎드려 절을 하며 그를 맞았다. 엘리사는 엘리야의 뒤를 이어 예언자 수련생들의 스승이 되었다.

성서는 아합과 이세벨의 이야기를 통해 법과 전통조차 깡그리 무시하고 권력을 남용하는 자가 다스리는 사회에서 벌어지는 모든 불의한 현실을 압축하여 보여주었다. 통치자의 올바르지 못한 행동이 백성들을 말도 못할 고난으로 몰고 가는 과정을 여실히 드러낸 이야기라 하겠다.

엘리사와 나아만

민족을 초월한 야훼의 구원

시리아 왕의 군사령관인 나아만 장군은 왕이 매우 아끼는 큰 인물이었다. 성서는 하느님이 그를 통해 시리아에 승리를 안겨준 적이 있다고 말하는데, 이 말 자체가 무척 파격적이다. 하느님이 이스라엘이 아닌 다른 민족도 구원했다는 말이기 때문이다. 아람이라고도 불렸던 시리아는 본래 이스라엘과 같은 조상에서 시작된 민족이다. 〈신명기〉 26장 5절을 보면 "제 선조는 떠돌며 사는 아람인이었습니다."라는 모세의 말이 등장한다. 그래서인지 이스라엘과 시리아는 언어가 비슷하다.

후일 이스라엘이 멸망하고 오랜 포로 생활 탓에 고유 언어인 히브리어를 잃어버린 이스라엘 사람들은 히브리어와 시리아어를 혼용한 '아람어'를 사용했고, 그것이 예수 시대까지 이어졌다. 신약성서를 연구하는 신학자들은 후기에 쓰인 구약성서 일부와 복음서, 〈사도행전〉에 아람어를 번역한 흔적이 있다는 이유를 들어 예수가 사용한 언어가 아람어였다고 본다. 특히 〈마가복음〉에 등장하는 예수의 말 중에 "아빠(14:36)", "탈리다 쿰(달리다굼)"(5:41) 같은 말들이 그

대표적인 증거이다.

　이 이야기에 등장하는 '나아만'의 이름 역시 이스라엘식이다. 어쩌면 이스라엘 사람의 후손일지도 모른다. 나아만 장군은 강한 용사였는데, 그만 나병에 걸리고 말았다. '나병'은 글자 그대로 나병(문둥병)만을 말하는 게 아니라, 각종 악성 피부 질환을 통틀어 가리킨다.

　이전에 시리아 군대가 이스라엘에 쳐들어갔을 때 어린 소녀 하나를 데려와 나아만 아내의 시중을 들게 했는데, 이 소녀가 자기의 주인에게 "주인 어른께서 사마리아에 있는 한 예언자를 만나보시면 좋겠습니다. 그분이라면 어른의 나병을 고치실 수가 있을 것입니다." (열왕기하 5:3, 새번역) 하고 말했다. 이 말을 듣고 나아만은 궁으로 가 왕에게 소녀가 이러이러한 말을 하더라고 보고했다. 나아만의 말을 들은 시리아 왕이 이스라엘 왕에게 친서를 써줄 테니 그에게 가보라고 말했다. 이 장면에서, 고대 국가들이 서로 적대 국가였다 하더라도, 평화 시에는 상호 교류를 했다는 사실을 알 수 있다.

　나아만은 은 십 달란트와 금 6천 세겔과 옷 열 벌을 가지고 가서, 왕의 친서를 이스라엘 왕에게 전했다. 은 십 달란트(탤런트, 탈란톤 talanton이라는 그리스어에서 유래한 이 말은 흔히 사람의 재능을 가리키는 의미로 사용되지만 본래는 유대의 화폐 단위였다)는 무게로 따지면, 자그마치 340킬로그램이다. 1달란트는 3,000세겔이었고, 1세겔은 당시 노동자들의 4일치 품삯이었다. 자그마치 12만 명의 품삯이다 (대략 60억 원). 만약 은이 아니라 금이라고 한다면 그 가치는 이보다 15배나 높다. 거기에 금 6천 세겔(약 180억 원)과 옷 열 벌까지 엄청난 치료 비용을 가지고 갔던 것이다.

　이 서신을 읽은 이스라엘 9대 왕 요람(아하지야가 자식을 남기지 못하고 일찍 죽은 탓에 아합의 다른 아들, 즉 아하지야의 동생 요람이 왕위를 물려받았다)은 옷을 찢으며 "내가 사람을 죽이고 살리는 신이란 말인가? 그가 사람을 보내어 나에게 나병을 고쳐 달라고 하니, 이것은 그가 나에게 싸움을 걸려고 트집을 잡으려는 것이 분명하다."(열왕기하 5:7) 하고 의심했다. 왕이 옷을 찢었다는 소식을 들은 엘리사가 왕에게 사람을 보내 나아만을 자기에게 보내라고 말했다.

그리하여 나아만은 마차를 몰고 엘리사의 집 문 앞에 멈추었다. 그런데 엘리사는 나와서 맞지 않고 사람을 내보내 "요르단 강에 가서 그 강물에 일곱 번 몸을 씻으시오. 그리하면 새살이 나서 깨끗하게 될 것이오."(열왕기하 5:10) 하고 말을 전했다. 멀리서 이방의 군사령관이 엄청난 선물을 가지고 친히 집 앞까지 왔는데 나와 보지도 않다니! 나아만은 화가 치밀어 "내 생각에는 적어도 그가 나에게 나와서 자기 하느님 야훼의 이름을 부르며 병든 부분을 손으로 만져 이 나병을 고쳐주려니 했다. 이럴 수가 있느냐? 다마스쿠스에는 이스라엘의 어떤 강물보다도 더 좋은 아바나 강과 발바르 강이 있다. 여기에서 된다면, 거기에 가서 씻어도 깨끗해지지 않겠느냐?"(열왕기하 5:11~12)라고 말하며 발길을 돌렸다. 그는 예언자의 존재를 자기 부하쯤으로 생각한 것이다.

그때 나아만의 부하들이 그를 막아 서며 말했다. "만일 이 예언자가 더 어려운 일을 장군께 시켰더라면 장군께서는 그 일을 분명히 하셨을 것입니다. 그는 장군께 몸이나 씻으라고 하셨습니다. 그러면 깨끗이 낫는다고 하는데 그것쯤 못할 까닭이 무엇입니까?"(열왕기하 5:13) 그깟 몸 일곱 번 씻는 것쯤이야 한 번의 전투를 치르는 것에 비할 바가 아니질 않은가? 쓸데없는 자존심 하나만 버리면 못할 것도 없었다. 밑져야 본전이다. 낫지 않는다면, 그때 가서 항의하면 될 일이었다. 나아만은 마음을 고쳐먹고 엘리사가 일러준 대로 요르단

피터르 프란츠 데 그레버, 〈나아만의 선물을 거절하는 엘리사〉, 1630(?).

강으로 가 일곱 번 몸을 씻었다.

그러자 새살이 돋아 그의 몸은 마치 어린아이 몸처럼 깨끗해졌다. 나아만은 자기 부하들을 모두 거느리고 엘리사에게로 돌아와 "이제 저는 알았습니다. 이스라엘 밖에는 온 세상에 신이 없습니다. 소인이 감사하여 드리는 이 선물을 부디 받아주십시오."(열왕기하 5:15) 하고 말했다. 바로 이것이 성서 저자가 하고자 하는 말이다. 이스라엘의 하느님이 온 세상을 다스리는 존재라는 것이다.

그러면 엘리사는 어떻게 해야 할 것인가? 그토록 궁핍한 시대에 아무리 하느님의 사람이라 하더라도 그 많은 재화는 탐이 날 법도 한데, 엘리사는 사양했다. 아무리 명분이 좋다고 하더라도, 돈을 받으면 돈을 받고 하느님의 능력을 팔아먹은 게 되고, 결국 이는 하느님을 모독하는 일이 될 것이기 때문이었다. 나아만이 다시 간곡하게 권했지만, 엘리사는 끝내 거절했다.

그러자 나아만이 말했다. "진정 받지 못하시겠으면, 이 한 가지 청만은 들어주십시오. 이제부터 저는 야훼 외에 다른 어떤 신에게도 번제나 희생제사를 드리지 않겠습니다. 그러니 나귀 두 마리에 실을 만큼 흙을 주십시오. 그러나 한 가지 야훼께 용서를 빌 일이 있습니다. 저는 왕께서 림몬 신전에 예배하러 가실 때에 부축해드려야 하고 왕께서 림몬 신전에서 예배할 때 같이 엎드려야 합니다. 이것만은 야훼께서 용서해주셔야 하겠습니다."(열왕기하 5:17~18) 엘리사는 알겠으니 안심하고 돌아가라고 대답했다.

성서 저자는 이방인의 입을 통해 이스라엘의 하느님을 찬양하고 신앙 고백을 하게 하여, 신학적 지평을 온 세상으로 확대한다. 나아만과 엘리사의 일화는 단지 한 이방인 장군의 병을 고쳐주었다는 기적을 말하고자 함이 아니라, 하느님의 구원사의 지평을 이스라엘이라는 특정 민족과 지역의 울타리를 넘어 다른 민족에까지 확대하며 포용한 새로운 신학적 세계관을 보여준다. 그래서 이 이야기는 구약 성서 안에서 이방인의 구원에 대한 또 다른 신학이 펼쳐지는 시발점 이기도 하다.

분단 왕국 시대에 이러한 관점은 대단히 파격적이고 이단적이었다. 당시로서는 너무 급진적 관점이었기에 크게 확장되지 않고, 깊이 가라앉아 속으로 면면히 흐르다가 후대의 아모스와 호세아, 이사야 와 예레미야를 비롯한 여러 예언자들에게 전승되어 많은 영향을 끼쳤다. 예언자들은 이런 소소한 이야기 속에서 이스라엘의 진정한 신학적 세계관을 찾아냈다. 그러므로 예언자들은 이스라엘만의 하느님을 온 세상 모든 민족의 하느님으로 해방한 사람들이었다고 볼 수 있다. 특수성을 넘어 보편적인 하느님상(像)을 말하는 이 이야기는 이후 동서양 인류 역사에서 거의 동시에 나타난 정신의 개화 시대인 '축의 시대'†가 이스라엘에서도 발아하기 시작했다는 점을 보여준다.[6]

이스라엘이 나라를 잃고(기원전 586년, 유다 왕국 멸망) 고난을 겪는 상황이 오래도록 지속되면서부터 이런 보편적 관점을 배척하고 (기원전 539년, 페르시아 시대 이후), 다시금 이전보다 더 지독하게 선민 사상이 부활했고, 오직 하느님은 이스라엘만의 하느님으로 생각하게 되었다. 이런 관점을 지닌 책들이 〈열왕기〉 이후에 나오는 〈역대기〉, 〈에스라〉, 〈느헤미야〉, 〈에스더〉이다. 끝내 이스라엘은 나라를 되찾지 못하고 세계를 유랑하는 민족이 되고 말았으니, 무엇이 올바

축의 시대 독일 철학자 칼 야스퍼스(Karl Jaspers)는 대략 기원전 900년부터 200년까지 세계 주요 종교와 철학이 탄생한 시기를 인류가 정신의 기원으로 삼을 수 있을 축이 되는 시대라 하여 축의 시대(Axial Age, 차축 시대)라 명명했다.

른 신학과 세계관인지 보여준다고 하겠다. 만일 이스라엘이 예언자들의 하느님과 그들의 세계관을 따랐다면, 어쩌면 다른 역사가 전개되었을지도 모른다.

예언자와 기적

고통받는 백성들과 함께하는 삶

기원전 9세기 중반(850년 이후)에 활동한 예언자 엘리사의 일대기에는 예언자 수련생들과 그 가족들의 가난과 굶주림에 관한 이야기가 나오는데, 그것은 그들의 삶만을 보여주는 이야기가 아니라 당시 이스라엘 백성들의 고단한 생활상을 보여주는 것이라 하겠다. 모두가 먹고살기 힘든 시절이었다. 역경의 시대에 예언자 역시 가난하게 살면서 백성들과 함께 고통을 나누며 그들의 희망이자 버팀목이 되어주었다.

과부의 기름병

한번은 예언자 수련생들의 아내 가운데서 남편을 잃은 한 여인이 엘리사에게 눈물로 호소했다. "선생님의 제자인 제 남편이 세상을 떠났습니다. 선생님께서도 아시다시피 그이는 야훼를 경외하는 분이었습니다. 그런데 그이에게 빚을 주었던 사람이 제 두 아들을 종으로 끌어가겠다고 합니다."(열왕기하 4:1) 모세법은 빚을 갚지 못하면 그를 종으로 삼을 수 있다고 규정했다(물론 6년 동안만 종으로 부리고 7년이 되면 보상 없이 자유를 주어야 한다). 이 이야기는 당시 이스라엘에 생활고로 남의 돈을 빌려 쓰고 갚지 못하여 종이 되는 일이 잦았다는 것을 보여주는 하나의 예일 뿐이다. 그렇게 된 원인은 대개 가장의 병사나 전사, 각종 자연재해 때문이었다. 남편 없는 집은 곧 최하층으로 전락했다.

엘리사가 그 여인에게 "집 안에 남아 있는 게 무엇이오?" 하고 묻자, 여인은 "집 안에 남아 있는 것이라고는 기름 한 병밖에 없습니다."라고 대답했다(열왕기하 4:2). 엘리사는 여인에게 이웃들에게서 빈 그릇을 되도록 많이 빌려 기름을 그 모든 그릇에 차례차례로 가득히 따라 부으라고 말했다. 여인은 엘리사가 시키는 대로 했고, 모든 그릇마다 기름이 가득 찼다. 기름을 판 돈으로 빚을 갚은 덕분에 여인의 두 아들은 종으로 끌려가지 않았다. 빚을 갚고 남은 돈은 생활비로 썼다.

이것은 단순히 기적 이야기가 아니다. 이런 기적을 날마다 베풀었다면 이스라엘에 가난한 이는 한 사람도 없었을 것이다. 예언자는 마술사가 아니다. 당대 이스라엘 사람들이 어려운 와중에도 더 가난한 이웃을 도우며 살았고, 예언자가 고난받는 가난한 백성들과 함께 고통을 나누고 그들을 위로하고 그들에게 희망을 주었다는 것을 보여주는 데 이 이야기의 의미가 있다.

수넴 여인

"엘리사가 하루는 수넴을 지나가게 되었다. 거기에 살고 있던 한 부유한 여인이 엘리사를 대접하고 싶다면서 머무르기를 간청하였다. 그래서 엘리사는 그곳을 지날 때마다 그의 집에 들러 식사를 하곤 하였다."(열왕기하 4:8) 예언자를 향한 백성들의 마음을 보여주는 대목이다.

고마운 마음에 엘리사는 그 여인에게 은혜를 갚고 싶었다. 무언가 도와줄 일이 없느냐 물었으나 여인은 "저는 이렇게 한 겨레 가운데 어울려 만족스럽게 살고 있습니다."(열왕기하 4:13)라고 대답할 뿐이었다. 그래서 엘리사가 자신의 시종인 게하지(게하시)에게 여인에게 해줄 만한 일이 없는지 물었다. 그러자 게하지가 그 여인은 아들이 없는 데다가 남편은 너무 나이가 많다고 대답했다.

엘리사는 여인을 불러 "내년 이맘때 같은 철이 돌아오면 부인께서는 아이를 낳아서 안게 될 것이오."(열왕기하 4:16) 하고 예언했다. 여인은 예언자가 농담을 한다고 생각했지만, 엘리사의 말대로 그녀는 다음 해에 아들을 낳았다. 아이는 무럭무럭 잘 자랐다. 그러던 어느 날, 아이는 자기 아버지가 추수하는 곳에 따라 나갔다가 갑자기 머리가 아프다고 비명을 지르며 쓰러졌다. 급히 하인을 시켜 여인에게 데려다주었지만, 결국 아이는 어머니 품에서 죽고 말았다.

여인은 그길로 하느님의 사람이 있는 가르멜 산으로 갔다. 여인은 엘리사를 보자마자 그의 다리를 부둥켜안았다. 엘리사의 종 게하지가 여인을 떼어내려 하자 엘리사는 "그대로 두어라. 부인의 마음속에 무엇인가 쓰라린 괴로움이 있는 것 같구나."(열왕기하 4:27, 새번역) 하고 말했다. 그때 여인이 입을 열었다. "선생님, 제가 언제 아들을 달라고 했습니까? 공연히 가슴만 부풀렸다가 낙담하게 하지 말아 달라고 하지 않았습니까?"(열왕기하 4:28) 여인이, 엘리사가 아이를 보러 함께 가기 전까지 다리를 놓지 않겠다고 말하는 탓에 그는 그녀를 따라 나섰다. 엘리사는 집 안에 들어가 죽은 아이가 누워 있는 것을 보았다. "엘리사는 방 안으로 들어가서 문을 닫았다. 방 안에는 엘리사와 그 죽은 아이 둘뿐이었다. 엘리사는 주님께 기도를 드린 다음에, 침대 위로 올라가서, 그 아이 위에 몸을 포개어 엎드렸다. 자기 입을 그 아이의 입 위에 두고, 자기 눈을 그 아이의 눈 위에 두고, 자기의 손을 그 아이의 손 위에 놓고, 그 아이 위에 엎드리니, 아, 아이의 몸이 따뜻해지기 시작하는 것이 아닌가! 엘리사가 잠시 내려앉았다가, 집 안 이곳 저곳을 한 번 거닌 뒤에 다시 올라가서, 그 아이의 몸 위에 몸을 포개어 엎드리니, 마침내 그 아이가 일곱 번이나 재채기를 한 다음에 눈을 떴다."(열왕기하 4:33~35, 새번역) 아이가 살아난 것을 본 수넴 여인은 엘리사의 발 앞에 엎드려 큰절을 했다.

과부의 죽은 아들을 살려낸 엘리야 이야기의 복사판과도 같은 이 이야기 또한, 그 당시 고통받는 민중 속에서 활동하는 예언자의 삶을 보여준다. 어린 아들이 가난 때문에 빚쟁이에게 종으로 팔려 갈 위기에 처하거나 아이가 죽음의 포로가 되는 일을 기록한 내용을 통해서, 우리는 누구보다도 그 당시 이스라엘의 어린 세대가 겪은 가난과 고난의 참상을 엿볼 수 있다.

어느 시대나 마찬가지로, 가난과 사회적 불안과 무질서 속에서 가장 먼저 고통을 당하고, 죽음의 위협에 가장 가까이 직면하게 되는 것은 약자 중에서도 약자인 과부와 어린아이일 것이다. 성서 저자는 이 두 이야기를 통하여, 불의한 사회 구조 속에서 가난과 죽음 같은 고통을 겪으며 살아가는 사회적 약자들과 함께 최선을 다해 삶을 나누는 진정한 예언자들의 인간적 면모를 보여준다. 그들은 나라가 외면하고 내버린 사회적 약자들을 포용하고 함께 삶을 나누는 활동을 펼쳤던 것이다.

두 가지 기적

엘리사는 예언자 수련생과 함께 사는 길갈의 집으로 돌아왔다. 마침 그곳에 큰 흉년이 들어 먹을거리가 부족했다. 엘리사는 한 시종에게 큰솥을 걸어놓고 예언자 수련생들이 먹을 국을 끓이라고 했다. 들에 나물을 캐러 갔던 사람이 들포도덩굴을 발견하고는 가득 뜯어 가지고 돌아와, 무엇인지도 모른 채 그것을 썰어 솥에 넣었다.

국이나 나물, 들포도덩굴 같은 단어들이 먹을 것이 없어 초근목피 (草根木皮)로 연명해야만 했던 당시 백성들의 궁핍한 생활을 잘 보여준다. 하느님의 사람이라는 예언자 집단이 이럴진대 일반 백성들은 오죽했으랴. 공동번역과 새번역은 들포도덩굴로 옮기지만 개역개정은 들호박으로 옮겼다. 돌수박으로 해석하는 학자들도 있다. 어찌되었건 이 들포도덩굴에 독이 있었던 모양이다.

그들이 각자 국을 떠다가 맛을 보고는 깜짝 놀라 엘리사를 불러, 국 솥에 사람을 죽게 하는 독이 들어 있다고 외쳤다. 그래서 그들이 그 국을 먹지 못하고 있는데, 엘리사가 밀가루를 가져오라고 하여, 그 밀가루를 솥에 뿌리자 독이 없어졌다. 아마 엘리사는 밀가루가 독성을 중화하는 작용을 한다는 것을 알았을 것이다. 이 이야기도 앞선 이야기들처럼 기적보다는 그 시절의 궁핍한 삶에 초점을 둔 것이다.

그러던 중, 어떤 이가 먼 데서 맨 먼저 거둔 보리로 만든 보리빵 스무 덩이와 자루 가득 담긴 햇곡식을 하느님의 사람에게 가지고 왔다. 엘리사는 그 양식을 같이 있는 사람들에게 나누어 먹이라고 했다. 그의 제자가 "어떻게 이것을 백 명이나 되는 사람들 앞에 내놓을 수 있겠습니까?" 하고 묻자, 엘리사가 말했다. "이 사람들이 먹도록 나누어주어라. 야훼께서 이들이 먹고도 남을 것이라고 말씀하셨다."
(열왕기하 4:43) 그리하여 백 명이나 되는 사람들에게 나누어주니, 엘리사의 말처럼 그들이 배불리 먹고도 남았다.

아무리 어려운 시절이라고 해도 죽으란 법은 없다. 이 이야기는 오랜 가뭄과 가난과 어지러운 세태 속에서도, 이스라엘의 전통과 문화를 보전하는 데 힘쓰는 사람들을 십시일반 돕는 백성들이 있었다는 시대상을 보여준다.

잃어버린 도끼

하루는 예언자 수련생들이 그들이 머무는 곳이 너무 좁으니 증축을 하는 게 좋겠다고 요청했다. 엘리사와 수련생들은 증축에 쓸 나무를 베어 오기 위해 모두 **함께** 요르단으로 갔다. 그들이 나무를 자르기 시작했을 때, 한 사람이 도끼를 물에 빠뜨리고 말았다. 그러자 그는 "아이고, 선생님, 이것은 빌려 온 도끼입니다."(열왕기하 6:5) 하고 울상을 지었다. 엘리사는 그가 도끼를 빠뜨린 곳을 묻더니 그곳에 나뭇가지 하나를 꺾어 던졌다. 그러자 도끼가 떠올랐다!

실로 기상천외한 기적이라 하겠다. 그러나 이 이야기의 핵심은 '함께'라는 단어에 있다고 볼 수 있다. 당면한 고통과 삶의 위기를 함께 극복해 나가는 과정을 그린 이야기인 것이다.

예언자 수련생들에 얽힌 이야기를 통하여, 우리는 그 당시 이스라엘 민중의 삶이 얼마나 고달픈 것이었는지를 들여다볼 수 있다. 그래도 농사를 지으며 공동체 생활을 하던 예언자 수련생들은 형편이 좀 나았을 것이지만, 그렇지도 못한 일반 백성들의 삶이란 거의 집단 기아 사태에 직면한 것이었으리라.

왕과 정부와 상류층은 자기들의 살림살이에만 힘쓰고 쓸데없는 종교 논쟁에만 바빴을 뿐, 가난하고 굶주린 백성들을 먹이고 돌볼 생각은 전혀 하지 않았다. 그러나 하느님의 사람과 그를 따르는 예언자 수련생들과 백성들은 함께 힘을 합쳐 고난의 시기를 버텨내고 있었다.

예후의 혁명
"너는 네가 섬기던 아합 가문을 쳐부수어라"

당시 이스라엘은 시리아와 전쟁을 벌이고 있었다. 엘리사는 예언자 수련생들 가운데서 한 사람을 불러 일렀다. "이 기름병을 가지고 라못길르앗(요르단 강 동쪽에 있는 도시)으로 가거라. 가서 님시의 손자이며 여호사밧의 아들인 예후를 찾아라. 그를 찾거든 동료 지휘관들 가운데서 불러내어 골방으로 데리고 들어가 이 병을 열고 그의 머리 위에 기름을 부으며 이 말씀을 전하여라. '나 야훼가 선언한다. 내가 너에게 기름을 부어 이스라엘을 다스릴 왕으로 세운다.'"(열왕기하 9:1~3) 젊은 예언자는 엘리사가 일러준 대로 곧장 예후를 찾아가 그에게 기름을 붓고 하느님의 말을 전했다.

내가 너에게 기름을 부어 야훼의 백성을 다스릴 이스라엘 왕으로 세운다. 내가 이세벨의 손에 죽은 예언자들뿐 아니라 나의 모든 종들의 원수를 갚으리라. 그러니 너는 네가 섬기던 아합의 가문을 쳐부수어라. 내가 아합 가문에 속한 사내 녀석들은 종이든 자유인이든 씨도 남기지 않고 쓸어버리리라. 그리하면 아합의 온 가문이 망하리라. 나는 아합의 가문을 느밧의 아들 여로보암의 가문이나 아히야의 아들 바아사의 가문처럼 만들리라. 이세벨의 시체는 묻어주는 사람이 없어, 이즈르엘에 있는 제 땅에 버려져 개들이 뜯어먹을 것이다.(열왕기하 9:6~10)

예후('그는 여호와시다'라는 뜻)는 이스라엘 군의 총사령관이었다. 여로보암을 북이스라엘의 제1왕조라 하고, 바아사를 제2왕조, 오므리(아합의 아버지)를 제3왕조라 구분짓는데, 예후는 제4왕조를 열 것이었다. 그리고 예후 왕조 또한 훗날 즈가리야 왕까지 다섯 명의 왕이 이어지다가 살룸의 쿠데타로 무너지고 만다.

예후가 기름 부음을 받는 이 장면을 엄격히 말하자면, 예언자가 쿠데타를 지시하여 현재의 임금인 '요람'을 배반한 것이다. 그러나 이는 하느님이 엘리야에게 약속한 것을 이루기 위해서 한 일이었다. 그러면 하느님은 왜 정변(政變)을 일으키는 것일까? 구약성서의 관점은 '오므리 왕조'를 징벌하기 위해서라는 것이다. 오므리 왕조가 하느님을 배반하고 바알 종교를 숭배한 걸로도 모자라 백성들에게까지 확대하고 심화했기 때문이다.

지금까지 구약성서를 통해 이스라엘의 역사를 짚어보면서, 성서 저자들이 자기 민족의 역사를 서술하는 방식을 알게 된 셈이다. 구약성서가 말하고자 하는 바는 바로 하느님의 통치, 이것이다. 이집트에서 히브리들을 이끌어내어 자유를 주고, 가나안 땅에 들어와 이스라엘이라는 하나의 나라를 이루게 한 하느님의 근본적인 뜻은 언제나 동일한 것이었다. 나라가 분단되었다고 해서 달라지는 것이 아니었다.

이스라엘을 향한 하느님의 뜻은, 모세를 통하여 준 종교와 법과 문화를 통해 해방과 자유, 평등과 평화가 가득한 민족 공동체를 건설하라는 것이었다. 그리고 더 나아가, 그런 해방과 자유와 평등과 평화의 공동체가 장차 인류 역사 전체에 이루어지게 하는 것이었다 (〈창세기〉 아브라함 이야기의 주제였다). 이것이 구약성서의 관점이다. 그래서 구약성서는 언제나 전체 이스라엘을 향한 하느님의 행동에 초점을 맞추고 있다. 즉, 구약성서는 단순히 인간의 역사를 말하는 책이 아니라는 점에서 그 독특함이 있다.

그리고 구약성서의 이런 관점은 그대로 신약성서와 기독교에 계승되어 지금까지 내려오고 있다. 즉, 성서(구약, 신약)가 말하는 인류를 향한 하느님의 뜻이란 인류 전체의 해방과 자유와 평등과 평화의 공동체 건설이며, 이것이 곧 성서가 말하는 구원이다. 그래서 구약성서에서 항상 주목해서 보아야 할 점은 순간의 역사를 넘어 그것의 전체적인 틀과 방향이다.

예후가 기름 부음을 받은 후 동료들이 있는 곳으로 나오자 그들은 "좋은 일이오? 그 미친 녀석이 왜 왔었소?"(열왕기하 9:11) 하고 물었다. 그랬다. 모든 예언자들은 정상적인 사람들의 눈에 하느님께 미친 자로 보였다. 그래서 쓸데없이 떠드는 자로 여겼다. 모든 예언자들의 말과 행동은 아무도 예측하지 못할 돌발적인 것이었다. 그러나 깊이 들여다보면, 전혀 갑작스러운 것만도 아니었다. 예언자들이 백성들 앞에 나섰던 이유는 이스라엘의 역사가 하느님의 뜻을 배반하고 있는 역사이기 때문이었다. 그러므로 모든 예언자들의 행동은 그릇된 역사에 대한 가장 강력하고 올바른 대안, 즉 새로운 미래 건설 계획이었다.

그들의 추궁에 예후가 입을 열었다. "그의 말이, 주님께서 나를 이스라엘의 왕으로 기름 부어 세웠다고 말씀하시었다고 하였소."(열왕기하 9:12, 새번역) 이 말을 듣고 그들은 재빨리 겉옷을 벗어 돌층계에 깔고는 예후를 그 위에 앉히고 나팔을 불며 "예후가 왕이 되셨다!" 하고 외쳤다. 혁명은 이처럼 아주 간단했다. 예후는 요람 왕을 칠 계획을 꾸몄다. 마침 요람이 시리아 군과 싸우다가 상처를 입고 이즈르엘에 돌아와 치료를 받고 있을 때였다. 이즈르엘은 나봇의 포도원 사건이 있었던 아합 왕의 별장이 있는 곳이다. 예후는 동료들에게 "장군들이 나와 뜻을 같이 한다면, 아무도 이 성읍을 빠져 나가서, 이스르엘에 이 사실을 알리는 일이 없도록 해주시오."(열왕기하 9:15, 새번역)라고 말하고는 병거를 타고 곧장 이스르엘로 향했다.

요람 왕은 앓아 누워 있었고, 마침 유다의 6대 왕 아하지야(아하시야)가 문병차 와 있었다. 이즈르엘 망대에 있던 파수병이 예후의 군대가 오는 것을 보고, "웬 군대가 오고 있습니다." 하고 외쳤다. 그러자 요람은 기마병을 보내 평화의 소식이냐고 물어보라고 명령했다. 기마병은 예후를 만나 "임금님께서 평화의 소식이냐고 물어보라 하셨소."라고 말하자, 예후가 "평화의 소식인지 아닌지가 너와 무슨 상관이 있느냐? 너는 내 뒤를 따르라." 하고 대꾸했다(열왕기하 9:17~18, 새번역). 파수병이 왕에게 예후에게 보냈던 기마병이 돌아오지 않는다고 보고했다. 요람은 다시 기마병 하나를 보냈다. 그러나 그도 돌아오지 않았다.

파수병이 "말을 미친 듯이 몰아오는 품이 님시의 아들 예후 같습니다."(열왕기하 9:20)라고 보고했지만 왕은 도무지 사태 파악을 못한 눈치였다. 줄행랑을 쳐도 모자랄 판국에 요람과 아하지야는 각각 자기의 병거를 타고 직접 예후를 만나러 나갔다. 그들은 이즈르엘 나봇의 땅에서 예후를 만났다.

요람이 예후를 보고 "예후 장군, 평화의 소식이오?" 하고 묻자, 예후는 "당신의 어머니 이세벨이 저지른 음행과 마술 행위가 극에 달하였는데, 무슨 평화가 있겠소?" 하고 대답했다(열왕기하 9:22, 새 번역). 예후가 말한 '음행'은 우상 숭배, 즉 바알과 아스다롯 숭배를 뜻하는 것이었다. 그제야 요람은 그가 무엇을 하려는지 눈치챘으나 이미 늦었다. 파수병이 말을 미친 듯이 몰아온다고 했을 때 그 뜻을 알아챘어야만 했다. 스스로 죽음의 사자를 맞으러 달려 나간 꼴이 되고 말았다.

요람은 아하지야에게 "반역이오." 하고 소리치며, 병거를 돌려 도망쳤다. 예후가 화살을 메겨 도망치는 요람의 등에 쏘았고, 화살은 그의 가슴을 뚫었다. 요람이 병거 바닥에 거꾸러지자, 예후는 요람의 부관 비드칼(빗갈)에게 말했다.

그를 끌어내어 이즈르엘 나봇의 땅에 내던져라. 그대와 내가 요람의 아비 아합의 뒤에 서서 어깨를 나란히 하고 한 병거를 타고 다닐 때 야훼께서 그에게 내리신 선고를 잊지 않았겠지. "나 야훼가 선언한다. 나는 지난날 나봇과 그의 아들들이 억울한 피를 흘리는 것을 보았다. 내가 바로 이 밭에서 원수를 갚으리라. 이는 내 말이라, 어김이 없다." 하시지 않았느냐?(열왕기하 9:25~26)

그래서 비드칼은 요람의 시체를 끌어내려 나봇의 땅에 던졌다. 요람은 자기가 지은 죄도 아니건만, 아버지 아합과 어머니 이세벨의 죄 때문에 애꿎게 처참한 죽음을 당하고 말았다.

한편, 유다의 아하지야 왕은 아합의 정원 쪽으로 도망쳤으나 예후가 그 뒤를 추적하며 "저놈도 쳐 죽여라." 하고 명령했다. 예후 부하들이 쏜 화살을 맞아 상처 입은 아하지야는 므기또(므깃도)까지 도망쳤으나 끝내 그곳에서 죽고 말았다. 아하지야의 부하들이 시체를 병거에 실어 예루살렘으로 옮겨다가 다윗 성에 있는 왕실 묘지에 안장했다. 아하지야의 재위 기간은 1년 남짓이다. 그는 자신이 크게 잘못한 일은 없었지만 선조의 죄 때문에 벌을 받은 것이었다. 아하지야의 아버지 여호람이 아합과 이세벨의 딸 아달리야(아달랴)와 결혼해 이세벨이 저지른 악행을 고스란히 따라했기 때문이었다. 이렇게 오므리 왕조는 사실상 멸망했다. 남은 것은 이세벨뿐이었다.

예후가 이즈르엘에 이르렀을 때, 이세벨은 소식을 듣고 **"눈 화장을 하고 머리를 아름답게 꾸미고는, 창문으로 내려다보았다."**(열왕기하 9:30, 새번역) 아들과 이스라엘 군은 전쟁터에 나가 돌아올 줄 모르는데 이 피도 눈물도 양심도 없는 무서운 여자 이세벨은 휴양지로 내려와 좋은 세월을 보내고 있었다. 더군다나 아들과 외손자가 처참하게 죽었다는 소식을 듣고서도 치장하기에 바빴다. 어쩌면 자기가 죽을 것을 예감하고, 국모로서 그리고 한 여성으로서의 자존심을 지키려고 했던 것일지도 모르겠다.

예후가 성문 안으로 들어서자, 이세벨이 소리쳤다. "제 주인을 살해한 시므리(지므리) 같은 자야, 그게 평화냐?"(열왕기하 9:31, 새번역) 병거 부대를 지휘하던 지므리 장군은 쿠데타로 왕을 죽이고 왕위에 올랐던 이다. 예후가 그 소리에 얼굴을 들어 창을 쳐다보며 말했다. "거기 내 편을 들 자가 아무도 없느냐?" 그러자 내시 두엇이 창 밖으로 머리를 내밀고 내려다보았다. 예후가 그들에게 "그 계집을 떨어뜨려라." 하고 소리쳤다. 내시들이 그 여자를 떨어뜨리자 피가 담벽과 말에 튀었다. 예후가 탄 말이 이세벨의 몸을 짓밟았다(열왕기하 9:32~33). 구약성서의 사실적인 표현에 소름이 돋을 지경이다.

루카 조르다노, 〈개들에게 찢기는 이세벨〉, 1700s.

이세벨은 내시들에게 죽임을 당할 줄은 꿈도 꾸지 못했으리라. 예후는 상왕의 아내이자 죽은 왕의 어머니에 대한 예우 따위는 하지 않았다. 그리고 그는 그 자리에 시체를 한참이나 방치해 둔 채로 궁으로 들어가 먹고 마셨다. 그러다가 "이제 저 저주받은 여자를 찾아다가 장사를 지내주어라. 그래도 그 여자는 왕의 딸이었다."(열왕기하 9:34, 새번역)라고 말했다. 명을 받은 이들이 이세벨을 묻어주려고 밖으로 나가보니 해골과 손발만이 남아 있었다. 엘리야의 예언이 그대로 이루어진 것이었다. 이를 보고받은 예후는 "이즈르엘의 밭에서 개들이 이세벨의 시체를 먹을 것이라고 하시더니, 이세벨의 시체가 이즈르엘의 밭에 똥같이 굴러다녀 아무도 그것이 이세벨이라는 것을 모르게 되리라고 하시더니, 기어이 그렇게 되고 말았구나."(열왕기하 9:36~37) 하고 중얼거렸다.

그렇게 하여 무서운 여자, 천하의 악녀, 바알과 아스다롯의 광신도 역시 다른 이들과 마찬가지로 역사의 흐름을 거스르지 못하고 참담한 최후를 맞았다. 해골과 손발밖에 남은 것이 없었으니, 누구의 시신인지 알 길이 없다. 설사 그 시신이 이세벨임을 안다고 해도, 더는 그것을 보고 '고상하다'는 그녀 이름의 뜻을 떠올릴 사람은 없을 것이었다. 모든 이스라엘 사람이 그 이름과 존재 자체를 기억에서 지워버릴 것이었다.

그렇다면 이것으로 예후의 숙청 작업이 완료된 것일까? 아직도 사마리아에 아합의 자손이 70명이나 있었다. 그들을 모두 죽이기 전에는 숙청이 끝나지 않을 것이다. 아합의 자손이 이스라엘에 남아 있는 한, 이스라엘에는 계속 흙탕물이 흐를 것이었다. 그들의 몸과 영혼과 정신에는 바알과 아스다롯의 피가 흐르고 있었기 때문이다. 예후는 바알과 아스다롯 숭배자들을 모조리 없애라고 하늘이 임명한 몽둥이였다. 그러니 사나 죽으나 사명을 완수해야만 했다. 하늘이 그처럼 사나운 몽둥이를 들어 쓴 이유는 잠든 백성을 깨우치기 위함이었다.

예후는 아합의 아들들, 즉 왕자들을 돌보던 자들에게 명령을 내려 아합의 아들 70명을 모두 죽였다. 왕자들뿐 아니라 이즈르엘에 남아 있던 아합 가문에 속한 사람과 아합 가문을 둘러싸고 있던 지도자들과 측근들과 제사장들까지 하나도 남기지 않고 죽였다. 사마리아로 가는 길에 마주친 아하지야 왕의 친족 42명까지 죽였다. 실로 잔혹하기 그지없는 유혈 혁명이었다(이른바 예후 혁명).

불의한 정권에 빌붙어 한때의 권세와 부와 명예를 탐하고 누린 대가가 너무나도 컸다. 유다 왕실은 아합 가문과 정략 결혼을 한 대가를 톡톡히 치렀다. 역사에서 모든 것은 돌고 도는 법이며, 그 누구에게도 '만세(萬歲)'란 없다는 진실이 확연히 드러나는 부분이다.

그리고 나서 예후는 모든 백성을 모아놓고 선포했다. "아합은 바알을 조금밖에 섬기지 않았지만, 예후는 바알을 열성으로 섬길 것이다. 이제 바알을 섬기는 예언자들과 사제들을 한 사람도 빠뜨리지 말고 불러오너라. 내가 곧 바알에게 성대한 제사를 드리리라."(열왕기하 10:18~19) 갑자기 이게 무슨 소린가? 예후도 바알 신앙을 숭배한다는 말인가? 곧바로 이어지는 구절에서 이 궁금증이 풀린다. "예후는 바알 섬기는 자들을 박멸하려고 이런 계략을 썼던 것이다."(열왕기하 10:19)

바알을 섬기는 자들이 한 사람도 빠지지 않고 모두 바알의 신전에 모여들었다. 예후는 신전 밖에 80명의 군인을 배치하고 한 놈도 놓치지 말고 모조리 죽이라고 명령을 내렸다. 그리하여 군인들이 들어가 바알 무리를 모두 칼로 쳐 죽였다. 바알 신전의 우상들을 끌어내어 불태우고, 바알 제단을 헐어 변소로 만들어버렸다.

이렇게 하여 예후는 이스라엘에서 바알 숭배를 뿌리뽑았다. 그러나 예후는, 베델과 단에 금송아지를 세우고 숭배해 이스라엘로 하여금 죄를 짓게 한 느밧의 아들 여로보암의 죄를 버리지 못하고 그의 뒤를 그대로 좇았다. 처음에는 자기 뜻대로 아합 가문을 잘 처리했으니 예후의 후손이 4대에 이르기까지 왕위에 오를 거라고 칭찬했던 하느님이 이때부터 **"이스라엘을 조금씩 찢어내기 시작하셨다."**(열왕기하 10:32, 새번역) 그리하여 적들이 이스라엘의 국경 사방에서 공격해 왔다.

오므리 왕이 시돈 왕국과 사돈을 맺고 며느리를 데려온 일이 무려 반 세기에 가까운 기간 동안 이스라엘을 철저히 망쳐놓았다(기원전 885~기원전 841년). 그러나 다른 측면에서 오므리 왕조를 보면 그 사이에 엘리야와 엘리사를 비롯한 수많은 예언자들이 배출되었고 수많은 예언자 수련생이 생겨났으니, 결국 이스라엘 정신이 심화되고 확장된 기간이었다고도 말할 수 있을 것이다. 이런 박해와 시련이 없었다면, 이스라엘 정신의 본질을 구성하는 예언자 정신도 꽃필 수 없었을 것이다. 예언자 정신이란 어둠을 배경으로 삼아 떠올라 찬란하게 빛나는 정신의 태양이었다.

예후는 북이스라엘 역사상 가장 많은 피를 흘린 왕이었다. 그러나 그 일은 어쩔 수 없이 해야만 했던 역사적 과업이었다. 그것은 그가 잔혹해서가 아니었다. 그는 하늘이 마련해 둔 쇠몽둥이였다. 누군가는 해야만 하는 일이었고, 예후는 바알 숭배를 끝내는 일에 적임자였다. 이러한 구약성서의 관점은 이스라엘 역사의 흐름을 객관적으로 보도하고자 하는 것이 아니라, 역사를 인도하는 하느님의 행동을 증언하고자 한 것이다.

요아스에서 우찌야까지

성서는 왜 유다 왕국을 편애하는가?

유다 왕국에는 아직 아합 가문의 자손이 남아 있었다. 바로 아하지야의 어머니 아달리야(아달랴, '여호와는 크시다'라는 뜻이다)였는데, 그녀는 어머니 이세벨의 권력욕과 잔혹함을 고스란히 물려받았다. 아달리야는 아들이 죽자 스스로 여왕이 되어 유다 왕국을 다스렸다. 그녀는 정적을 원치 않았으므로 아하지야의 혈육을 모조리 죽였다. 이때 살해당한 왕자들이 무려 72명이었다. 왕위 때문에 자기 손자들을 무참히 살해한 이런 일은 역사에서 유례가 없는 일이다. 이런 가운데 아하지야의 아들 '요아스'만은 아하지야의 누이인 '여호세바'가 몰래 빼내어 자기 침실에 숨겨 두었기에 죽음을 면할 수 있었다. 여호세바와 요아스는 예루살렘에 있는 야훼의 성전에서 숨어 살았다. 이스라엘 역사상 유일한 여왕이었던 아달리야는 7년간 유다를 다스렸는데, 7년째 되던 해에 제사장 '여호야다'가 아달리야를 호위하던 외인부대 백부장들과 근위병 대장들을 요아스가 머무는 야훼의 전으로 불렀다. 여호야다는 그들을 하느님 앞으로 데려가 맹세를 하게 한 뒤, 왕자를 보여주고 안식일에 있을 반역 계획을 알려주었다.

안식일 당번을 세 무리로 나누어, 왕궁과 성문과 호위병들의 뒤에 있는 문을 지켜 왕궁을 감시하고, 비번은 둘로 나누어 왕자가 있는 성전을 지키도록 했다. 그리고 누구든지 요아스에게 접근하려는 사람은 반드시 죽이고, 왕자가 나가고 들 때에는 반드시 경호하라고 명령을 내렸다.

안식일이 되자, 여호야다가 지시한 대로 왕궁을 지키는 병사를 제외하고 나머지 병사들이 모두 성전으로 왔다. 여호야다는 백부장들에게 야훼의 전에 보관되어 있던 다윗 왕의 창과 방패를 나누어주었다.

모든 준비가 갖추어지자 여호야다는 요아스 왕자를 데리고 나와 면류관을 씌우고 왕의 직무를 규정한 규례서를 주고 기름을 부어 왕으로 세웠다. 그러자 백성들이 손뼉을 치며 "임금님, 만세!"를 외쳤다. 솔로몬을 왕으로 세울 때의 방법과 유사하다. 최고 제사장이 기름을 부어 정통성을 부여했고, 아달리야의 악정에 고통받던 백성들이 새로운 왕을 원했으니 대세는 이미 기운 것이다.

아달리야가 백성들의 소리를 듣고 백성이 모인 야훼의 전으로 가보니, 왕이 대관식 관례에 따라 기둥 옆에 서 있고 그 곁에서 사람들이 나팔을 불며 노래하고 있었다. 나팔 소리가 울려 퍼지는 가운데 온 백성이 기뻐 뛰는 것을 보고 아달리야는 옷을 찢으며 "반역이다, 반역이다!" 하고 소리쳤다. 그때 여호야다가 군대를 거느린 백부장들에게 명령을 내렸다. "저 여자를 대열 밖으로 끌어내시오. 그리고 저 여자를 따르는 사람은 누구든지 칼로 쳐 죽이시오."(열왕기하 11:15, 새번역) 그들은 신성한 야훼의 성전에서 아달리야를 끌어내어 죽였다.

여호야다는 이스라엘 백성이 야훼의 백성이 되는 계약을 야훼와 왕과 백성들 사이에서 맺고 또 왕과 백성들 사이에도 계약을 맺었

에드워드 버드, 〈요아스를 왕으로 선포하는 여호야다〉, 1815(?).

다. 온 백성들이 몰려가 바알 신전을 허물고 제단과 우상을 산산조 각 냈다. 그리고 바알의 사제를 제단 앞에서 죽였다. 그리고 여호야다와 군인들이 요아스를 호위하여 왕궁으로 들어갔다. 왕이 왕좌에 오르자 모든 백성이 기뻐했다.

이렇게 50년이 넘도록 남북 이스라엘을 넘나들며 악정을 펼치던 아합의 가문이 깨끗이 정리되었다. 요아스가 왕위에 오른 것은 7살 때였다. 그는 남유다를 40년간 다스렸다. 그가 그렇게 오랫동안 왕위를 지킬 수 있었던 것은 충직한 제사장이며 신하인 여호야다 덕분이었다. 요아스는 여호야다의 가르침을 받아 평생 야훼의 눈에 드는 바른 정치를 폈다. 그러나 산당만은 없애지 않고 그대로 두어 백성들이 여전히 산당에서 제사를 지내고 향을 피웠다. 사실 예배를 드릴 때마다 예루살렘 성전에 가는 일은 현실적으로 쉽지 않은 일이었기 때문에 백성들은 비록 산당에서 제사를 드리면서도 하느님을 생각했다.

요아스는 야훼의 성전을 수리하기도 하고, 시리아의 침략을 전쟁 없이 막기도 했다(물론 모아 둔 재물을 시리아 왕에게 모두 바쳐야 했다). 〈열왕기〉는 요아스가 반역을 꾸민 신하들에게 목숨을 잃었다고만 적고 있는데, 〈역대기〉의 기록을 따르면 제사장 여호야다가 죽은 후 요아스가 하느님을 저버리고 아세라 목상과 돌 우상을 섬겼다고 한다(역대기하 24:17~18). 예언자들이 요아스의 마음을 돌리려고 여러 번 찾아왔지만 요아스는 그들의 말에 귀 기울이지 않았고, 심지어 하느님의 말을 전하는 여호야다의 아들 즈가리야(스가랴)를 돌로 쳐 죽이기까지 했다. 그래서 그 일로 신하들이 반감을 품고 반란을 일으켜 요아스를 죽였다고 기록한다.

여로보암 2세(기원전 791~기원전 751년)

한편 북이스라엘에서는 예후의 아들 여호아하즈(여호아하스)와 여호아하즈의 아들 여호아스(요아스)가 왕위를 계승해 각각 17년, 16년 동안 이스라엘을 다스렸다. 성서는 이들이 "야훼의 눈에 거슬리는 정치를 폈다. 이스라엘을 죄에 빠뜨린 느밧의 아들 여로보암의 죄를 떨쳐버리지 않고 그 전철을 밟았던 것이다."(열왕기하 13:2, 11)라고 짧게 기록하고는 여호아스의 아들인 여로보암 2세(초대 왕 여로보암과 이름이 같다. '백성이 많다'라는 뜻. 둘을 구분하기 위해 여로보암 2세라 부른다.)의 이야기를 시작한다.

여로보암 2세는 사마리아에서 41년 동안 북이스라엘을 다스렸다. 그는 북이스라엘 역사상 가장 넓은 영토와 눈부신 경제 발전을 이룩하고 황금 시대를 열었다. 그가 차지한 영토는 솔로몬의 통일 왕국 시대보다 더 넓었는데, 고대 이스라엘의 '광개토대왕'이라 할 정도이다.

여로보암 2세는 하맛 어귀에서부터 아라바해에 이르는 이스라엘 영토를 되찾았다. '하맛'은 시리아 '오론테스 강' 유역의 경계이고, '아라바해'는 '사해'를 가리키는데 이는 유다 왕국의 사관에 의한 기록이다. 실제 여로보암 2세가 회복한 땅은 사해를 지나 에돔 왕국의 남쪽인 홍해 아카바 만까지였다. 유다를 제외한 팔레스타인 전역을 차지하여 유다 왕국을 완전히 포위한 형세이다. 다윗과 솔로몬 시대의 영토를 회복했다고 보는 게 정설이다.

여로보암 2세가 영토를 되찾을 수 있었던 이유는, 물론 그가 뛰어난 왕이기도 했지만, 국제 정세가 유리하게 작용했기 때문이다. 그동안 대대로 이스라엘을 괴롭혀 왔던 시리아가 그 동쪽에서 일어난

'아시리아'에게 패퇴해 힘을 잃었고, 아시리아는 본격적인 서진(西進)을 앞두고 숨고르기를 하고 있었다(아시리아는 20년이 채 지나기 전에 팔레스타인 전역을 물론이고 이집트까지 집어삼키게 된다).

여기에서도 역시 이스라엘 민족의 운명을 읽을 수 있는데, 주변에 강대국이 없을 때는 흥성하다가 강대국이 출현하면 쇠퇴하거나 멸망하는 역사의 운명이 반복되었다. 다윗과 솔로몬 시대에도 그런 행운을 누렸기에 번영할 수 있었던 것이다. 그러나 야훼 신앙의 역사관으로 철저히 무장한 구약성서 저자는 모든 것을 하느님의 은총이라고 기록한다.

> 이스라엘의 고생이 막심한 것을 야훼께서 눈여겨보셨던 것이다. 이스라엘 백성은 종이나 자유인이나 할 것 없이 고생하고 있으며 도와줄 이도 없었다. 야훼께서는 …… 요아스의 아들 여로보암을 시켜 이스라엘을 구원하셨다.(열왕기하 14:26~27)

그런데 성서 저자는 무려 41년 동안 북이스라엘을 다스리며 전무후무한 업적을 남긴 여로보암 2세의 업적을 자세히 기록하지 않고 그의 죽음만 보도한 채 황급히 마무리한다. 여기에는 여러 가지 이유가 있는 것으로 보이는데, 크게 두 가지 때문이다.

첫째는 유다 중심의 역사관, 더 자세히 말하면 다윗 왕조 중심의 역사관 때문이다. 유다 역사가들이 볼 때, 북이스라엘은 처음부터 이스라엘의 종교와 다윗 왕조라는 본류(本流)에서 벗어나 '반역'하고 뛰쳐나간 배반자들이었다. 이러한 점은 성서 저자가 사용한 용어만으로도 증명된다. 일찍이 솔로몬이 죽고 난 후, 여로보암 1세가 중심이 되어 떨어져 나간 북이스라엘을 두고 성서는 이렇게 기록했다.

"이렇게 이스라엘은 다윗 왕조에 반역하여 오늘에 이르렀다."(열왕기상 12:19) 성서 저자는 남과 북이 갈라진 까닭을 솔로몬의 악정으로 인한 하느님의 심판이라고 말하면서도, 계속해서 북이스라엘을 못마땅하게 바라보며 평가한다. 유다 왕조가 북이스라엘과 별반 다를 것이 없는 역사를 펼쳤는데도 오로지 다윗의 계승자라는 정통성만 내세우며 북이스라엘과 차별성을 두려 했다.

이러한 다윗 왕조 중심의 역사관은 〈열왕기〉 다음의 책인 〈역대기〉에서 절정에 달하는데, 〈역대기〉는 철저하리만큼 북이스라엘 왕조 역사를 배제하고 오직 유다 왕국의 역사, 즉 다윗 왕조의 역사만을 다룬다. 그와 비교하면 〈열왕기〉는 상대적으로 남북 왕조의 균형을 맞추어 기록하려고 애썼지만, 편향된 시각을 완전히 극복하지는 못했다. 그러므로 북이스라엘의 왕이 유다 왕국에도 없었던 엄청난 업적을 이루었다는 점을 시기하지 않았을 리가 없다. 게다가 여로보암 2세는 유다 왕국을 포위하고 괴롭히기까지 했으니, 더욱 좋게 평가할 수 없었을 것이다.

예를 들어 솔로몬 통치 기록을 보면, 그의 통치 후반부에 대해서는 어쩔 수 없이 그 과실을 기록하기는 했지만, 대부분이 칭찬 일색이었다. 그가 영토를 확장하고 경제를 발전시켜서 백성들이 잘살게 되었다는 점을 대단히 높이 평가하고 있다. 그런데 그와 비슷한 일을 한 북이스라엘의 왕에게는 칭찬이 매우 인색할 뿐더러 언급하기조차 싫다는 듯 간단히 몇 줄로 처리했다.

또 다른 이유는 이스라엘 민족의 종교와 법과 전통의 측면에서 엄격히 평가할 때, 여로보암 2세가 아무리 영토를 확장하고 경제를 발전시켜 부흥을 이루었다고 해도, 그것은 하느님을 배반하고 북이스라엘의 초대 왕 여로보암 1세가 만들어놓은 '황금송아지'를 숭배하는 이교적 반역자들의 번영일 뿐이라고 판단했기 때문일 것이다.

여로보암 2세가 여로보암 1세의 황금송아지를 숭배한 것은 사실이었다. 게다가 여로보암 2세의 통치 중·후반기에는 온갖 불의와 폭력이 난무하고 빈부 차별과 불평등으로 백성들이 고통받았다. 자세한 내용은 여로보암 2세와 그 후 시대의 불의와 타락과 폭력에 대한 고발이 담겨 있는 아모스와 호세아의 예언서를 보면 알 수 있다.

우찌야(기원전 790~기원전 737년)

같은 시기에 남유다를 다스렸던 우찌야(웃시야, '하느님은 나의 힘'이라는 뜻)는 16살에 왕위에 올라 무려 52년 동안 통치했다. 오랜 기간 왕위를 지킬 수 있었던 이유는, 아마도 여로보암 2세처럼, 국제 정세 덕을 보았기 때문일 것이다.

"그는 자기의 아버지 아마샤(아마지야)가 한 모든 일을 본받아, 주님께서 보시기에 올바른 일을 하였으나, 산당만은 제거하지 않아서, 그때까지 백성은 여전히 산당에서 제사를 드리고 분향을 하였다. 그리하여 주님께서 왕을 치셨으므로, 왕은 죽을 때까지 나병 환자가 되었고, 격리된 궁에서 살았다. 왕자 요담이 왕실을 관리하며 나라의 백성을 다스렸다."(열왕기하 15:3~5, 새번역)

우찌아에 대한 〈열왕기〉의 기록은 단 세 구절에 불과하다. 〈역대기〉는 우찌아가 북이스라엘의 여로보암 2세처럼 영토를 확장하고 경제적 번영을 이룩한 출중한 군주로 묘사하고 있지만, 여로보암 2세만큼은 아니었다. 우찌아는 여로보암 2세가 차지했던 땅의 일부인 '에일라트'(아카바 만의 가장 안쪽에 있는 항구 도시)를 되찾아 재건했다. "그러나 그는 제 힘만 믿고 교만해졌다가 자멸하고 말았다."(역대기하 26:16) 우찌야는 사제만이 할 수 있는 하느님께 분향하는 일을 하려고 했던 것이다. 심지어 성전에서 자기를 말리는 사제들에게 화를 내기도 했다. 이 일로 우찌야는 하느님의 벌을 받아 나병을 얻게 되었으며, 이후에는 야훼의 성전에 출입하는 것조차 금지되어 별궁에서 홀로 나병을 앓으며 지내다가 세상을 떠났다.

북이스라엘의 종말

뒤섞인 '거룩한 핏줄'

즈가리야(기원전 751년)

북이스라엘의 14대 왕 '즈가리야(스가랴)'도 그의 선조들과 같은 길을 걸어 황금송아지를 숭배했다. 그는 '살룸'의 쿠데타로 6개월 만에 왕위에서 물러났다. 쿠데타로 시작한 예후 왕조는 쿠데타로 끝이 났다. 하느님은 예후를 시켜 오므리 가문을 처단하고 왕조를 폐했지만, 그 도구로 쓰인 예후 왕조 역시 똑같은 길을 걸어갔기에 마찬가지로 쿠데타를 일으켜 쓸어버린 것이었다. '야훼는 기억한다'라는 뜻의 즈가리야의 이름이 매우 의미심장하게 느껴진다. 그때부터 북이스라엘 왕국은 연속해서 네 번 쿠데타가 일어나면서 파멸을 향하여 치달았다.

살룸(기원전 750년)

즈가리야를 처단하고 왕위에 오른 '살룸(보응)'은 한 달 만에 물러났다. 군의 장수였던 '므나헴'이 사마리아로 올라와서 살룸을 쳐 죽이고, 그를 대신하여 왕이 되었던 것이다. 므나헴은 왕이 되고 나서, 자신에게 성문을 열어주지 않았던 성 안 사람들을 모두 죽이고 사방 모든 곳을 공격했다. 심지어 임신한 여인들의 배를 가르기까지 했다. 계속되는 쿠데타에 온 나라가 피로 물들었다. 이들이 과연 거룩하게 살라는 하느님의 선택을 받은 이스라엘이 맞을까 의심스러울 지경이었다

므나헴(기원전 750~기원전 740년)

'므나헴(위로자)'이 왕위에 올랐을 때 백성들의 살림살이는 말이 아니었다. 므나헴 역시 선조들이 저질렀던 악습을 되풀이했다. 그가 다스리던 때에 아시리아 왕 '불'(공식 이름은 티글라트필레세르 3세, 성서는 디글랏빌레셀이라 부른다)이 침입한 일이 있었다.

그동안 힘을 비축하던 '아시리아'가 움직이기 시작한 것이다. 므나헴 통치기에 구약성서에서 처음으로 아시리아 제국이 등장한다. 역사학에서는 '신(新)아시리아'라고 구분하는데, 이들은 시리아 동쪽의 이라크 땅 서북부 지역에서 발흥했다.

"이스라엘이 한 민족으로서 생존해 온 그 500년간의 전 역사는 강대국이 출현하지 않았던 긴 공백기에 이럭저럭 이어져 온 것이 사실이다. 덕분에 이스라엘은 자신의 힘으로 극복하지 못하여 그 생존이 위태로울 만큼 다급했던 사태를 전혀 모르고 지내 왔었다. 그러나 기원전 8세기 중엽부터는 사정이 전혀 달라졌다. 본격적으로 제국 건설의 길로 접어든 아시리아는 약소 민족들을 나뭇잎처럼 휩쓸어버린 일진광풍으로 변했다."[7]

므나헴은 왕의 자리를 지키도록 도와 달라고 하며 은 천 달란트를 아시리아 왕에게 주었다. 이 은은 이스라엘의 모든 부자에게서 각각 50세겔씩 거둔 것이었다. 이 돈을 받고 아시리아 왕은 이스라엘 땅에 머무르지 않고 돌아갔다. 므나헴은 왕권을 유지하는 데만 급급했다.

북이스라엘은 고대 세계에서 유일한 "군국주의(軍國主義) 제국"이었던 아시리아를 당해낼 수 없었다.[8] 아시리아를 여느 제국들과는 달리 군국주의라고 일컫는 것은 정복과 파괴 그 자체에 열중하여 잔혹성을 숨김없이 드러냈기 때문이다. 그들은 잔혹한 형기(刑器)인 십자가를 발명하여 저항하는 사람을 말려 죽였고, 산에서 나무를 죄다 베어버리고 밭에 소금을 뿌려 전답을 황폐하게 했으며, 식민지 백성들을 포로로 잡아가거나 강제 이주시켰다.

므나헴이 돈을 바쳐 신하국(조공국)이 되자, 그때부터 북이스라엘은 친(親)아시리아파와 반(反)아시리아파로 나뉘어 서로 대립각을 세웠다. 반아시리아파는 민족주의 성향이 강한 예언자 집단으로 이루어져 있다. 이런 내부 갈등은 이후에도 계속 이어졌는데, 그 상황은 남유다에서도 마찬가지였다. 10년 동안 통치한 므나헴이 죽자, 그의 아들 '브가히야'('야훼께서 눈을 열다')가 왕위를 계승했다. 그러나 그도 "이스라엘을 죄에 빠뜨렸던 느밧의 아들 여로보암의 죄를 버리지 않고 그 악습을 되풀이하였다."(열왕기하 15:24)

베가(기원전 738~기원전 730년)

브가히야가 이스라엘을 다스린 지 2년이 지났을 때, 그의 부관 '베가'('눈을 뜨다')가 반란을 일으켜 왕위에 올랐다. 그 역시 여로보암 1세의 죄를 버리지 않고 악습을 되풀이했다. 베가 왕 때에 아시리아의 디글랏빌레셀(티글라트필레세르 3세)이 쳐들어와, 수십 개의 성을 점령하고는 주민들을 포로로 붙잡아 아시리아로 끌고 갔다. 그리하여 이스라엘 최초로 '디아스포라(Diaspora, 흩어진 사람들)'가 생겼다. 세상이 아시리아의 본격적인 무대가 되었는데도, 이스라엘의 왕이나 정치가들은 죄다 눈을 감고 있었다.

여기에서 '므나헴-브가히야-베가'에 이르는 정치 판도를 생각해보자. 므나헴은 앞서 이야기한 대로 친아시리아 정책을 썼다. 아들인 브가히야도 아버지와 마찬가지로 아시리아를 적으로 돌리지는 않았을 것이다. 여기에 베가가 반기를 들고 왕이 되었으니, 베가가 민족주의 성향의 반아시리아파였다는 것을 짐작해볼 수 있다.

이에 아시리아가 다시 쳐들어왔고, 국토 대부분은 쑥대밭이 되었으며 수없이 많은 백성들까지 포로로 붙잡혀 갔다. 그런데도 베가는 아시리아와 화친하지 않고, 아시리아에 패퇴하여 쫓겨 간 시리아와 연합하여 반아시리아 전선을 펼쳤다. 남유다 왕국을 끌어들여 함께 대항하려고 했으나 유다 12대 왕 '아하즈'가 거부하자 시리아와 함께 예루살렘을 침공하기도 했다.

아하즈는 급히 아시리아에 원조를 요청했다. 어느새 전쟁은 국제전으로 비화했다. 그리하여 한 민족인 북이스라엘과 남유다가 완전히 적이 되어버렸다. 그런 호기를 놓칠 리 없던 아시리아 왕은 시리아 잔당을 완전히 소탕하고, 곧 북이스라엘을 침략하여 국토의 대부분을 점령해버렸다(아시리아-북이스라엘 전쟁, 기원전 739~기원전 732년). 그러고는 북이스라엘 내의 친아시리아파를 앞세워 베가 왕을 죽이고 친아시리아파의 우두머리인 '호세아'('구원'이라는 뜻)를 왕으로 세웠다.

호세아(기원전 730~기원전 721년)

호세아 왕의 통치에 관한 이야기는 살룸 왕 때부터 활동한 동명의 예언자 '호세아'의 책에 자세히 나온다. 외세의 영향이 아니었더라도 이미 멸망할 모든 조건을 완전히 갖추고 있는 상태였다.

호세아는 아시리아 왕 샬마네셀(살만에셀, 샬마네세르 5세)이 쳐들어오자 그의 신하가 되어 조공을 바쳤다. 그러나 호세아는 기회를 보아 조공을 끊고, 이집트 왕 '소'에게 사절단을 보내 도움을 청하며 아시리아에 반기를 들었다. 호세아가 이렇게 반역하는 것을 보고 아시리아 왕은 호세아를 잡아 감옥에 가두었다. 그리고 이스라엘 전역을 침공하고, 사마리아를 포위하여 3년 동안 공격했다. 이스라엘 백성들을 사로잡아 아시리아로 데려다가 여러 성읍에 강제 이주시켰다. 두 번째 디아스포라가 생겼다. 다시금 그 옛날의 히브리로 돌아간 것이었다.

강제 이주를 당한 이들은 주로 지도층이었을 것이다. 지도층을 다른 지역으로 옮기고, 그 땅에는 다른 지역 주민들을 데려다 정착시키는 이런 정복지 안정화 방식은 그 땅과 그곳에서 살아온 민족들을 강하게 묶고 있던 유대와 전통을 끊고 저항 의지를 꺾었다.[9]

만일 호세아 왕이 아시리아에 계속 조공을 바쳤다면, 나라가 쑥대밭이 되고 멸망하는 일은 피할 수 있었을 것이다. 왜냐하면 아시리아는 항복한 왕국에게 자치를 허용하고 조공만을 받았기 때문이다. 호세아는 전혀 국제 정세를 헤아릴 줄 몰랐다. 이후 아시리아는 곧바로 이집트마저 점령했다.

그러나 이 모든 일을 성서 저자의 관점에서 보자면, 스스로 멸망당할 모든 필요조건을 충족했기에 망한 것이다. 구약성서는 오직 종교적으로 해석하고 평가할 뿐이다. 이스라엘이 이집트 노예 생활과 야훼 하느님의 해방 행위를 망각한 것은 자신을 스스로 부정하는 것이나 마찬가지였다.

이스라엘이 죄를 지었음에도 하느님은 이스라엘과 유다에 여러 예언자와 선지자를 보내 충고했다. "너희는 너희의 그 악한 길에서부터 돌아서서, 내가 너희 조상에게 명하고, 또 나의 종 예언자들을 시켜 내가 너희에게 준 그 모든 율법에 따라, 나의 명령과 나의 율례를 지켜라."(열왕기하 17:13, 새번역)

예언자들의 존재는 이스라엘을 향한 하느님의 사랑과 은총의 행위였다. 예언자들의 말이 거칠고 과격했던 것은 그만큼 이스라엘의 죄가 크고 깊었기 때문이었다. 이스라엘의 죄는 피부병이나 찰과상이나 팔다리가 부러진 정도가 아니라 암이 생긴 것과 같았다. 예언자들은 칼 같은 말을 통하여 수술하려고 했던 것이지만, 모두 실패하고 말았다.

그러나 그들은 끝내 듣지 아니하였고, 주님이신 그들의 하느님께 신실하지 못하였던 그들의 조상들처럼, 완고하였다. …… 또 그들은 주님이신 그들의 하느님께서 주신 그 모든 명을 내버리고, 쇠를 녹여 부어 두 송아지 형상을 만들었으며, 아세라 목상을 만들어 세우고, 하늘의 별들에게 절하며, 바알을 섬겼다.(열왕기하 17:14~16, 새번역)

'완고'라는 말은 고집 센 나귀나 염소에 빗댄 말로, 문자적 의미는 '곧은 목, 목이 곧다'이다. 목이 뻣뻣하여 구부러지지 않아 겸손할 줄 모르는 것을 비유한 것이다. 구부릴 곳에는 안 구부리고, 구부리지 말아야 할 것인 '헛된 것'에는 구부려 '미혹되어' 망했다는 것이다.

'두 송아지 형상'은 여로보암 1세가 베델과 단에 세운 이집트의 하피스 신을 비롯한 다산과 풍요의 축복을 내려준다는 여러 신들의 형상이다. '별들에게 절한 것'은 수메르와 아카드에서 비롯되어 바빌로니아에서 크게 성행했던 점성술과 일월성신 숭배를 의미한다.

> 그러므로 주님께서는 이스라엘에게 크게 진노하셨고, 그들을 그 면전에서 내쫓으시니 남은 것은 유다 지파뿐이었다. …… 마침내 주님께서는, 그 종 예언자들을 보내어 경고하신 대로, 이스라엘을 그 면전에서 내쫓으셨다. 그래서 **이날까지** 이스라엘은 자기들의 땅에서 앗시리아(아시리아)로 사로잡혀 가 있게 된 것이다.(열왕기하 17:18~23, 새번역)

그렇게 하여 기원전 721년에 멸망한 북이스라엘 백성들은 대부분 아시리아(메소포타미아)로 강제로 끌려가 기원전 539년에 페르시아 제국이 바빌로니아 제국을 멸망시키고 모든 민족에 해방령을 내릴 때까지 약 180년 동안 포로 생활을 하게 되었다. 결국 북이스라엘은 기원전 931년부터 기원전 721년까지 모두 19명의 왕을 거치며 210년간 이어지다가 역사에서 사라졌다. 아시리아는 북이스라엘 땅에 자기들이 정복한 여러 민족을 강제로 이주시킴으로써 이스라엘을 뿔뿔이 흩어지게 했다. 삽시간에 이스라엘 땅은 종교 혼합주의의 땅이 되고 말았다. 이스라엘의 하느님도 그중의 한 신으로 격하되고 말았다. 그뿐만 아니라 인종적 혼합도 발생했다. 구약성서의 용어를 빌리자면, "주변의 여러 족속의 피가 거룩한 핏줄에 섞여"(에스라 9:2, 새번역) 든 것이다.

이런 종교적·인종적 혼합주의는 이후 이스라엘 역사에서 큰 문제가 되었다. 훗날 유다 왕국이 멸망한 후 각지로 흩어져 포로 생활을 하다가 47년 만에 고국으로 돌아온 유대인들은 옛 북이스라엘 땅의 주민들을 철저하게 배제했는데, 이러한 배척은 예수 시대까지 이어졌다. 신약성서 복음서에 '사마리아' 혹은 '사마리아인'이라는 용어가 여러 번 나오는데, 모두 이런 역사적 배경에서 나온 북이스라엘 후손들(강제로 이주된 이민족과 이스라엘 사이에서 나온 이들)을 가리킨다. 이후에 성서 저자들은 '이스라엘'을 오직 '유다 왕국'만 가리키는 용어로 썼으며 '유다인(유대인)'이라고도 했다.

여기서 앞의 인용문에 등장하는 '이날까지'라는 말을 잠깐 살펴보고 넘어갈 필요가 있다. '이날'은 〈열왕기〉를 쓴 시점을 뜻하는데, 분명하게 확인할 수 있는 것은 이 책이 '유다 왕국'의 멸망(기원전 586년) 이전에 기록되었다는 사실이다. 그렇다면 기원전 721년에서 기원전 586년 사이가 분명한데, 어떤 사람들이 기록한 것일까?

구약성서 신학자들은 〈열왕기〉 저자(들)를 이후에 나오는 유다 왕 요시야의 대대적인 종교 개혁 때나 또는 그 직후에 활약한 역사가라고 추정하며, 이들의 신학적 이념과 노선이 〈신명기〉에서 기원하므로 '신명기 학파'라 부른다.[10] 요시야가 성전을 수리할 때 발견한 모세의 율법이 적힌 두루마리 문서†에는 '**하느님께 충성 → 복과 번영과 평화, 불순종 → 저주와 쇠락과 멸망**'이라는 신학적 견해를 핵심 골자로 한 내용이 적혀 있었다고 전해진다.

연속해서 국난의 위기에 직면해 있던 요시야 왕과 예언자와 학자들은 그 문서에 기초하여 야훼 종교를 순수하게 회복하는 것만이 나

---

† 〈신명기〉의 일부로 보는 것이 성서학자들의 일반적 견해이다. 또한 야훼 숭배자들에게는 끔찍한 므나쎄 통치 시절의 기록이 정리되어 있었을 것이다.

라가 살 길이라고 확신하고, 대대적인 민족 전통과 사상 확립에 착수했다. 그렇게 탄생한 것이 오늘날 전해지는 〈신명기〉, 〈여호수아〉, 〈사사기〉, 〈룻기〉, 〈사무엘〉, 〈열왕기〉 같은 율법서와 역사책이다.

이 책들의 사상적 기초는 성전을 재건하면서 발견한 모세의 율법과 그동안 남북에서 활동한 예언자들의 사상이었다. 이 책들에는 북이스라엘에서 내려온 학자들이 전해준 전승과 자료, 그리고 다른 저자들이 쓴 저작의 내용도 담겨 있다. 성서 저자는 야훼와 이집트 해방을 이스라엘 민족의 사실상의 기원과 사상적 중심으로 이해한 예언자들의 독특한 사관을 바탕으로 삼아 그때까지 전승된 자료들을 모아 전체 이스라엘 역사를 다시 들여다보고 해석하고 평가하여 기록을 남겼던 것이다.

위대한 왕 요시야
율법서의 발견과 종교 개혁

히즈키야(기원전 727~기원전 698년)

아하즈(아하스)의 아들 '히즈키야'(히스기야, '하느님의 힘')가 아버지의 왕위를 물려받아 남유다의 13대 왕이 되었다. 히즈키야 제6년에 북이스라엘이 멸망했다. 그의 아버지 아하즈 왕은 아시리아의 디글랏빌레셀에게 복종하며 친아시리아 정책을 취했다. "아하즈는 야훼의 전과 왕실 금고에 있는 금은을 있는 대로 다 모아서 아시리아 왕에게 뇌물로 보냈다."(열왕기하 16:8) 또한 "아시리아 왕에게 충성을 보이기 위하여 야훼의 전 안에 마련되어 있던 어좌를 치우고 왕이 출입하던 성전의 바깥 대문을 봉하였다."(열왕기하 16:18) 아시리아의 침입을 당장은 면할 수 있었지만 남유다의 경제는 몹시 피폐해졌다.

아하즈는 디글랏빌레셀을 만나러 다마스쿠스로 가서 그곳에 있는 아시리아의 제단을 보고는 이를 본뜬 제단을 만들고 번제를 드렸다. 아예 야훼의 전 앞에 있던 제단을 치워버리기까지 했다. 적극적으로 종속국임을 자처하다 못해 그들의 종교까지 숭배한 것이다. 남북 왕국이 동시에 자멸의 길을 걷고 있었다. 아하즈는 북이스라엘이 멸망하기 6년 전에 죽었다.

북이스라엘을 멸망시킨 아시리아가 남유다에도 곧 들이닥칠 것이었기에, 히즈키야는 국가 존망의 위기를 느꼈다. 그러나 아시리아는 곧바로 침공해 오지 않았다. 아마 북이스라엘과 벌인 전쟁의 여파로 재정비의 시간이 필요했던 것으로 보인다. 그 덕분에 일시적으로 시간을 번 히즈키야 왕은, 나라가 살 길은 야훼 종교의 순수성을 회복하는 것뿐이라고 판단하고 대대적인 종교 개혁에 착수했다.

"그는 그의 선조 다윗이 그러하였던 것같이 야훼 보시기에 올바른 일을 하였다. 그는 산당들을 철거하고 석상들을 부수고 아세라 목상들을 찍어버렸다. 그리고 모세가 만들었던 구리뱀†을 산산조각 내었다. 이스라엘 사람들이 그때까지 느후스탄이라고 불리던 그 구리뱀에게 제물을 살라 바치고 있었던 것이다. 그는 이스라엘의 하느님 야훼를 의지하였다. 유다 왕들 가운데 전에도 후에도 그만 한 왕이 없었다. 그는 야훼를 배반하지 아니하고 충성을 다하여 야훼께서 모세에게 주신 계명들을 준수하였다. 야훼께서는 그와 함께 계시며 그가 하는 모든 일을 이루어주셨다. 그는 아시리아 왕에게 반기를 들어 그의 지배를 벗어났다."(열왕기하 18:4~7) 또 블레셋을 쳐 가자 지역을 포함한 많은 성읍을 되찾기도 했다(열왕기하 18:8).

그러나 히즈키야 제14년에 아시리아 왕 산혜립(센나케리브)이 유

---

† 광야에서 방랑하던 때에 백성들이 하느님과 모세에게 대든 일이 있었다. "어쩌자고 우리를 이집트에서 데려내왔습니까? 이 광야에서 죽일 작정입니까?" 그러자 야훼는 불뱀을 보내 그들을 물어 죽이게 했고, 백성들은 모세에게 와서 죄를 빌며 뱀을 없애 달라고 간청했다. 모세는 구리로 뱀을 만들어 기둥에 달아놓았는데, 불뱀에게 물렸어도 구리 뱀을 쳐다본 사람은 죽지 않았다(민수기 21:4~9).

이집트	유다 왕국	메소포타미아
제25왕조(기원전 715~기원전 663) 아시리아 침공(기원전 671) 아시리아의 아슈르바니팔 왕에 의한 수도 테베 약탈(기원전 663) 제26왕조(기원전 663~기원전 525) 네코 2세(기원전 610~기원전 595)	아하즈(기원전 743~기원전 727) 히스키야(기원전 727~기원전 698) 므나쎄(기원전 698~기원전 642) 아몬(기원전 642~기원전 640) 요시야(기원전 640~기원전 609) 예레미야(예언자, 기원전 626~기원전 587) 요시야의 종교 개혁(621) 여호아하즈(살룸, 기원전 609) 여호야킴(엘리야킴, 기원전 609~기원전 598)	**아시리아 제국**
		사르곤 2세(기원전 721~기원전 705) 산헤립(기원전 705~기원전 681) 에사르하돈(기원전 681~기원전 669) 이집트 침공(기원전 671) 아슈르바니팔(기원전 669~기원전 626)
		바빌로니아 제국
		나보폴라사르(기원전 625~기원전 605) 아시리아 멸망(기원전 612) 므기또 전쟁(기원전 609) 이집트 정복(기원전 609) 네부카드네자르 2세(기원전 605~기원전 562) 카르케미시 전투(기원전 605)

다를 침략해 성읍들을 점령했다.[†] 히즈키야는 "내가 잘못했습니다. 돌아가주시기만 한다면 어떤 처벌을 내리시든지 달게 받겠습니다." (열왕기하 18:15)라는 내용의 전갈을 아시리아 왕에게 보내고, 야훼의 전과 왕실 금고에 있는 은을 있는 대로 다 아시리아 왕에게 바쳤다. 당시의 기록을 산헤립 왕의 비문에서 찾아볼 수 있는데 내용은 다음과 같다.

내가 유다 왕 히즈키야와 견고한 성벽이 둘러쳐 있는 그의 성읍 46

[†] 히즈키야 제14년에 산헤립 왕이 유다를 침략했다는 성서의 구절(열왕기하 18:13)에 따라 아시리아의 침략 시기를 계산하면 기원전 714년경이지만, 센나케리브 왕의 비문에는 기원전 701년으로 달리 기록되어 있다.

개를 포위하고 정복했으며, 2만 150명의 남녀노소와 말들과 당나귀들과 낙타들과 소 떼와 가축들을 수없이 전리품으로 끌고 나왔다. 내가 유다의 왕을 새장에 든 새처럼, 그의 거주지인 예루살렘에 가두어 놓았다. 내 통치권의 영광 앞에 굴복하도록 두려움이 그를 엄습했다.[11]

그리하여 "기원전 8세기의 후반기는 아시리아의 세계적인 권력 때문에 공포에 들끓었다. 그의 무기 앞에서, 그의 잔인한 보복 행위 앞에서, 무자비하게 인간을 붙잡아 타국으로 끌고 가며, 심지어는 임신부들의 배까지 갈라 죽이는 테러 앞에서, 온 세계는 공포에 치떨었다. 전례 없이 무시무시한 공포가 그 옛날 세계를 뒤덮어놓았다."[12]

그러나 아시리아 왕은 유다의 조공을 받고서도 다르단, 랍사리스, 랍사게 세 장군에게 병력을 주어 예루살렘으로 보냈다. 그들을 맞으러 히즈키야의 궁내 대신과 서기관과 역사 기록관이 나가자, 랍사게가 그들에게 말했다. "히즈키야에게 전하여라. 아시리아의 대왕께서 하시는 말씀이다. '네가 무엇을 믿고 이렇게 자신만만하냐? 참모도 없고 군대도 없는 주제에 입술의 빈말만으로 싸움을 이길 수 있다고 생각하느냐? 네가 무엇을 믿고 나에게 반역하느냐? 네가 믿는 이집트는 부러진 갈대에 불과하다. 그것을 지팡이처럼 믿는다마는 그것을 잡았다가는 도리어 손만 베일 것이다.'"(열왕기하 18:19~21)

여기에서 〈열왕기〉 저자가 숨기려고 했던 사실이 드러난다. 히즈키야도 호세아처럼 이집트에 지원을 요청했던 것이다. 그런데도 유다 지파의 학자들인 〈열왕기〉 저자는 "아시리아 왕에게 반기를 들어 그의 지배를 벗어났다."라고 기록했던 것이다. 공정하지 못한 평가이다. 그들이 평소 보여주던 야훼 중심적 역사관과 신학으로 미루어볼 때 히즈키야가 이집트에 도움을 청한 일은 하느님을 배반한 일이었고, 모세의 계명을 준수한 것도 아니었다.

히즈키야 시대에 활약한 예언자 '이사야'의 책에서는 좀 더 중립적인 시각을 볼 수 있다. "아, 너희가 비참하게 되리라! 원군을 청하러 이집트로 내려가는 자들아! 너희가 군마에 희망을 걸고 많은 병거와 수많은 기병대를 믿는구나! 이스라엘의 거룩하신 이는 쳐다보지도 아니하고 야훼를 찾지도 않는구나. …… 이집트인들은 사람이요, 신이 아니다. 그들이 타는 말은 고깃덩이요, 정신이 아니다. 야훼께서 팔을 휘두르시면, 돕던 자도 비틀거리고 도움을 받던 자도 쓰러지리라. 모두 함께 멸망하리라."(이사야 31:1~3) 그런데도 〈열왕기〉 저자는 히즈키야를 '다윗' 같은 왕이라고 말한다. 히즈키야 왕이 산당을 허물고 우상들을 모두 없앤 점을 높이 평가한 것으로 보인다.

어쨌든 아시리아의 장군 랍사게의 말은 치명적인 지적이었다. 유다는 전술도 없고 군사력도 없었고, 이집트는 이미 다 '부러진 갈대' 지팡이라서 유다를 도우러 올 힘조차 없었다. 랍사게는 이어 "내가 야훼의 분부도 없이 어떻게 이곳을 치러 올라왔겠느냐? 야훼께서 나에게 일찍이 이 땅을 쳐부수러 올라가라고 분부하셨다."(열왕기하 18:25) 하고 말했다.

유다는 신학적 논리의 함정에 빠지게 되었다. 정말 랍사게의 말대로, 유다의 하느님이 그들을 움직였다면 어찌할 것인가? 아시리아의 신의 명령이 아니라 이스라엘의 하느님에게 직접 계시를 받아 온 것이라고 하니 유다로서는 아무런 할 말이 없었다.

다만 백성들이 이 이야기를 들을까 염려한 대신들이 유다 말로 하지 말고 아람어로 말해 달라고 청하자 랍사게가 그들에게 "나의 주인께서 너희 상전이나 너희에게만 이 말을 전하라고 나를 보내신 줄

아느냐? 성 위에서 너희와 같이 제 오줌과 제 똥을 먹고 앉아 있는 자들에게도 전하라고 나를 보내신 것이다."(열왕기하 18:27) 하고는 일어서서 큰소리로 외쳤다.

　　아시리아 왕께서 말씀하신다. "나와 강화 조약을 맺자. 나에게 항복하여라. 그리하면 너희는 각기 자기가 재배하는 포도와 무화과를 먹을 수 있게 되고 자기 물통의 물을 마실 수 있게 될 것이다. 때가 되면 내가 와서 너희의 조국 땅과 다름없는 땅, 곧 곡식과 새 포도주가 나고 빵과 과일, 올리브 나무와 좋은 기름과 꿀이 나는 땅에 너희를 정착시키리라. …… 여러 민족의 신들 중에 자기 영토를 나에게서 구해낸 신이 하나라도 있었느냐? 야훼가 어찌 예루살렘을 구하겠느냐?"(열왕기하 18:31~35)

대신들은 옷을 찢으며 왕에게 돌아와 아시리아 장군이 한 말을 모두 전했다. 히즈키야 왕은 그들의 보고를 듣고 나서 입고 있던 옷을 찢고 삼베옷을 두르고 야훼의 성전에 들어가 울면서 기도했다. 그러고는 예언자 이사야에게 사람을 보내어 도움을 요청했다. 그러자 이사야는 "아시리아 왕의 아첨배들이 나를 비방하여 한 말을 가지고 놀라지 마라. 내가 아시리아 왕을 귀신에 사로잡히게 하여 뜬소문을 듣고 자기 나라로 철수토록 하리라. 그 후에 거기에서 칼에 맞아 죽게 하리라."(열왕기하 19:6~7)라는 야훼의 말을 전해주었다. 그런데 예언자의 말대로, 아시리아 왕은 난데없이 '에티오피아 왕(에티오피아 출신의 이집트 파라오)'이 자기와 교전하기 위해 진격하고 있다는 '뜬소문'을 듣고는 유다에 보낸 병력을 다시 불러들였다. 그러면서 히즈키야에게 특사를 보내 야훼를 비방하고 항복을 요구했다.

히즈키야는 특사가 전해준 편지를 읽고는 곧장 야훼의 전 앞에 그 편지를 펼쳐놓고 기도했다. 하느님은 히즈키야의 간구한 기도를 듣고, 이사야를 보내 "나는 내 명성을 지키기 위해서라도 이 도성을 보호하여 구원하고, 내 종 다윗을 보아서라도 그렇게 하겠다."(열왕기하 19:34)고 다짐했다. 그리고 그날 밤, 하느님의 천사가 나타나 아시리아 진영에 있는 18만 5천 명의 군사를 쳤다. 아침이 되어 날이 밝았을 때 그들은 모두 시체로 발견되었다.

성서 고고학자들의 발굴에 따르면, 당시 아시리아 군대가 진을 쳤던 '립나'라는 지역에서 쥐의 뼈가 무더기로 발견되었다고 한다. 그래서 성서 고고학자들은 '페스트'를 아시리아 군대의 전멸 원인으로 지목한다.

그러나 모든 일을 하느님의 일로 생각하는 이스라엘 사람들로서는 아시리아 군의 전멸을 하느님의 천사가 죽인 것이라고 여겼을 것이다. 얼마 후 산헤립 왕은 본국으로 돌아가 자기의 신인 니스록의 신전에서 예배하다가, 그의 두 아들의 칼에 맞아 죽고 말았다. 성서에 의하면 이 일 역시 이스라엘의 하느님이 시킨 일이었다. 이후 히즈키야는 장기 농성전에 대비해 도성 안으로 물을 끌어들이기 위해 예루살렘 성 지하에 깊은 수로(일명 히즈키야 수로)를 파기도 했다. 그 지하 수로는 지금도 예루살렘에 있다.

므나쎄(기원전 698~기원전 642년)

북이스라엘에 아합 가문이 있었다면, 남유다에는 '므나쎄'(므낫세, '잊어버리다')가 있었다. 그는 아합보다 한 수 위였다. 므나쎄는 역사가들로부터 전에도 없었고 후에도 없는 악한 왕으로 평가받는다. 광기 어린 폭력으로 수없는 사람을 죽였다. 자기 이름처럼, 이스라엘의 모든 것을 망각해버리려고 작정한 듯했다. 이런 극악한 인물이 55년 동안이나 유다를 통치했다. 남북 왕국을 통틀어 가장 긴 기간이다. 〈잠언〉에 이런 말이 있다. "정의는 나라를 높이지만, 죄는 민족을 욕되게 한다."(14:34), "주님께서는 모든 것을 그 쓰임에 알맞게 만드셨으니, 악인은 재앙의 날에 쓰일 것이다."(16:4) 그러니 므나쎄는 장차 유다라는 나라를 무너뜨리려고 준비한 하느님의 도구였다고밖에 볼 수 없다.

므나쎄는 "부왕 히즈키야가 허물어버린 산당들을 다시 세웠고 이스라엘 왕 아합을 본받아 바알 제단을 쌓았으며 아세라 목상을 만들었고 하늘의 별들을 절하여 섬겼다."(열왕기하 21:3) 또 그는 야훼의 성전 안에도 이방신을 섬기는 제단을 만들고, 자신이 손수 새겨 만든 아세라 목상을 성전 안에 두었으며, 성전 안팎 두 뜰에도 하늘의 별을 섬기는 제단을 만들어 세웠다. 심지어 자기의 아들들을 희생물로 바쳤고 점쟁이를 불러 점을 치게도 했고 마술사를 시켜 마법을 부리게도 했고, 혼백을 불러내는 무당과 박수를 두었다. "이렇게 야훼의 눈에 거슬리는 일을 많이 하여 야훼의 속을 썩여드렸다."(열왕기하 21:6)

과학으로 해명할 수 없는 신비로운 초자연적 현상을 '오컬트'라고 하고, 이런 현상을 연구하거나 추구하는 일을 '오컬티즘'이라고 한다. 오컬티즘은 마약과 같은 정신적 도피 기제로 작용하기도 한다. 여기에 매혹된 사람들은 신비하고 신화적인 방법이나 신령한 능력을 지닌 기이한 물건에 대한 애착으로 고단한 현실에서 도피하며 불안감을 해소하고, 초자연적 능력을 빌려 목적을 이루고자 한다. 오컬티즘에 빠진 이들은 그만큼 정신적으로 병든 사람이며, 그것이 사회적 문화 현상의 하나로 유행하는 것 역시 사회가 정신적으로 병들었다는 것을 보여주는 단적인 증거이다.

므나쎄도 광적인 오컬티스트였던 모양이다. 바알과 아스다롯 여신 숭배는 기본이었고, 자기 할아버지 아하즈 왕이 들여온 것으로 추정되는 아시리아와 바빌로니아 신화와 종교와 점성술에도 대단히 열광했다. 자신이 직접 아세라 상까지 만들었다고 전한다. 성전 안팎에 수많은 신상들을 새겨 세워놓았으니, 이스라엘 종교와 정신과 정체성을 전부 허물어버릴 작정을 한 것이었다.

그러나 므나쎄는 우상 숭배만 한 게 아니었다. 죄 없는 사람들을 너무 많이 죽여서, 예루살렘 이 끝에서부터 저 끝에 이르기까지 죽은 이들의 피로 흠뻑 젖어 있다고 할 정도였다. 아합과 이세벨처럼 백성들에게 자기가 섬기는 모든 종교를 숭배하도록 강제했다. 그렇게 하지 않으면, 가차 없이 처단했다. 그는 유다의 모든 것을 철저하게 망가뜨렸다. 그리하여 하느님은 당신의 종 예언자를 시켜 이렇게 말했다.

유다 왕 므나쎄가 이러한 여러 가지 고약한 일들을 행하였는데 일찍이 그 어느 아모리 사람이 그보다 더 악하였더냐? 그는 우상을 만들어 유다를 죄에 빠뜨렸다. 이스라엘의 하느님, 나 야훼가 선언한다. 나 이제 듣는 자마다 가슴이 내려앉을 재앙을 예루살렘과 유다에 내리리라. …… 사람이 접시를 뒤집어 닦듯이 예루살렘 안팎을 말끔히 씻어버리리라. 내가 남아 있는 나의 백성을 버려 원수들의 손에 넘겨주면 모든 원수들이 달려들어 모조리 털어 갈 것이다. 선조들이 이집트에서 나오던 날로부터 이날에 이르기까지 내 눈에 거슬리는 일을 하여 나의 속을 썩여주었기 때문이다.(열왕기하 21:11~15)

솔로몬은 나라와 민족을 분단시켰고, 므나쎄는 나라를 망하게 했다. 그의 손자인 '요시야'가 나라를 다시 일으켜보려고 무던히 애를 썼으나, 도저히 되돌릴 수 없는 지경이었다. 요시야 시대에 활약한 예언자 '예레미야'의 책을 보면, "비록 모세나 사무엘이 내 앞에 서서 빌더라도, 나는 이 백성을 불쌍히 여기지 않으리라. …… 내가 이렇게 벌하는 것은 히즈키야의 아들 므나쎄가 유다 임금으로서 예루살렘에서 지은 죄 때문이다."(예레미야 15:1~4)라는 하느님의 말이 나온다. 므나쎄가 저지른 죄가 유다를 파멸로 이끈 것이다.

요시야(기원전 640~기원전 608년)

므나쎄의 아들 '아몬'(므나쎄가 이집트식 이름을 지어준 것이다) 왕은 즉위 2년 만에 죽고 아몬의 8살 난 아들 '요시야'('야훼께서 지시하다')가 유다의 16대 왕이 되었다. "요시야는 주님께서 보시기에 올바른 일을 하였고, 그의 조상 다윗의 모든 길을 본받아, 곁길로 빠지지 않았다."(열왕기하 22:2, 새번역) 그제야 전 이스라엘 역사상 가장 훌륭한 왕이 등장했다. 심지어 다윗보다도 더 위대하고 훌륭했다. 성서 저자들도 **"요시야처럼 야훼께로 돌아가 마음을 다 기울이고 생명을 다 바치고 힘을 다 쏟아 모세의 법을 온전히 지킨 왕은 전에도 없었고 후에도 없있다."**(열왕기하 23:25)라고 요시야의 통치를 극찬한다.

왕위에 오른 지 18년째 되던 해에 요시야 왕은 서기관 '사반'을 야훼 성전의 대사제 힐키야(힐기야)에게 보내 성전을 수리하라고 지시했다. 요시야를 옹립하고 보필한 주축 세력이 아마 사반과 힐키야 두 사람이었을 것이다. 어린 군주였던 요시야가 어느새 스스로 왕 노릇을 할 25살의 청년이 되었다. 그런 그가 가장 먼저 한 일이 성전을 수리한 것이니, 유다 역사가들이 볼 때 그보다 훌륭한 일이 없었다. 할아버지가 부수고 방치했던 것을 손자가 다시 세웠다.

대사제 힐키야가 야훼의 전에서 율법책을 발견해, 사반에게 주었다. 사반이 요시야 왕에게 율법책을 가지고 와 크게 읽어주니 왕은 율법책의 내용에 애통해하며 옷을 찢었다. 자기 백성들이 얼마나 하느님의 뜻을 거스르며 살아왔는지 깨달았기 때문이다.

요시야는 예언자 홀다에게 사람을 보내 율법책에 관해 물었다. "이번에 찾아낸 이 책에 여러 가지 말씀이 기록되어 있는데 그것에 대하여 나와 온 유다 백성이 어떻게 해야 할 것인지 야훼께 나가 여쭈어보시오. 이 책에 기록되어 있는 말씀대로 하라고 하셨는데, 우리 선조들이 그 말씀을 따르지 않았으므로 우리가 불길 같은 야훼의 진노를 사게 되었소."(열왕기하 22:13)

하느님은 홀다를 통해 다음의 말을 전했다.

나 주가 말한다. 유다 왕이 읽은 책에 있는 모든 말대로, 내가 이곳과 여기에 사는 주민에게 재앙을 내리겠다. 그들이 나를 버리고 다른 신들에게 분향하고, 그들이 한 모든 일이 나의 분노를 격발하였기 때문이다. 그러므로 나의 분노를 이곳에 쏟을 것이니, 아무도 끄지 못할 것이다. …… 이곳이 황폐해지고 이곳의 주민이 저주를 받을 것이라는 나의 말을 들었을 때에, 너는 깊이 뉘우치고, 나 주 앞에 겸손하게 무릎을 꿇고, 옷을 찢고, 내 앞에서 통곡하였다. 그러므로 내가 네 기도를 들어 준다. 나 주가 말한다. 그러므로 내가 이곳에 내리기로 한 모든 재앙을, 네가 죽을 때까지는 내리지 않겠다. 내가 너를 네 조상에게로 보낼 때에는, 네가 평안히 무덤에 안장되게 하겠다.(열왕기하 22:16~20, 새번역)

윌리엄 홀, 〈우상을 파괴하는 요시야〉, 1800년대.

요시야는 유다와 예루살렘의 모든 장로들을 소집했다. 유다 백성들과 예루살렘 백성들, 사제들과 예언자들을 모두 데리고 야훼의 전에 올라가 그곳에서 찾은 율법서를 읽어 모두에게 들려주었다. 그런 후에 야훼를 따르며 마음을 다 기울이고 목숨을 다 바쳐 그의 계명과 훈령과 규정을 지켜 그 책에 기록되어 있는 언약을 이루기로 야훼 앞에서 서약했다. 백성들도 모두 따라 서약하였다.

　　요시야는 야훼의 전 안에서 바알과 아세라와 하늘의 별을 섬기는 데 쓰던 모든 기구들을 치웠다. 예루살렘 성 밖 키드론 벌판에서 그 기구들을 전부 불살랐다. 아세라 목상과 곳곳에 세웠던 산당을 헐었다. 또 성전 한쪽에 있었던 남창의 집들도 모두 허물었다. 자식을 바치는 몰렉(암몬의 우상)의 제사법도 금지했다.

　　또 유다의 역대 왕들이 유다의 성읍들과 예루살렘 주위에 있는 산당에서 분향하는 일을 할 제사장들을 임명했는데 요시야는 그들을 전부 내쫓았다. 그리고 바알과 태양과 달과 성좌들과 하늘의 별에게 제사지내는 사람들도 모두 몰아냈다. 베델의 산당에 있는 제사장들을 모두 제단 위에서 죽이고, 그 재단 위에서 태운 뒤에 예루살렘으로 돌아왔다.

　　거짓 종교인들이야말로 종교를 잠식하는 암적 존재였기 때문이다. 먹고 살기 위한 단순한 직업으로 종교적 직위를 얻는 것이야말로 이스라엘의 종교 부패와 나라 쇠락의 근본이었다. 세속적인 가치관을 버리지 못하고 그대로 종교인이 된 자들이 이스라엘의 종교를 진리와 의(義)를 저버리고 성공과 풍요만 찾는 우상 숭배로 변질시켜버렸던 것이다. 부패한 이들을 내쫓지 않고서는 그 어떤 종교 개혁도 성공할 수 없다는 것을 요시야는 잘 알고 있었다.

　　요시야는 유다와 예루살렘에서 도깨비나 귀신을 불러 물어보는 자들과 가문의 수호신과 온갖 역겨운 우상들을 눈에 띄는 대로 쓸어버렸다. 이렇게 야훼의 전에서 찾아낸 율법서에 기록되어 있는 대로 모두 시행한 요시야는 온 백성에게 "이 언약법전에 기록되어 있는 대로 너희 하느님 야훼께 감사하여 과월절을 지켜라."(열왕기하 23:21) 하고 명령을 내렸다. 사사들이 이스라엘을 다스리던 시대부터 이스라엘과 유다 왕들의 시대에 이르기까지 어느 시대에도 이처럼 유월절을 지킨 일은 없었다.

그리고 그때, 그런 종교 개혁의 일환으로 이스라엘 역사상 가장 찬란한 르네상스 시대가 꽃피었으니, 바로 '신명기 학파'의 탄생이었다. 한 무리의 종교인들과 지식인들이 그때까지의 이스라엘 역사를 새롭게 편찬했다. 그들은 북이스라엘에서 내려온 예언자들과 지식인들이 가져온 자료들을 포함하여, 남북에 흩어져 있던 모든 자료들을 모아 연대순으로 편집하고 수정하고 집필하여 책을 써냈다. 그것이 바로 〈신명기〉부터 〈열왕기〉에 이르는 '방대한' 책이다. 그리고 그들의 후예가 계속해서 유다가 멸망한 이후에도 역사를 기록했다. 여기에서 방대하다는 것은 오늘날의 시각이 아니라, 당시 상황에서 말하는 것이다. 그 모든 것을 두루마리 양피지에 기록한 것이니, 다 모아놓는다면 수십 대도 넘는 수레에 실을 만큼 많은 분량이었다. 그 역사책이 지금의 구약성서를 이룬다.

그러나 요시야 종교 개혁은 어디까지나 위로부터의 개혁이었기에, 본디부터 한계를 지니고 있었다. 아무리 백성들이 참여했다고는 하나, 그것은 왕의 권위에 눌려 진행된 것이었기에 태생적 한계를 넘어설 수 없었다. 아래로부터 개혁이 진행되었다면, 즉 예언자가 중심이 되어 왕이 예언자를 뒷받침해주고 백성이 동조하는 형식으로 진행되었더라면 다른 결과를 낳았을지도 모른다.

아무리 역사가들이 요시야를 칭찬한다 해도, 그것은 그 개인에게나 국한될 일이었다. 그의 종교 개혁이 가져온 효과는 지극히 미미했다. 산당이나 각종 우상들과 거짓 제사장들만 제거했을 뿐, 백성의 마음에 새로운 신앙과 이념과 가치관과 세계관을 심어주는 데까지는 이르지 못했다. 위로부터의 개혁이 안고 있는 한계가 여지없이 드러났던 것이다. 그러므로 요시야의 개혁은 역설적으로 말하여 성공한 실패였다. 성서는 그것을 이렇게 표현한다.

> 그러나 야훼께서는 므나쎄 때문에 너무나도 속이 썩으셨으므로 유다에 쏟으시려던 맹렬한 진노를 풀지 않으셨다. 그래서 야훼께서는 이렇게 선언하셨다. "나는 이스라엘을 내쫓은 것처럼 유다도 또한 내쫓으리라. 일찍이 선택하여 내 것으로 삼았던 이 예루살렘 도성과 내 명의로 삼았던 이 성전을 버리리라."(열왕기하 23:26~27)

요시야의 종교 개혁을 보고 은혜를 베풀어 용서할 수도 있으련만, 요시야의 종교 개혁이 가져온 결과가 그렇게 크지 않았다는 것을 뒷받침하는 구절이라 할 수 있다. 다시 말해서 종교 개혁이 백성들의 마음과 생활 전체를 혁신적으로 변화시키지는 못했다는 것이다. 므나쎄와 아몬이 57년 동안 악행을 저질러 망쳐놓은 민족 정신과 생활 습관과 세계관을, 종교 개혁만으로 바꾸기에는 역부족이었다. 유다는 이미 회복할 수 없을 정도로 망가져버렸던 것이다.

다시 한 번 하느님의 약속이 절대적인 것이 아니라 조건부라는 것이 증명된 셈이다. 다윗이나 솔로몬에게 한 약속도 그 후손들이 하느님의 법을 지켜야만 이루어질 것이었지, 무조건 이루어준다는 것이 아니었다. 이것이 구약성서에 나오는 모든 약속(계약)의 성격이다.

더군다나 요시야가 채 마흔이 되기도 전에, 너무나도 일찍 세상을 떠난 까닭에 개혁이 완성되지 못한 측면도 있다. 그러나 이 모든 일은 하느님의 뜻이었다.

국제 정세가 매우 불안정했다. 요시야의 통치 말년에 새로 일어난 바빌로니아 제국이 아시리아 제국을 멸망시켰다(기원전 612년). 이집트 제26왕조의 두 번째 파라오 네코 2세(성서는 '느고'라 부른다)는 신흥 강국인 바빌로니아를 견제하고, 아시리아를 돕기 위하여 가나안 땅으로 출정했다(므기또 전쟁, 기원전 609년). 아시리아는 이미 3년 전인 기원전 612년에 바빌로니아의 나보폴라사르에게 멸망당했지만, 아직 그 잔당 세력이 남아 있었다. 그러나 이집트와 아시리아 연합은 바빌로니아의 상대가 되지 못했고, 얼마 후 모두 정복당하고 말았다.

그때의 국제 정세는 이스라엘 역사에 나타났던 공식 같은 것이 다시 전개된 시점이었다. 주변에 강대국이 없을 때 번영하고, 강대국이 들어서면 약화되는 이스라엘의 운명 말이다. 이집트 군대가 이스라엘 땅을 지나가려고 하자, 요시야가 '므기또'에서 막아서려다가 전사했다. 운명이었다. 가르멜 산 동쪽에 있는 므기또는 솔로몬 시대 이전부터 북부의 주요 군사 요충지였는데, 이집트와 가나안 땅 서부, 시리아, 바빌론을 잇는 길목이었다. 신약성서 〈요한계시록〉에서 말세에 인류 대전쟁이 빌어질 곳으로 지목한 '아마겟돈(하르마게돈)'이 바로 므기또이다.

전력상 도무지 비교가 되지 않는 전쟁이었으나, 요시야는 종교 개혁에 박차를 가하며 민족 주체성을 도모하는 개혁 군주였기에 전쟁을 치르지 않을 수도 없었다. 그렇게 하여 의로운 왕 요시야는 39살의 나이로 죽고 말았고, 그의 죽음은 곧 유다 왕국에 치명상이 되었다. 예언자 예레미야는 요시야의 정책을 적극 지지하고 높이 평가했다. 그는 전사한 왕을 눈물로 애도했으며(역대기하 35:25), 법과 정의를 펴면서도 먹고 마실 것이 아쉽지 않게 잘살았던 사람, 가난한 사람과 억압받는 사람의 사정을 헤아리던 사람이라고 평가했다(예레미야 22:15~16).

바빌론 유수

유다 왕국의 멸망

여호아하즈(기원전 608년)

요시야가 죽자 유다 백성들은 "요시아의 아들 여호아하즈(여호아하스)를 뽑아 기름을 부어 선왕의 뒤를 잇게 하였다."(열왕기하23:30) 〈역대기하〉 3장 15절에 따르면 요시야에게는 네 아들이 있었는데 맏아들 요하난, 둘째 여호야킴, 셋째 시드키야, 넷째가 살룸(여호아하즈의 다른 이름)이었다. 여호아하즈가 형들을 제치고 요시야의 뒤를 이을 수 있었던 것은 그가 반이집트 정책을 취하고 있었기 때문으로 여겨진다. 그래서 여호아하즈는 3개월 만에 이집트의 네코 2세에 의해 폐위되고 이십트로 끌려가 그곳에서 죽었다.

여호야킴(기원전 608~기원전 597년)

이집트 파라오 네코 2세는 요시야의 다른 아들 여호야킴(여호야킴)을 권좌에 앉혀 꼭두각시 노릇을 하게 했다. 여호야킴은 네코 2세가 요구한 은과 금을 착실히 조공했다. 그러나 그 물량을 채우려면 백성들에게 많은 세금을 거두어야만 했다. 그런데 여호야킴은 이 어려운 상황에서도 사치스러운 궁전을 짓느라 여념이 없었다. 심지어 백성들을 강제 노동에 동원하는 일도 망설이지 않았다. 욕망에 사로잡힌 여호야킴을 향해 예레미야가 일갈했다.

> 부정한 수법으로 제 집을 짓고 사취한 돈으로 제 누각을 짓는 이 몹쓸 놈아! 동족에게 일을 시키고, 품값을 주지 않다니! "집을 널찍이 지어야지, 누각을 시원하게 꾸며야지." 하며, 창살문은 최고급 송백나무로 내고 요란하게 단청까지 칠하였다만, 누구에게 질세라 송백나무를 쓰면 그것으로 왕 노릇 다 하는 것 같으냐? 너의 아비는 법과 정의를 펴면서도 먹고 마실 것 아쉽지 않게 잘살지 않았느냐? 가난한 자의 인권을 세워주면서도 잘살기만 하지 않았느냐? 그것이 바로 나를 안다는 것이다. 내가 똑똑히 말한다. 너는 돈 욕심밖에 없구나. 죄 없는 사람의 피를 흘리려고 눈을 부릅뜨고 백성을 억누르고 들볶을 생각뿐이구나.(예레미야 22:11~17)

유다 왕국은 목숨이 끊어질 직전에 놓여 가쁜 숨만 몰아쉬었다. 친이집트파와 반이집트파, 친바빌로니아파와 반바빌로니아파, 그리고 독립 민족주의파 등 다섯 개 분파가 대립했다. 꼭 150년 전에 멸망한 북이스라엘의 마지막을 재현하는 것 같았다.

하느님은 예레미야를 통해 "내 말을 따라 살아라. 내가 세워준 법대로 살아라. 내가 거듭거듭 보내는 나의 종 예언자들의 말을 들어라. 그러지 않으면 내가 이 집을 실로처럼 만들리니, 이 성읍은 세상모든 민족에게 욕을 먹게 되리라."(예레미야 26:4~6) 하고 일렀다. 그러나 사제들과 예언자들과 온 백성은 실로(사무엘 이전에 이스라엘의 성소였으나 블레셋의 침략을 받아 파괴되었다)처럼 된다는 말에 격분하여 오히려 예레미야를 죽이려 했다. 다행히 예레미야는 요시야 왕의 서기관이었던 사반의 아들이 편을 들어주어 간신히 목숨만은 건졌으나, 같은 예언을 한 또 다른 예언자 우리야는 그렇지 못했다. 이집트로 몸을 피한 우리야를 데려와 여호야킴이 직접 칼로 쳐 죽였다. 예언자를 죽이다니 용서받을 수 없는 죄였다.

여호야킴과 유다의 온 백성은 하느님의 법을 따르지 않았다. 예언자들이 거듭하여 하느님의 말을 전했지만 귓전으로 흘리며 들으려 하지 않았다. 분노한 하느님은 예언자 예레미야를 통해 무시무시한 선고를 내렸다. "나는 내 종 바빌론 왕 느부갓네살을 시켜 북녘의 모든 족속들을 거느리고 쳐들어와 이 땅에 사는 사람들과 주위에 있는 모든 민족을 전멸시키고 이 땅을 영원히 쑥밭으로 만들게 하리라. …… 이 일대는 끔찍한 폐허가 되고 여기에 살던 민족들은 모두 칠십 년 동안 바빌론 왕의 종노릇을 할 것이다."(예레미야 25:9~11)

당시 이스라엘 밖에서는 다시금 시리아의 '오론테스 강' 유역에서 두 강대국인 바빌로니아(신바빌로니아 제국, 기원전 626~기원전 539년)와 이집트가 맞붙었다(기원전 605년). 밀고 밀리던 대회전(大會戰) 속에서, 결국 이집트가 대패하고 가나안 땅에서 철수했다. 이 전쟁이 널리 알려진 '카르케미시(갈그미스)' 전투이다. 이 전투에서 진 이집트는 완전히 몰락하여 다시는 가나안에 발을 붙이지 못했다. 세계역사가 크게 요동치고 있었다.

이집트를 대파한 바빌로니아의 네부카드네자르 2세(느부갓네살)는 곧장 예루살렘으로 들이닥쳤고, 유다는 바빌로니아의 신하가 되어 조공을 바친다는 굴욕적 조약을 맺었다. 여호야킴은 네부카드네자르 2세의 신하가 되어 세 해 동안 그를 섬겼으나, 세 해가 지나자 조공을 중단하고 반역했다. 이집트가 자신들을 구원해줄 것이라고 생각한 모양이었지만, 세상을 몰라도 너무나도 몰랐다. 바빌로니아에게 대패하고 물러간 이집트가 어찌 도와줄 수 있었겠는가?

예언자 예레미야는 의외로 여호야킴이 바빌로니아를 배반하기 전부터 바빌로니아에 저항하지 말고 '**항복하라**'는 굴욕적인 발언을 끊임없이 하여, 여러 차례 투옥과 살해 위협을 받으며 죽음의 위기를 넘나들었다. 그런데 그가 맞아죽을 각오를 하고 서슴없이 그런 항복 발언을 한 까닭은 여러 가지 이유가 있었다. 하느님이 이미 이 나라를 버렸다고 확신했고, 저항해봤자 도성이 완전히 황폐하게 될 것은 물론이거니와 백성들만 수없이 죽어 나갈 것이라고 판단했기 때문이었다. 더군다나 바빌로니아는 조공만 바친다면 유다의 자치를 허용했기 때문에 항복하는 것이 최선의 방책이었다. 그러나 소수 극단적인 민족주의자들에 둘러싸인 왕은 아무 힘이 없어 그들이 내놓은 강경책만 따를 뿐이었다.

"주님께서는 바빌로니아 군대와 시리아 군대와 모압 군대와 암몬 자손의 군대를 보내셔서, 여호야킴과 싸우게 하셨다. 이와 같이 주님께서 그들을 보내신 것은, 자기의 종 예언자들을 시켜서 하신 말씀대로, 유다를 쳐서 멸망시키려는 것이었다."(열왕기하 24:2, 새번역)

성서 저자는 이런 일이 유다에서 일어난 것이 므나쎄가 지은 죄 때문이라고 말한다(열왕기하 24:3). 〈열왕기〉에는 여호야킴의 기록이 더 없지만, 〈역대기〉를 따르면 그는 바빌로니아로 사로잡혀 갔다고 한다(역대기하 36:5~8).

여호야긴(기원전 597년)

여호야킴의 아들 여호야긴이 왕위를 계승했다. 성서는 그가 '아버지가 그러하였듯이' 하느님 보기에 악한 일을 저질렀다고 말한다. 아마 바빌로니아에 조공을 제대로 바치지 않았거나 다시 이집트에 원조를 요청했던 것 같다. 이집트는 이미 영토를 모두 바빌로니아에 빼앗긴 후였다. 네부카드네자르 2세가 친히 성을 치러 왔다. 이 소식을 듣고 여호야긴이 그의 어머니와 신하들과 지휘관들과 내시들과 함께 바빌로니아 왕을 맞으러 나갔으나 때는 이미 늦었다. 예레미야의 말대로, 확실하게 항복하여 도성과 백성들을 살렸어야 했다.

바빌로니아 왕은 여호야긴과 그의 어머니와 왕비들과 내시들과 지도층을 모두 사로잡아 갔다. 야훼의 전과 왕궁에 있는 보화를 모조리 털어갔고 이스라엘 왕 솔로몬이 야훼의 전에 만들어 두었던 금그릇을 죄다 산산조각으로 깨뜨렸다. 또한 예루살렘 전 시민과 고관들과 군인 1만 명, 그리고 은장이들과 대장장이들을 사로잡아 가고 가난한 지방민만 남겨두었다. 이때 제사장 에제키엘(에스겔)도 잡혀갔는데, 이 사건을 '**바빌로니아(바빌론) 포수(捕囚)**' 또는 '**바빌론 유수(幽囚)**'라고 일컫는다(기원전 597년).

그 후 여호야긴은 오래도록 감옥 생활을 하다가 풀려나, 바빌로니아 당국으로부터 귀빈 대접을 받으며 여생을 편안하게 살았지만, 백성들은 무수히 죽고 포로가 된 후였다. 너무 어리석은 왕이었다.

시드키야(기원전 597~기원전 586년)

네부카드네자르 2세가 여호야긴 후왕으로 세운 '시드키야(시드기야'는 여호야킴의 동생이자, 요시야의 아들이었다. 그는 통치 초반에는 제법 정치를 잘하려고 했다. 귀족들의 반대를 무릅쓰고 하느님의 성전에서 거룩한 선포식을 열면서 '노예 해방령'을 내리기도 했다(물론 얼마 후 귀족들의 힘에 밀려 취소해야만 했다). 그러고는 반바빌로니아 강경파들의 손에 놀아나 아무런 대책 없이 바빌로니아에게 반기를 들었다.

당시 이집트에 와히브레(이집트 제25왕조의 왕, 성서는 '호브라'라고 부른다)가 새 파라오로 등극하자, 그것을 믿고 궁정 안에 다시 친이집트파가 득세한 것이다. 대책 없는 왕과 신하들이다. 시드키야는 친이집트파의 말을 들을 것이 아니라 예언자 예레미야의 말을 들었어야 했다.

성서는 "예루살렘과 유다는 야훼의 진노를 사 마침내 그 앞에서 쫓겨나고 말았다. 시드키야가 바빌론 왕에게 반기를 들었다."(열왕기하 24:20)라고 적고 있는데, 반기를 든 시드키야의 마음까지 하느님의 뜻이었다고 말하는 것이다. 시드키야는 11년 동안 왕위에 있었는데 제9년 열째 달에 네부카드네자르 2세가 전군을 이끌고 예루살렘을 침공하여 성을 포위했다. 시드키야는 제11년까지 성 안에 포위되어 있었다. 2년 동안의 항쟁은 치열한 저항 의지라고도 볼 수 있지만, 하느님이나 예언자의 뜻은 지금이라도 항복하여 성전과 궁궐과 백성을 보전하라는 것이었다. 므나쎄의 죄로 파멸이 예정되어 있었다고 하더라도, 그것이 차선책이었다. 그러면 최소한 포로로 잡혀가는 일도 막을 수 있었다.

예루살렘 성 안에는 히즈키야가 만들어놓은 수로가 있어서 성을 걸어 잠그고 2년이나 버틸 수 있었다. 실제로 그들이 2년을 버틴 데에는 운도 따라주었다. 이집트 군대가 출동했다는 소식을 듣고, 바빌로니아 군대가 잠시 퇴각하여 이집트를 패퇴시키고 다시 돌아왔기 때문이다(예레미야 37:5).

그 해 도성 안에 기근이 들어 식량이 다 떨어져 모두 굶어죽게 생겼다. 그때 성벽이 뚫렸다! 시드키야는 밤을 틈타 모든 군사를 거느리고 도주했다. 그러나 곧 뒤따라온 바빌로니아 군대에 사로잡히고 말았다. 시드키야의 군사들은 모두 왕을 버리고 도망쳤다. 바빌로니아 군대가 시드키야를 네부카드네자르 2세에게 끌고 가자, 그는 시드키야를 심문했다. 바빌론 왕은 시드키야가 보는 앞에서 그의 아들들을 처형하고, 시드키야의 두 눈을 뽑은 다음 사슬로 묶어 바빌론으로 끌고 갔다. 처참한 몰골이었다. 모든 기회를 제 스스로 놓쳐버린 어리석은 왕의 최후였다. 항복하라는 하느님의 최후 통첩을 따랐으면 목숨을 건졌을 것이고 도성과 성전 또한 파괴되지 않았을 것이며, 무엇보다도 백성들이 죽어 나가지 않을 수 있었는데도 끝내 듣지 않았다.

바빌로니아 근위 대장은 야훼의 성전과 왕궁과 예루살렘 성 안 건물을 모두 불태웠다. 성에 남아 있던 사람들과 바빌론 왕에게 항복해 온 자들과 나머지 수많은 백성들을 포로로 데려갔다. 다만 백성들 중 가장 비천한 사람들을 남겨두어 포도밭을 가꾸고 농사를 짓게 했으며, 그들을 감시하는 총독 자리에 사반의 손자인 게달리아를 임명했다. 이 사건이 **제2차 바빌론 포수**이다.

그렇게 하여 기원전 931년부터 기원전 586년까지 345년 동안 20명의 왕의 통치 아래 이어져 오던 유다 왕국은 막을 내렸다. 바빌로니아의 식민지 총독 정치는 세계 최초인 것으로 보이며, 그 후 모든 제국이 따라했다. 주로 식민지의 원주민을 총독으로 임명하여 감시하도록 하는 것이 특징이었다.

프란체스코 아예츠, 〈예루살렘 성전의 파괴〉, 1867.

식민지 주민들이 같은 민족인 총독의 악랄함에 반기를 드는 일은 세계사에서 숱하게 볼 수 있는 일이다. 유다도 마찬가지였다. 게달리아가 어떻게 남은 유다 백성을 관리했는지는 알 수 없지만, 그는 유대인의 손에 죽었다. 이 일로 바빌로니아는 유다의 남은 도시들을 파괴하고 남은 주민들을 바빌론으로 잡아갔다. 이 사건을 **제3차 바빌론 포수**라고 하며, 세 번에 걸쳐 잡혀간 유대인들은 지구라트 건설에 동원되었다고 한다. 〈예레미야〉 52장 30절은 포로의 수가 모두 4천6백 명이었다고 기록하고 있으나 이 수는 남자만을 헤아린 수일 가능성이 높으므로 실제 포로의 수는 훨씬 많았으리라 본다.

남유다 왕국의 멸망 원인은 북이스라엘과 똑같은 것이었다. 하느님을 배반한 일! '선악과'를 먹지 말았어야 했다! 그 모든 것을 〈신명기〉 사관을 따라 해석하면, 이스라엘이 자유를 자유답게 누릴 줄 몰랐기 때문에 다시금 이집트 노예가 된 것이었다. 일반적 역사의 관점으로 보면, 자그마한 남북 분단 왕국이 끝내 분단을 극복하지 못하고 서로 대결하다가, 각기 주변 강대국에 의해 멸망하고 만 것이다. 히브리들로 시작한 이스라엘은 다시 히브리들이 되어, 세계 각지를 끝없이 떠돌며 살아가게 되었으니 그 옛날 카인에게 내린 저주(창세기 3:10~16)가 운명이 되고 말았다.

그 후 유대인들(이때부터 유다 왕국의 후손들을 '유대인'이라고 불렀다)은 기원전 586년 멸망부터 바빌로니아 제국 → 페르시아 제국 → 그리스 제국 → 로마 제국 → 중세 → 근세 → 1948년 현대 이스라엘의 건국까지, 무려 2,600년 동안 나라를 잃고 세계 각지로 흩어져 방랑했다.

6장

에스더, 에스라, 느헤미야

†

〈에스더(에스델)〉, 〈에스라(에즈라)〉, 〈느헤미야〉 세 책은 유다 왕국의 멸망(기원전 586년)과 바빌로니아 포로기 이후(기원전 586~기원전 539년) 페르시아 제국 시대가 무대이다. 바빌로니아 포로기와 그 이후 생활상에 대한 역사적 기록은 '제2이사야(이사야 40~55장)'와 〈에스겔(에제키엘)〉의 극히 일부분과 〈시편〉 한두 편을 제외하고는 거의 없으므로 이 세 책은 포로기의 생활상을 살펴볼 귀중한 사료이다. 성서는 〈에스라〉, 〈느헤미야〉, 〈에스더〉 순으로 적고 있지만, 여기에서는 성서 인물들의 연대순으로 간략하게 살펴보려 한다.

에스더

동족 유대인을 구한 페르시아의 왕비

에스더(에스델)는 '아하스에로스(아하수에로)' 왕, 즉 '크세르크세스 1세'의 왕후였다. '별'이라는 뜻의 에스더는 바빌로니아의 여신 '이슈타르'에서 따온 이름이다.

크세르크세스 1세는 아버지 '다리우스 1세' 때보다 영토를 더 넓혀 오늘날 파키스탄, 터키, 이집트, 에티오피아에 이르는 지역까지 정복했으나, 그리스에게는 대패했다(살라미스 해전). 헤로도토스(Herodotos)는 《역사》에서 살라미스 해전을 자세히 기록하며 "페르시아는 20개의 주로 나누어져 있었다."라고 말한다. 즉, 20개 국가로 이루어진 제국이라는 뜻이다. 주의 최고 책임자는 총독이었다.

〈에스더〉는 에스더가 크세르크세스 1세의 왕후가 된 일과 유대인 살육을 막아낸 일을 기록하고 있다. 이 이야기는 크세르크세스 1세가 제국의 영광과 위엄을 자랑하며 모든 총독과 관리와 귀족들을 초대하여 연회를 여는 장면에서 시작된다. 크세르크세스 1세는 아리따운 자신의 왕후(와스디)를 사람들에게 보여주고 싶어 왕 앞으로 나오라고 명령했는데, 그녀는 그 말을 전해듣고도 나오지 않았다. 왕은 화가 치밀어 견딜 수가 없었다. 그러나 독단적으로 처리할 수 없는 문제여서 법학자와 법관에게 의견을 구했다. 그들은 "부녀자들은 와스디 왕후가 임금님의 부르심을 받고도 어전에 나타나지 않았다더라고 하면서 남편을 업신여기게 될 것"(에스더 1:1)이라고 말하며 와스디 왕후를 폐위하라고 말했다. 크세르크세스 1세는 이들의 의견을 받아들여 와스디를 왕후 자리에서 물러나게 하고 각 지방에서 아름다운 처녀들을 모아 와스디 대신 왕후로 삼기로 했다. 유대 여인 에스더가 왕의 눈에 들었다.

에스더는 어려서 일찍 부모를 여의어, 황궁 경비대 소속으로 추정되는 삼촌 '모르드개'의 손에서 자랐다. 그는 베냐민 지파에 속한 사람이었다. 에스더는 모르드개가 일러준 대로 자기의 혈족과 인척 관계를 밝히지 않았다. 하루는 모르드개가 왕에게 불만을 품은 이들이 암살을 꾀하는 것을 눈치채고 에스더에게 이 사실을 알렸다. 에스더는 이 사실을 모르드개의 이름으로 왕에게 고했고, 조사 결과 사실로 드러나 역모를 꾀한 이들은 사형당했다. 이 일은 궁중실록에 기록되었다.

이런 일이 있은 뒤였다. 왕은 자신이 총애하는 '하만'이라는 자를 다른 대신들보다 윗자리에 앉혔다. 궁궐에서 일을 보는 왕의 신하들은 모두 하만에게 무릎을 꿇고 절을 해야 했으나 모르드개만은 그러지 않았다. 하만이 유대인을 전멸시키려 했던 함다다(함므다다)의 아들이었기 때문이다.

몹시 화가 난 하만은 모르드개뿐만 아니라 페르시아에 사는 유대인들을 모두 함께 전멸시키기로 마음먹고 왕에게 나아가 말했다. "이 나라 백성들 가운데는 남과 섞이지 않는 한 민족이 각 지방에 흩어져 살고 있습니다. 그 민족의 법은 어떤 민족의 법과도 달라서 임금님의 법마저도 지키지 않으니 도저히 그대로 둘 수가 없습니다. 임금님께서만 좋으시다면, 그들을 멸하라는 영을 내려주십시오."(에스더 3:8~9) 왕은 이 일을 허락했다.

이 사실을 안 모르드개와 유대인들은 모두 초상을 당한 때처럼 베옷을 걸치고 통곡하며 에스더에게 도움을 요청했다. 에스더는 왕이 부르지도 않는데 왕 앞에 나아갔다가는 사형을 당할 거라고 말하며 망설였다. 그러자 모르드개가 이렇게 말했다. "궁 안에 있다고 해서 왕후만이 유다인 가운데 홀로 목숨을 부지하리라 생각 마시오. 이런 때에 왕후께서 끝내 입을 다물고 있으면, 다른 데서라도 구원의 손길이 와서 유다인들 앞에 살 길이 열릴 것이오. 그렇게 되면 왕후는 일가친척들과 함께 망할 줄 아시오. 바로 이런 때에 손을 쓰라고 왕후의 자리에 오른 것이 아니겠소?"(에스더 4:13~14)

그 말을 들은 에스더는 법을 어겨서라도 목숨을 걸고 왕 앞에 나아가겠다고 다짐했다. 사흘 동안 금식하며 기도를 올린 후 에스더는 왕후의 예복을 입고 왕의 거처가 보이는 대궐 안뜰에 들어섰다. 왕이 에스더를 발견하고는 가까이 다가오게 했다. "웬일이오? 무슨 간청이라도 있소? 이 나라 반이라도 주리다."(에스더 5:4) 에스더는 잔치를 차렸으니 하만과 함께 와 달라고 말했다. 그리하여 왕은 하만과 함께 에스더가 베푼 잔치에 참석했다.

그 자리에서 다시 한 번 에스더에게 왕이 청이 무엇이냐 묻자, 그녀는 내일도 잔치를 베풀어 왕과 하만을 모시고 싶다고 말했다. 흐뭇한 마음으로 대궐을 나서던 하만은 여전히 자기에게 인사를 하지 않는 모르드개를 발견했지만 꾹 참고 집으로 돌아갔다. 그는 아내에게 모르드개에 대한 불평을 쏟아냈고 아내는 "높이 쉰 자짜리 기둥을 세우고, 내일 아침 왕께 청을 드려 모르드개를 달도록 하십시오.

그러고 나서 개운한 마음으로 왕과 함께 잔치에 나가십시오."(에스더 5:14) 하고 말했다. 하만은 그 말에 귀가 솔깃하여 기둥을 세우게 했다.

한편 크세르크세스 1세는 잠이 오지 않아 궁중실록을 읽고 있었다. 그러던 중 모르드개가 암살 모의를 고발했다는 대목에 이르러, 시종들에게 그가 어떤 상을 받았는지 물었다. 모르드개가 아무런 보상도 받지 못했다는 것을 안 왕은 "밖에 누가 없느냐?" 하고 불렀다. 마침 모르드개를 죽일 허락을 받으러 막 들어서던 하만이 그 소리를 듣고 잽싸게 왕 앞에 나아갔다.

하만이 들어서자 왕이 이렇게 물었다. "내가 상을 내리고 싶은 사람이 있는데, 무엇을 해주었으면 좋겠는가?"(에스더 6:6) 하만은 왕이 상을 내릴 사람이 자기 말고 누가 또 있으랴 싶어서 기쁜 마음으로 이렇게 진언했다. "임금님께서 상을 내리고 싶으신 사람이 있으시거든, 임금님께서 입으시는 의복과 타시는 말을 내어온 다음 그 머리에 관을 씌우시고, 임금님께서 귀하게 여기시는 한 대신에게 그 왕복과 말을 맡기시어, 상을 내리시려는 그 사람에게 왕복을 입히시고 말을 태워 성내 광장을 돌게 하십시오. 그리고 그로 하여금 경마를 잡고 가면서 '왕께서 상을 내리시려는 사람에게는 이렇게 해주신다.'고 외치게 하십시오."(에스더 6:7~9)

왕은 하만에게 방금 말한 그대로 유대인 모르드개에게 해주라고 명령을 내렸다. 하만은 하릴없이 왕복을 가져다가 모르드개에게 입히고 말을 끌어내어 태운 다음 광장으로 데리고 나가 돌아야 했다.

하만은 기분이 몹시 상했지만 에스더가 베푼 잔치에 왕과 함께 참석했다. 이 자리에서 에스더는 자기와 자기의 겨레가 멸종될 위기에 처했으니 자신의 겨레를 살려 달라고 간청했다. "도대체 그놈이 누

어니스트 노먼드, 〈하만의 죄를 고하는 에스더〉, 1888.

구요? 그런 음모를 꾸민 놈이 지금 어디 있소?" 하고 크세르크세스 왕이 캐어 묻자, 에스더는 "우리를 박해하는 우리의 원수, 그 사람은 바로 이 교활한 하만입니다."라고 대답했다(에스더 7:5~6). 왕은 너무 화가 나서 자리를 차고 일어나 안뜰로 나갔다.

하만은 벌벌 떨면서 에스더에게 목숨만은 살려 달라고 빌었다. 왕이 돌아와서 보니 에스더의 평상에 하만이 엎드려 있는 것이 아닌가! 이것을 본 왕은 "네놈이 내 거처에서, 더구나 내 앞에서 왕후를 겁탈하려느냐?"(에스더 7:8) 하고 호통을 치며 하만을 처형하라고 명을 내렸다. 그렇게 하여 하만은 모르드개를 달아 죽이려고 자기가 세운 높은 기둥에 매달려 처형되었고, 하만이 전국 각 지방에 있는 유대인을 몰살하려고 써서 돌린 칙령도 무효가 되었다. 하만을 지지하던 모든 자들이 처단되었고 유대인들은 살아남게 되었다. 이 일 이후에 유대인으로 귀화하는 다른 민족들도 많았다. 그만큼 그들은 유대인들의 위력에 눌렸던 것이다.

유대인들은 이 승리의 날을 '부림절'로 삼고 잔치를 벌였다. 하만이 유대인들을 없애버릴 음모를 꾸미고 아람어로 '푸림'이라 불리는 주사위를 던져 택일까지 했다 하여 부림절이라 부르는 것이다. 부림절은 성서에서 가장 즐겁고 유쾌한 날이다. 쓰라림이 기쁨으로 바뀌고 초상날이 축제일로 바뀐 날이요, 유대인들이 원수에게서 풀려난 날이라 하여 유대인들은 부림절에 가난한 사람들을 돕고 서로 선물을 주고받는다. 유대인들은 지금도 에스더와 모르드개를 겨레를 구한 성인으로 칭송하며, 존경하고 좋아한다.

깊이 읽기

:

페르시아 제국

페르시아 제국(기원전 539~기원전 331년, 오늘날의 이란)은 바빌로니아 제국의 동쪽 변방에서 일어난 작은 왕국이었는데(키루스 1세, 기원전 551년), 키루스 2세 때 크게 부흥하여 기원전 539년에 바빌로니아를 무너뜨리고 강력한 제국으로 발돋움했다. 역사학에서는 '아케메네스 왕조'라고 한다.

키루스 2세(성서에서는 고레스)는 바빌로니아를 정복한 그 해에 바로 '전략적 관용'으로 '제민족 해방령(고레스의 조서調書)'을 내려, 그동안 바빌로니아의 포로가 되었던 모든 민족을 자기 땅으로 돌아가게 했다. 키루스 2세는 바빌로니아와 페르시아의 신 '마르두크'를 주신(主神)으로 섬겼다. 후대에는 '조로아스터교'를 국교로 삼았다. 커다란 원통형 인장(印章)에 새겨진 키루스 2세의 글에는 이런 말이 있다. "마르둑 신은 모든 나라들을 사열하며 검열하였다. 그는 그의 친구들을 둘러보았다. 그는 그의 마음에 드는 의로운 한 군주를 그의 손으로 잡았다. 그는 '고레스! 얀산의 왕!' 하고 불렀다. 그는 모든 것을 통치하기 위해, 그의 이름을 불렀다."[1]

다음은 〈에스더〉와 〈에스라〉, 〈느헤미야〉의 무대가 되는 페르시아 제국 황제들과 치세를 표로 정리한 것이다. 다만 '캄비세스'만은 성서에 등장하지 않는다.

페르시아 황제의 연대표

황제의 공식 명칭	성서에서의 명칭	재위 기간
키루스 2세(Cyrus I)	고레스	기원전 539~기원전 529
캄비세스 2세(Kambyses)	-	기원전 529~기원전 522
다리우스 1세(Darius I)	다리오	기원전 522~기원전 486
크세르크세스 1세(Xerxes I)	아하스에로스	기원전 486~기원전 465
아르타크세르크세스 1세(Arthaxerxes I)	아르닥사싸	기원전 465~기원전 423
다리우스 2세(Darius II)	다리오	기원전 423~기원전 403

에스라

유대교의 창시자

〈에스라〉는 제사장이며 랍비('나의 스승'이라는 뜻이다)인 에스라('여호와의 도움')의 전기(傳記)와 같은 책이다. 에스라의 활동은 7~10장에만 나오고(〈느헤미야〉에도 에스라의 이야기가 잠깐 나오는데, 이 때문에 〈느헤미야〉를 '제2에스라'라고 부르는 학자들도 있다) 1장부터 6장까지는 바빌로니아에서 예루살렘으로 돌아온 유대인들이 성전을 재건하고 봉헌하는 이야기이다(기원전 515년).

에스라는 시드키야 왕 시절 대제사장이던 레위 가문 스라야의 아들인데, 비록 바빌로니아에서 태어났지만, 모세의 율법에 능통한 학자였다. "하느님이 그를 잘 보살폈으므로" 페르시아의 아르타크세르크세스 1세(아르닥사싸, 아닥사스다)의 두터운 신임을 받았으며, 황제는 그가 요청하는 것은 무엇이든 들어주었다. 에스라는 고레스의 해방령이 내린 지(기원전 539년) 81년이 지난 후이자 제2 성전을 지은 지(기원전 515년) 57년이 지난 다음인 기원전 458년에 예루살렘으로 돌아왔다.

에스라는 고국으로 돌아와 유대교(페르시아 제국 시대에서부터 시작된 이스라엘 종교를 유대교라고 부른다. 성전 종교가 아닌 율법 종교라는 의미이다.)를 본격적으로 출발시키며 확립했다. 에스라를 유대교의 창시자라 할 수 있다. 그는 제사장들과 페르시아의 유대 총독인 유대인 '느헤미야'와 함께 유대교 정화 작업을 펼쳤다.

멸망 후 130년이 흘러, 유대인들의 종교와 민족 정체성이 많이 흐트러져 있음을 발견한 에스라는 강력한 율법주의와 유대 민족 순혈주의(純血主義)를 주창하면서 이방인들과 결혼한 유대인들을 축출하고, 제사 종교보다는 율법 종교인 유대교를 확립했다. 그런데 에스라의 길은 '닫힌 길'이었다. 에스라는 지나칠 정도로 극단적이고 문자 그대로 율법을 지켜야 한다고 주장했기 때문에 많은 충돌이 일어나기도 했다. 이러한 문자주의적 율법주의는 그 후 '역대기 사가'나 그밖의 많은 학자에게 큰 영향을 주어, 철저한 이방인 배타주의와 유대인 우월주의와 순혈 인종주의가 생겨나게 했다.

특히 페르시아에서 귀국한 북이스라엘 후손들을 두고 피가 섞여 더럽다 하며 '사마리아인'이라는 차별적 용어로 규정하고 철저히 배제해 분열을 조장했다. 물론 에스라는 민족의 오랜 고난을 헤쳐 나갈 길을 율법을 준수하는 데서 찾은 바람직한 면도 없진 않았으나, 하느님의 뜻을 유대인들에게만 한정하는 폐쇄성을 고착시키는 데 결정적인 역할을 하기도 했다. 이러한 경향은 이후 유대인들에게 이어졌고, 후대의 율법주의자들인 '바리새파'[†]의 시조가 되기도 했다.

바리새파 기원전 2세기에 일어난 유대 민족의 한 종파. 율법 준수와 종교적인 순수함을 강조했으며, 형식주의와 위선에 빠져 예수를 공격했다.

느헤미야
성전과 이스라엘 정신의 부활

   진실한 성품과 중후한 인격의 느헤미야('야훼의 위로')는 아르타크세르크세스 1세의 두터운 신임을 받아, 황궁에서 의전 비서관(술을 비롯한 식사와 연회 담당)으로 출세한 유대인이었다. 에스라보다 14년 후인 기원전 445년에 페르시아 제국의 유프라테스 관구 예하 사마리아 지부 소속의 제6대 유대 총독이 되어 가나안 땅에 돌아와 12년간 활동했다(기원전 445~기원전 434년).[2] 〈느헤미야〉는 1인칭을 사용한 자전적 형식으로 기록된 책이다. 느헤미야는 아주 매력적이고 많은 이들에게도 귀감이 되는 인물인데, 특히 리더십의 전형을 보여준다.

   느헤미야는 동생으로부터 고국에 있는 유대인들이 여전히 고난을 당하고 있다는 소식을 전해 듣고는 황제에게 요청하여 유대 총독이 되어 예루살렘에 돌아왔다. 예루살렘으로 돌아와 무너진 성벽과 불에 탄 성문들을 둘러보았다. 그렇게 돌아보고 난 다음에 "여러분이 보는 바와 같이 우리의 꼴은 너무 처참합니다. 예루살렘 성은 무너져 돌무더기가 되었으며 성문들은 불에 탄 채로 있습니다. 어서 빨리 예루살렘 성을 쌓아서 다시는 남에게 수모받지 않도록 합시다."

(느헤미야 2:17) 하고 성벽 재건 공사를 진행했다.

사마리아 총독 일행은 유대인을 우습게 보았기 때문에 "무엇을 하겠다는 거냐? 황제 폐하께 역적이라도 될 셈이냐?"(느헤미야 2:19) "유다 놈들, 그 다 말라빠진 것들이 무얼 한다는 거지? 누가 내버려 둘 줄 알고? 제사를 드린다고? 하루에 일을 끝낸다고? 불타버린 잿더미 속에서 돌들을 꺼내 쓴다고?"(느헤미야 3:34) 하며 빈정거렸다. 그러나 느헤미야는 숱한 훼방을 꿋꿋이 이겨내며 성벽 재건을 계속했다.

하늘을 내신 하느님께서 우리 일을 이루게 하실 것이다. 아무도 이일을 막지 못한다. 우리는 그 하느님의 종으로서 성 쌓는 일을 시작한 것이다. 예루살렘에는 너희에게 돌아갈 몫이 없다. 너희에게는 아무 연고권이 없다.(느헤미야 2:20)

예루살렘 성벽의 허물어진 곳이 메워지며 착착 쌓여 올라간다는 소식을 들은 사마리아 총독은 아랍인들과 암몬인들과 힘을 합쳐 예루살렘을 치기로 동맹을 맺었다. 그들은 쥐도 새도 모르게 쳐들어와서 유대인들을 죽이고 일을 못하게 하려고 계획하고 있었다. 그날부터 느헤미야가 데리고 있는 젊은이 가운데서 반은 일을 하고, 나머지 반은 창과 방패와 활과 갑옷으로 무장을 해 사마리아 총독 일행의 공격을 대비했다. 이른 새벽부터 별이 보일 때까지 강행군 끝에 52일 만에 성벽 공사를 마무리했다.

그러는 한편 느헤미야는 총독으로서 유대인들을 올바로 다스리는 데도 힘썼다. 유대인 귀족들과 관리들이 가난한 동포 유대인들을 상대로 고리대금업까지 하고 있었고, 백성들은 아우성을 쳤다. 그들

제임스 티소, 〈허물어진 예루살렘 성을 둘러보는 느헤미야〉, 1865.

의 울부짖음과 탄식을 들은 느헤미야는 그런 귀족들과 관리들을 야단치고 다시는 이자를 받지 말라고 하며 서약까지 하게 하여 약속을 지키게 했다.

느헤미야는 성벽 공사에 관한 내용을 자세히 적어놓았는데, "그 다음 잇닿는 부분은 아무개가 보수하였다."라고 어떤 부분에 누가 가담했는지까지 소상히 기록했다. 느헤미야의 세심하고 겸손한, 지도자다운 성품을 보여주는 대목이다.

그런 다음에 그는 랍비 '에스라'를 초청하여 율법 강독회를 열었다. 에스라는 수문 앞 광장에 모인 온 백성들 앞에서 해 뜰녘부터 해가 중천에 이르기까지 모세의 율법을 들려주었고, 온 백성은 그 이야기를 귀담아들었다. 이 장면은 한 민족의 집단적인 종교적 결심과 회심을 보여주는데, 아마 고대 그리스 철학자 플라톤이 세운 철학의 장 '아카데미아'와 비슷했을 것이다.

그런데 뜻밖의 문제가 터졌다. 유대인들이 자기들의 말인 히브리어를 모두 잊어버린 것이었다. 당시 유대인들은 히브리어와 시리아어가 섞인 '아람어'를 사용하고 있었다. 나라가 망한 지 140년 이상이 지났고, 외국에서 포로 생활을 하다가 돌아왔으니 충분히 있을 수 있는 일이었다.

그래서 에스라는 백성들이 알아들을 수 있게 제사장들을 '통역관'으로 세웠다. "백성들이 제자리에 서 있는 동안에, 그들(제사장들)에게 율법을 설명하여주었다. 하느님의 율법책이 낭독될 때에, 그들이 통역을 하고 뜻을 밝혀 설명하여주었으므로, 백성은 내용을 잘 알아들을 수 있었다."(느헤미야 8:7~8) 이런 사정은 400년이 지난 후인 예수 시대에도 마찬가지여서 히브리어와 아람어를 통역해주는 사람이 필요했다. 그 후 유대 민족이 로마 제국에 멸망당한 서기 73년 이후에는 결국 아람어도 사라지고, 각기 흩어져 발을 붙인 그 지역의 언어를 사용하다가 16세기 이후부터는 유럽의 유대인 지역에서 고대 히브리어를 변형한 '이디시어'를 만들어 사용해 왔다.

법전에 기록되어 있는 말 한마디 한마디에 귀를 기울이며 감격에 겨워 우는 백성을 느헤미야는 자기 이름의 뜻처럼 위로했다.

> 이날은 너희 하느님 야훼께 바친 거룩한 날이니 울며 애통하지 마라. …… 가서 잔치를 차려 배불리 먹고 마셔라. 미처 마련하지 못한 사람이 있거든 그런 사람도 빼놓지 말고 몫몫이 보내주도록 하여라. 이날은 우리 주님의 날로 거룩하게 지킬 날이니 슬퍼하지 마라. 야훼 앞에서 기뻐하면, 너희를 지켜주시리라.(느헤미야 8:9~10)

온 백성은 가르침을 깨닫고 마냥 기뻐하며 돌아가서 크게 잔치를 벌이고, 없는 사람에게는 몫몫이 나누어주면서 먹고 마시며 좋아했다. 느헤미야의 위로는 고난의 시대에 들려주는 하느님의 목소리, 곧 사랑의 목소리였다. 140년이 넘도록 죽자고 고생만 해 온 백성들이었으니 그 기쁨이 오죽하랴.

유대인들에게 하느님은 행복이고(시편 16:2), 생명보다 더 소중한 존재이며(시편 63:3), 하느님의 말씀인 '토라(모세 오경)'는 절대적인 책이다.

유대인들은 율법 강독회와 초막절†을 모두 24일 동안이나 거행한 후에 성벽 봉헌식을 거행했다. 그 후 느헤미야는 페르시아 황궁으로

초막절 에다님월(9~10월)에 일 주일 동안 계속되는 농경 축제인데, 한 해의 농사를 끝마치면 밀과 보리 짚 등으로 들판에 초막을 치고 그곳에 머물며 추수 감사제를 연다. 초막절은 조상들이 겪은 광야 생활의 고달픔을 체험하고 기억하는 데 그 의미가 있다. 나중에 기독교의 추수 감사절이 되었다.

돌아갔다.

  페르시아 해방령 후에 모든 유대인이 자기들의 땅으로 돌아온 게 아니었다. 계속 페르시아 제국 곳곳에서 사는 사람도 상당수였다. 오늘날 이라크와 이란과 파키스탄과 인도 곳곳에 유대인들이 살고 있다고 하면 놀랄 사람들이 많을 것이다. 대부분 바빌로니아 포로기 이후에 고국으로 돌아오지 않고 그곳에서 자리 잡고 산 유대인들의 후손들이다. 중국 당나라 '장안'에도 유대인 구역이 있었다.[3]

성서 저자들에 관하여

성서는 철저히 귀납적인 책이다. 즉, 먼저 현실의 체험이 있은 후에 그 경험을 회고하고 성찰하고 신앙을 고백하며 기록한 책이다. 야훼 하느님의 선택, 이집트 해방, 자유와 평등과 평화의 공동체 건설, 그리고 하느님의 세계 구원이라는 주제로 이스라엘의 역사에 나타난 갖가지 일을 기록한 것이다.

대다수 성서 학자들은 구약성서의 주요 저자(혹은 집단)가 여럿이라는 데 의견을 같이한다. 그리고 아주 오랜 시간에 걸쳐 기록되었다고 본다. 이 기록들을 후대 유대인 제사장들과 신학자들이 편집하면서 시대 순으로 정교하게 배열한 것이 지금의 성서이다. 그래서 현재의 성서만 읽고서는 어느 책이 어떤 시대의 작품인지 알 수 없다. 유럽의 성서 학자들은 주요 성서 저자에게 이름을 붙이고 그들이 쓴 작품을 나누었는데, 여기서는 주류를 이루는 세 저자만 간략히 다루고 넘어가자.

J

다윗 후반기와 솔로몬 시대에 활약한 역사가로 추정된다. 하느님의 이름을 반드시 '야훼(여호와, 주, Lord)'라고 부르기 때문에 이 저자를 '야휘스트(Jahwist)' 또는 줄여서 'J'라고 부른다. '주 하느님'이라는 말은 '야훼 엘로힘'이라는 단어의 합성어이다. J의 작품은 주로 〈창세기〉와 〈출애굽기〉에 등장한다.

J의 종교 사상과 이념과 역사관은 야훼만이 이스라엘의 하느님이라는 것, 야훼의 법은 정의와 약자 보호와 평등한 사회를 이룩하는 장치라는 것이다. 그래서 그들은 언제나 야훼에게 순종하는 것과 사회 정의와 약자 보호에 중점을 두고 역사를 들여다보고 평가했다. 왕조차 예외가 아니었다.

J는 하느님의 약속과 순종과 정의와 사회 정의를 기준으로 삼아, 각 인물들을 철저하고도 예리하게 평가한다. 봐주는 법이 없다. 역사적 사실을 있는 그대로 드러내고 비판하고 고발하고 탄핵하고 주장한다. 그는 그 어떤 인물도 우상화하거나 영웅시하지 않는다. 그래서 아브라함이나 야곱이나 모세나 아론같이 하느님의 소명을 받은 이들의 과오까지도 그대로 드러내어 지극히 인간적인 모습으로 그린다. 왕정 시대, 특히 야훼에게 반역을 저지른 '솔로몬'에게 가장 신랄하고 비판적 자세를 취하는데 솔로몬이 바로 이스라엘 남북 분단의 원흉이기 때문이다. J는 약속과 경고와 심판에 동일한 무게를 싣는다. 재야 역사가였던 J는 지독하다 할 정도로 비판가였다.

〈창세기〉2~4장과 '바벨탑 이야기'가 J의 대표적인 이야기이다. J는 아담과 하와, 카인이라는 인물을, 야훼를 향한 순종을 거부하고 부와 권력을 독점하는 독재자로 설정하고, 사회적 약자인 아벨을 죽인 살인자가 저지르는 사회 부정의와 불평등을 규탄했다. J의 이야기에서 아담과 카인은 폭력적인 솔로몬과 그 당시 정부 인사들, 상류층의 변형이다. 카인의 제사가 받아들여지지 않은 이유와 자기가 쫓겨나면 사람들이 자기를 죽일 것이라고 말하는 카인의 모습은 그 이야기가 솔로몬 시대의 작품이라는 것을 뒷받침한다. 나중에 유대인 학자들이 편집하면서 그 자리에 놓은 것이다.

J가 볼 때, 솔로몬은 이스라엘 역사상 가장 흉악한 독재자일 뿐이다. 솔로몬은 '선악과'에 손을 댄 사람이었다. 하느님 백성의 노예화와 민족 분단이라는 시대적 상황이 J의 작품을 탄생시켰다.

D

남유다 왕국이 멸망하기 30~40년 전 이후인 '요시야' 왕의 종교 개혁 시대에 〈신명기(Deuteronomy)〉를 쓴 것으로 알려져 있다. 그래서 '신명기 저자' 또는 'D'라고 부른다. 〈신명기〉에서 〈여호수아〉, 〈사사기〉, 〈룻기〉, 〈사무엘〉, 〈열왕기〉에 이르는 작품을 D와 그 뒤를 이은 후학들이 쓴 것으로 추정한다. D는 J와 예언자들의 정신을 이어받아, 야훼 하느님의 약속과 그에 대한 충성과 불충성을 각 개인과 왕조를 판단하는 기준으로 삼았다. 그래서 D는 요시야를 다윗보다 더 훌륭한 임금으로 치켜세운다.

P

P는 유다 왕국이 멸망한 후(기원전 586년), 바빌로니아에서 포로

생활을 하다가 다시 예루살렘으로 돌아온(기원전 539년) 제사장들이다. 그래서 제사장(Priest)의 첫 글자를 따 'P'라고 한다. P의 활동 시기는 대략 바빌로니아 포로기와 유다로 귀환 후 예루살렘 성전이 다시 세워진 기원전 515년 이후까지로 본다.

예루살렘 성전은 불타고 무너진 지 이미 오래다. 포로 생활을 하다가 돌아온 사람들이나 그동안 고국 땅에서 살아온 백성들이나, 그 참담함은 이루 형언할 수 없었다. 절망뿐이었다.

어떻게 절망한 백성들의 마음을 추스를 것인가? 민족적 자긍심을 불어넣어주는 방법밖에는 없었다. 그래서 자신들의 역사를 되돌아보면서, 새로운 역사관을 기준으로 삼아 역사 편찬 작업을 개시했다. P는 두 가지 측면에 중점을 두었는데, 하나는 절망한 백성들을 위로하고 희망을 주고자 주로 긍정적이고 밝고 희망찬 이야기를 했고(여러 족보도 P의 작품이다) 다른 하나는 하느님을 불신하고 타락했기 때문에 이스라엘이 고난을 겪는다고 생각하여 그 해법을 '제사'와 '율법'에서 찾았다. 제사장의 의식과 의무, 유월절 같은 제사 의식을 꼼꼼하게 기록했다.

P는 하느님의 이름을 '엘'(El)이라고 기록했는데, 〈창세기〉 1장 1절에서 2장 4절까지가 그의 대표적인 작품이다. 〈출애굽기〉, 〈레위기〉, 〈민수기〉에 나오는 율법과 제사 이야기도 대부분 P의 작품이다. 물론 P가 다 새로 썼다는 것이 아니라, 전해져 오는 법과 제사 규정을 수집하여 확장하고 심화했다는 뜻이다.

P는 J가 중요하게 생각했던 사회 정의나 평등보다 더 근원적 차원에서 문제를 제기했다고 볼 수 있는데, 바로 사회 정의가 무너지고 불평등이 심화하고 북이스라엘이 멸망하고 이스라엘이 포로 생활을 하는 등 계속해서 고난을 당하는 원인을 모두 제사와 법률을 무시한

데서 나온 것이라고 주장했다. 그러니 문제의 근원을 따지자면 J의 주장과 일맥상통하는 것이라고 볼 수 있다. P는 제사장이었고 특히 남유다 왕국 사람이었기 때문에 아무래도 성전과 법률과 제사 문제에 핵심을 두었던 것이다.

지금까지 다소 복잡하고 혼란스러운 이야기를 했는데, 이 이야기의 핵심은 성서라는 책이 어느 한 시대에 갑자기 출현한 게 아니라 무려 1,300년이라는 긴 시간 동안 각 시대마다 여러 사람들에 의하여 조금씩 쓰여지고 나중에 최종적으로 편집된 책이라는 것이다. 그러니 성서를 일종의 '종교 잡지'와 같은 성격을 가진 책이라고 보면 된다. 그렇다고 해서 성서가 이구다성(異口多聲)의 혼합물이라는 말은 아니다. 일정한 역사관 즉 하느님이 이스라엘과 세상 전체를 다스린다는 관점을 가지고 쓰고 편집된 이구동성(異口同聲)의 책이라는 말이다.

그런즉 기록된 성서는 각 시대의 역사적이고 사회적인 상황을 반영할 수밖에 없었다. 각 시대는 나름대로 당시의 문제와 필요성을 제기했기 때문이다. 그러니 조상들을 바라보는 관점이나 이야기하는 방식도 달라질 수밖에 없다. 그렇지만 분명한 역사적 사실을 무시할 수는 없다.

이러한 일반적인 이해를 바탕으로 두고 성서를 읽으면, 성서라는 책이 의외로 재미있고 유익하다는 사실을 알게 될 것이다. J문서든 P문서든 신명기 학파의 작품이든, 성서를 관통하고 있는 주요한 사상적 흐름은 이스라엘의 역사라는 것과 세계 모든 나라의 역사가 이스라엘이 믿는 하느님의 섭리와 통치 아래에 있다는 것이다. 이러한 내용은 예언자 예레미야 이후, 〈이사야〉를 구성하는 '제2이사야'와 '제

3 이사야'를 비롯한 여러 사상가들의 작품에서 뚜렷하게 드러난다. 그때부터 이스라엘의 하느님은 이스라엘의 부족 신 개념을 넘어, 세계 모든 인류와 나라를 통치하는 유일신으로 격상된다. 그리고 예수 그리스도에 이르러 유일신 개념이 완성된다.

주석

1장 여호수아

1 A. W. 클링크, 《구약의 역사》, 김선회 옮김, 컨콜디아사, 1969.

2 존 브라이트, 《이스라엘 역사》, 김윤주 옮김, 분도출판사, 1981.

　J. 맥스웰 밀러, 《고대 이스라엘 역사》, 박문재 옮김, 크리스챤다이제스트, 1996.

3 G. 폰 라트, 《구약성서신학1》, 허혁 옮김, 분도출판사, 1990.

4 존 브라이트, 《이스라엘 역사》, 김윤주 옮김, 분도출판사, 1981.

　A. H. J. 군네벡, 《이스라엘 역사》, 문희석 옮김, 한국신학연구소, 1979.

　마르틴 노트, 《이스라엘 역사》, 박문재 옮김, 크리스챤다이제스트사, 1996.

5 A. W. 클링크, 《구약의 역사》, 김선회 옮김, 컨콜디아사, 1969.

6 존 브라이트, 《이스라엘 역사》, 김윤주 옮김, 분도출판사, 1981.

7 마르틴 부버, 《예언자의 신앙》, 대한기독교출판사, 1990.

8 존 브라이트, 《이스라엘 역사》, 김윤주 옮김, 분도출판사, 1981.

2장 사사기

1 H. 링그렌, 《이스라엘 종교사》, 김성애 옮김, 성바오로출판사, 1990.

　퍼거스 플레밍 외, 《영생에의 길—이집트 신화》, 김석희 옮김, 이레, 2009.

2 아놀드 하우저, 《문학과 예술의 사회사1》, 백낙청·염무웅 옮김, 창작과비평사, 1985.

　H. V. 반 룬 《예술의 역사》, 이철범 옮김, 동서문화사, 2012.

3 에리히 노이만, 《위대한 어머니 여신》, 박선화 옮김, 살림, 2009.

4 장일선, 《히브리 예언서 연구》, 대한기독교서회, 2002.

5 J. C. 프리드리히 횔덜린 《히페리온》, 범우사, 1996.

6 아이작 아시모프, 《아시모프의 바이블》, 박웅희 옮김, 들녘, 2002.

7 서인석, 《성서의 가난한 사람들》, 분도출판사, 1979.

3장 롯기

1 아이작 아시모프, 《아시모프의 바이블》, 박웅희 옮김, 들녘, 2002.
2 김영봉, 《태초에 가정이 있었다》, 성서연구사, 1998.

4장 사무엘

1 김이곤, 《출애굽기의 신학》, 한국신학연구소, 1992.
2 노만 K. 갓월드, 《히브리 성서1》, 김상기 옮김, 한국신학연구소, 2001.
3 존 브라이트, 《이스라엘 역사》, 김윤주 옮김, 분도출판사, 1981.
4 노만 K. 갓월드, 《히브리 성서1》, 김상기 옮김, 한국신학연구소, 2001.
5 아이작 아시모프, 《아시모프의 바이블》, 박웅희 옮김, 들녘, 2002.
6 월터 부르그만, 《예언자적 상상력》, 김쾌상 옮김, 대한기독교서회, 1981.
7 장자, 《장자》 덕충부.
　장자, 《장자》 인간세.

5장 열왕기

1 노만 K. 갓월드, 《히브리 성서1》, 김상기 옮김, 한국신학연구소, 2001.
2 월터 부르그만, 《예언자적 상상력》, 김쾌상 옮김, 대한기독교서회, 1981.
　존 브라이트, 《이스라엘 역사》, 김윤주 옮김, 분도출판사, 1981.
3 존 브라이트, 《이스라엘 역사》, 김윤주 옮김, 분도출판사, 1981.
4 아브라함 조슈아 헤셸, 《누가 사람이냐》, 이현주 옮김, 종로서적, 1982.
5 디트리히 본회퍼, 《옥중서간》, 대한기독교서회, 1967.
6 카를 야스퍼스, 《역사의 기원과 목표》, 이화여자대학교출판부, 1986.
7 존 브라이트, 《이스라엘 역사》, 김윤주 옮김, 분도출판사, 1981.
8 존 브라이트, 《이스라엘 역사》, 김윤주 옮김, 분도출판사, 1981.
　한스 발터 볼프, 《예언의 어제와 오늘: 미가서 연구》, 이양구 옮김, 대한기독교서회, 1980.
9 아이작 아시모프, 《아시모프의 바이블》, 박웅희 옮김, 들녘, 2002.
10 장일선, 《히브리 예언서 연구》, 대한기독교서회, 1991.
　버나드 W. 앤더슨, 《구약성서의 이해2》, 이성배 옮김, 성바오로딸수도회, 1983.
　노만 K. 갓월드, 《히브리 성서1》, 김상기 옮김, 한국신학연구소, 2001.
11 존 브라이트, 《이스라엘 역사》, 김윤주 옮김, 분도출판사, 1981.
12 한스 발터 볼프, 《예언의 어제와 오늘: 미가서 연구》, 이양구 옮김, 대한기독교서

회, 1980.

6장 에스더 · 에스라 · 느헤미야

1 A. H. J. 군네백, 《이스라엘 역사》, 문희석 옮김, 한국신학연구소, 1979.

　존 브라이트, 《이스라엘 역사》, 김윤주 옮김, 분도출판사, 1981.

　게오르크 포러, 《이스라엘 역사》, 방석종 옮김, 성광문화사, 1986.

2 게오르크 포러, 《이스라엘 역사》, 방석종 옮김, 성광문화사, 1986.

3 에이미 추아, 《제국의 미래》, 이순희 옮김, 비아북, 2008.

교양으로 읽는 구약성서2 ─ 역사서와 왕들의 시대

2014년 8월 10일 초판 1쇄 발행

- 지은이 ──────── 이범선
- 펴낸이 ──────── 한예원
- 편집 ──────── 이승희, 조은영, 윤슬기
- 본문 조판 ──── 성인기획

- 펴낸곳 교양인
         우 121-888 서울 마포구 포은로29 202호
         전화 : 02)2266-2776 팩스 : 02)2266-2771
         e-mail : gyoyangin@naver.com
         출판등록 : 2003년 10월 13일 제2003-0060

ⓒ 이범선, 2014
ISBN 978-89-91799-97-4   04230
ISBN 978-89-91799-86-8   (세트)

이 도서의 국립중앙도서관 출판시도서목록(CIP)은 서지정보유통지원시스템 홈페이지(http://seoji.
nl.go.kr)와 국가자료공동목록시스템(http://www.nl.go.kr/kolisnet)에서 이용하실 수 있습니다.
(CIP제어번호: CIP2014022418)